满洲交通史稿补遗

苏州大学东亚历史文化研究中心
吉林省社会科学院满铁研究中心

第五卷

主　编　武向平　孙　彤
副主编　孙　雁

社会科学文献出版社
SOCIAL SCIENCES ACADEMIC PRESS (CHINA)

本卷目录

铁路编 二

四郑铁路建设

零、四郑铁路建设史（草稿）…… 三
一、大正五年满洲日日新闻关于『四郑铁路』新闻摘要 …… 一一
二、大正六年满洲日日新闻关于『四郑铁路』新闻摘要 …… 三〇
三、大正四年满洲日日新闻关于『四郑铁路』新闻摘要 …… 九六
关于明治四十三年吉长、南满两铁路诸问题 …… 一九七

汽车与公路编 一

贰拾七册 公路汽车相关文献目录及调查立案目录

一、《满铁奉天图书馆藏汽车相关文献目录》…… 三三五

二、满铁产业部《昭和十二年八月　调查立案书类目录（产业部交通课汽车系）》……三五二
三、铁道总局调查局《昭和十四年六月　调查立案书类目录（铁道总局调查局调查课第三技术系）》……三七二
四、《调查部秘笈资料速报（资料室）》……四六五

拾六册　关东厅直营汽车国际运输株式会社（参见第十九卷）

一、国际运输株式会社章程（日本普通法人）……四八四
二、国际运输株式会社章程（『满洲国』普通法人）……四九六
三、国际运输株式会社……五〇八
四、国际运输株式会社汽车运输业……五二九
五、马车运输……五四四
六、国际运输株式会社汽车业……五五六
七、长春至哈尔滨间马车运输……五五八
八、关东厅经营汽车运输业……五六七

铁路编 二

四鄭鉄路の建設史

一、緒言

二、錦瑷鉄道問題当時に於ける世上の論議

三、洮昂五鉄道問題に於ける本鉄道の位置

四、四鄭鉄道借款締結

五、四鄭鉄道路工程局開設

一、組織

二、実測

三、起工

四、工事竣工

五、営業開始

六、四鄭鉄道短期借款契約締結

ハイデルベルヒ人　十万年

ネアンデルタール人

五万年或ひは六万年

頭蓋骨の型は猿に近い

鉄道問題

日清戦争後支那の鉄道が列国利权競争の對照物となり、清末には鉄道国有が企図せられ、其の結果第一次革命も起ったが、革命成立し民国となっても政府は之を襲踏した。然し利权の回収には先立つものは金子である。のみならず民国政府は財政極度に窮乏で総ての政費を殆んど借款に依らねばならなかったので、借款団の崩壊作用か進むに従ひ、鉄道を對照物とする借款か再び大いに起ることとなった。

革命の鉄道界に及ぼした実質的影響は、一切の借款契約の実行新事業起工等を不可能ならしめた點と、工事中のもの就中津浦線の建設工事等に非常な障碍を与へたことである。本線南段の如きは第一次革命の決戦地であったのみならず、第二革命の戦場となったので其の損害は甚大であった。

3

今鉄道固有、建設、借款の状態を簡単に示せば次の如くである。

A 固有

(イ) 川漢鉄道

(ロ) 粤漢鉄道

(ハ) 滬杭甬鉄道

B 建設

(イ) 津浦線

(ロ) 吉長鉄道

(ハ) 浦徐鉄道

C、鉄道借款

南潯鉄道借款

海蘭鉄道借款

浦信鉄道借款

歸成鉄道借款

沙興鉄道借款

山東鉄道

ヨ-0003 B列5 (16.1.10.800)

四鄭鉄道借款

一九一三年（大正二年）十月五日日本の獲得した所謂満蒙五鉄道の一である。満蒙五鉄道というのは左の如くである（第十三章参照）

(一) 四平街－洮南府（一九四哩）

(二) 長春－洮南府（一八〇哩）

(三) 開原－海龍府（一二〇哩）、

(四) 洮南－熱河府（四七〇哩）

但し今直に実行するものに非ざるも、敷設の場合には日本以外の外資に依らざること。

(五) 海龍－吉林省 同右、

而して先づ四鄭借款を横浜正金銀行より五百万円年利五分で借りたのである。

欽渝鉄道借款

寧湘鉄道借款

（第十三章）

滿蒙五鉄道敷設權の獲得

日露戦争後支那は滿洲に於ける日本勢力抵制の為英米勢力引入を策したことは既に述べた通りである。

斯くの如くであるから日本は遂に必要なる線は自分で權利を得て敷設する必要を感じてゐた時、清朝末期より革命後に至ては又々列國の利權競争が盛になつた。

茲に於て日本は駐支伊集院公使をして紗富視に交渉を開始せしめ、次いで其の後を襲へる山座公使は孫外交總長との間に一九一三年（大正二年）十月五日滿蒙五鉄道に關する公文を取り交すに至つた。

其の得たる權利は

一、四平街より鄭家屯を経て洮南府に至る線（百九十四哩）
（大正六年四洮間開通、大正十二年十一月鄭洮間開通、別ニ鄭家屯通遼間七二哩大正十年開通）

二、開原より海龍城に至る線（百二十三哩）

三、長春より洮南に至る線（百八十哩）

四、洮南熱河間（四百七十哩）

五、海龍吉林線（百十哩）

而して右の内（一）乃至（三）に関しては、「中華民国政府は日本国資本家の資金を借入れ、自ら之を布設することを承諾す」と云ひ

尚ほ「以上の各鉄道は南満洲鉄道及京奉鉄道と聯絡すべく其の辦法は別に協定を行ふべし」

「前記借款辦法の細目は総て浦信鉄道借款契約を以て標準となし本大綱議定後中国政府は速に日本資本家と協定すべし」と云ふてゐるが、

「大正時代の踏査と建設」栃木允
（四鄭係敷述）

四鄭鉄路に関する参考資料

○満洲鉄道建設秘話の中「四鄭鉄路局時代の思ひ出」（篠田定憲）、

○植民地鉄道の世界経済的及世界政策的研究（永雄策郎著）中の
「日本の満蒙之鉄道敷設権獲得と其の交通網支配」

○満拓鉄道論（下）　伊澤道雄

○近世極東外交史　下巻　偕行社編纂部　昭和六年八月

◎満蒙之鉄道ニ関スル交換公文、（大正二、十、五）
（詳法大綱）

洮昂鉄道の建設

（洮南より昂々溪に至る一四二哩の鉄道を云ふ。将來は齊々哈爾、更に奥地に延長せらるゝことを理想として居るが、所謂満蒙五鉄道のうちには、固より入って居ない。一九二四年九月三日　奉天政府と満鉄との間に、工事請負契約成立し、一九二六年十二月を以て全線開通した。即ち此の鉄道は、支那中央政府の鉄道ではなくて、奉天政府の鉄道であり、借款鉄道ではなくて、日本が工事を請負った鉄道であるといふ点に於て特殊である。当初満鉄の理想とした所は、其の営養線たる四洮線を、先づ哈爾浜より東支線の西方へ、一六七哩ばかり離れた地点まで、侵入せしむるにあつたが、支那は却つて、打通線と相俟つて、日本を利用して満鉄の並行線を建設せむとして居つたと思へる。）

昂々溪
洮昂鉄道
洮南

大正五年、四鄭鉄道に関する

抜粋

満洲日日新聞。

No.

(1)

大正五年一月十七日　満日

□四鄭鉄道局長

近く敷設さるべき四鄭鉄道の局長は支那交通部より

同部参事陸夢熊氏を任命さるる由

大正五年

② 1.

大正五年二月九日（吉長日）

△四鄭鉄道工事

四平街鄭家屯間鉄道は既に借款契約成立したりと思ふ其の工事着手期は如何に定められたるや杳として傳へられず既に解氷期も近からんとする今日其の消息の明かならざるは頗る要領を得ざる次第なるか是に対し據満鉄技術局長は語って曰く、契約調印の当時同鉄道は支那側に於て局長を任命したる後更には部長其他の実職を選定して工事に着手すべき段取となり居る様子なりと思ふ未だ支那側に於て公然局長任命を発表せざる以上

No. 2

技師長をも決定し得ざるべく工事は遂に解氷期に入るも着手するに至らざるべし　吾人は術者側より觀測する時は同鉄道は今二月中に局長技師長を決定せざれば工事着手期は遂に一箇年を遅るものと見て差支へ無く從つて營業開始期は更に遅延するは明かなれば同鉄道に依りて受け人とする満鉄の運輸関係にも影響を及ぼし東蒙開発の時期も次第に遅るゝ譯なるべし　何となれば同鉄道は未だ確的なる測量をなし居らざるを以て工事着手迄には少くとも測量に多少の時日を要すべく更に測量後工事に要する材料購入にも日子を要するのみならず工事の設計を終りて請負工事に附するとするも各請負者が各地に散在せる工夫を招

No. 3

係する又早急の旨に合はざるを以て工事時期は是等に消費せら
れ遂に本年の結氷期に入りて工事不能となるは明かなるべし、
されば右測量工事は少くとも本年高粱繁茂期迄に終了するの
運びに至らざるのみならず、かくせんには遅くとも二月中には局長
の任命を見ざれば不可能のことといふべし云々

ヨ—0022　B列5　25字×10　南満洲鐵道株式會社

③ 1.

No. 1

大正五年三月三日　（満、日）

▽四鄭鉄道問題

四平街鄭家屯間の鉄道は日本よりの借款に依り愈々敷設せらるゝこととなり余（虞恩吉長鉄道総辦談）は浅学其の任に非ざるも政府の命に依り同局長を命ぜられたるは汗顔の至りに堪えず同鉄道は甚だ貧弱なりと雖も将来東蒙開発の為め更に延長せしむべき重大なる使命を有するものなれば成可く完全なる鉄道を敷設したきは余の希望するところにして然も一日も速かに完成せしめたく目下着々準備中にて来る四月頃には測量に着手せらるべく其迄に借款契約に依る技師長会計主任等は日本国より

ヨ－0022　B列5　28字×10　南滿洲鐵道株式會社

No. 2

選任するものなれば交通部に於て銓衡し近々決定するに至るべし、同地方は鉄道敷設の決定せらるると共に地価騰貴しつつあれば一日を遅るれば非常の損あり、且つ用地購入にも困難を感ずべきは当然なれば測量決定せば直ちに着手の積りなり材料は既に用意しあれば物価騰貴する共更に影響を受くる所なかるべし幸にして日本側技師長其他の懇切なる指導に依り完全なる鉄道の達成する事を希望する者にして満鉄会社にも援助を与へられんことを依頼せり云々、

ヨ—0022　B列5　28字×10　南滿洲鐵道株式會社　(16. 6. 5,000冊 ...)

No. 1、

③ 2.

大正五年三月二十五日（満日）

四鄭鉄道問題

四平街鄭家屯間五十餘哩に亘る四鄭鉄道は借款契約調印後既に数ヶ月を経過したる今日に於て僅かに支那側より吉長鉄道総辦盧景貴氏を同鉄道局長に任命したるのみにして日本側より推薦すべき技師長其他重要機関の任命は未だ何等の消息を伝へず借款契約成立の当時本年五月末頃に至らば着手せらるべしと称せられしに今日まで技師長の任命をも見ざるに付ては到底着手覚束なかるべく従って同鉄道の竣成期を遅延せしめ事業の利権伸張も亦遅るゝの有様にて日支両国の為め不利益なるは云ふ

ヨ—0022　B列5　28字×10　南満洲鐵道株式會社

を俟たず、日本側は師長の未だ決定せざるは要するに技師長の権限其の他に関し支那側との折衝進捗せざる為めなりとの想像せらるゝも、元来同鉄道は日本の利益を計る為めのみならず、途人で支那の利権を擁護し、日支相提携して満蒙の発展に貢献せんとの主旨に依るものなれば日本側は資本主たる権限上技師長の如きは有利なる條件の下に任命するの必要あり、支那側之又喜んで是を承認すべきは至当なるに、支那側は常に利権を日本に奪はるゝものなりと曲解し、日本の提議を快諾せざるより甚だ時機を誤るものなれば日本は同鉄道が単純なる借款鉄道に非ず、日支共同して満蒙の利権を擁護するを主眼とすべきことを

No. 2

よ那側に了解せしめ進んで日本の主張を認容せしめ以て工事の着手期を速かならしむる方法を講ずるの必要なり。昨今伝へらるゝが如く四鄭鉄道事務所を奉天又は長春に設置せば、よ那の為め好都合なるべきも、工事主たる日本に不利益なるは明かにして四鄭線と何等の関係なき地点に事務所を置くが如きは軈て、日本側技師長其他の権限に干渉し鉄道経営の方針を誤まらしむるの結果となるやも知るべからず。

No.

（十）1

大正五年四月五日（満日）

○四鄭線資金募集

支那政府と横浜正金銀行との間に契約成立せし四平街鄭家屯間鉄道五十三哩の資金を充つる公債五百万円（五分利、十五年据置、三十箇年償還）募集の件三日発表さる、本会社は日本人之を監督し公債は日本銀行担保とするを得る等其の特色なり、

ヨー0022　B列5　28字×10　南満洲鐵道株式會社

No. 1

④

2

大正五年四月九日（満日）

▽四鄭鉄債内容

満蒙鉄道に関する支那政府の借款は曩（さき）に正金銀行との間に交渉あり、当時は何分南北戦争に対する憂懼と且つ我が金融界の状勢とに鑑み容易に之が成立を期する能はざる者ありしを以て場合に依り或は之を英米に於て発行するの運びに至るべき模様ありしが今回該公債は全部正金に預入し正金の推薦せる技師長並に会計主任の証明ある者に限り其都度之を支那政府に交付するの条件にて正金銀行との間に交渉纏り満蒙五鉄道中最も有利なる四鄭鉄道建設工事費並に利払として既電の如く今回五百

No. 2

万円を発行するに決せり、其内容左の如し、

▽内容及発行條件

名称 支那政府五分利四鄭鉄道公債（中華民国政府五釐利息四鄭鉄路公債）△五百万円 △募集金使用の目的 支那南満洲四平街より鄭家屯に至る鉄道の建造 △抵当 本鉄道に属する一切の動産不動産並に本鉄道一切の収入 △公債種類 百円券、五百円券、千円券、五千円券の四種（但無記名利札付） △利率 年五分

△利子支払期日 毎年五月一日 十一月一日の両度に前六ケ月分の利子を支払ふ

No. 3

△償還期限　本年より十七年据置、大正十六年より毎年五月一日抽籤法を以て額面之金を償還し爾後廿六年にて還了す

△発行価格　額面百円に付金八十六円五十銭、

△申込期日　四月七日より十日迄（但都合に依り期限前と雖も締切ることあるべし）

△証拠金　額面百円に付金五円

△払込期日及金額　五月一日額面百円に付八十六円五十銭（証拠金は払込金振替に充当す）但し期日払込をなさざる時は、証拠金は返還せず其領収証を無効とす。

△申込場所　正金本店及在本邦各支店（外国支店を除く）に於て

ヨ—0022　B列5　28字×10　南満洲鐵道株式會社　(15. 5. 5,000冊 議所納)

No. 4

し申込の取次を為す、

△元利金支払場所　正金銀行、東京正金支店、大阪支店、倫敦支店、

紐育出張所、

△本公債証書並に利札及本公債元利金に対しては支那政府に於ける

一切の公課は免せらる。

No. 5

鉄道状態及び建造

本線は四平街より西方東蒙古の関門鄭家屯に至る延長約五十三哩半の鉄道にして工事は僅に東遼河に加設する一鉄道橋を除くの外平坦なる郊野を縦走するものなる故に比較的平易なり、建造は本邦鉄道院の下に日本人の技師長及技師に依り建造し施工の上は日本人の手にて保線し又運輸をも司る。

ヨ－0022　B列5　28字×10　南滿洲鐵道株式會社　(18. 5. 5,000冊 [illegible])

No. 6

△会計処理

公債募集金は全部之を横濱正金銀行に預け入れ、工事の進行に伴ひ、之れが拂出をなし、一銭たりとも該工事以外に使用することとなし而して其の収支は全部日本人の会計主任に依りて取扱はるゝ、又公債の利拂は工事中公債募集金より其後は収益より支辨し而して剰餘あれば之れを(元)償還の資金に充当せらるゝなり。

No. 1

△擔保

本鐵道敷地、レール其他附屬物、並に本公債募集金及鐵道收益を以て買入たる物件は全部本公債の擔保たるものにして、前記の如く其の收益は公債の利息を支拂ふに充分なるを以て擔保は之を以て完全なりと云ふべく又万一の場合鐵道の收益が利息又は元金を拂ふに不足を生ずるときは支那政府の一般財政より支拂はれの換言すれば支那政府の公債にして尚担保附公債といふべし

ヨ—0022　B列5　28字×10　南滿洲鐵道株式會社　(18. 5. 5,000冊 [illegible])

No. 8

公債の特色

本公債は日本銀行の担保品たるの承諾を得又東西有力なる銀行團に於て全部引受くるに決せり、尚本公債は日英米三国共通のものにして日本金一円に付英貨二志零片二、米貨四十九仙六五の一定相場を以て英米両地に於て元利金共支払はるゝものなれば為替相場の有利なる場所に於て之を受取るの利益あり、且つ外国市場に輸出する場合に於ても頗る便宜ありと、

No.

大正六年

四鄭鐵道に関する抜粋。

満洲日々新聞。

ヨ－0022　B列5　28字×10　南滿洲鐵道株式會社

①

大正六、七年度

大正六年一月二十日（陰日）

▽四鄭豫算増加、

四鄭鉄道豫算に関し技師長藤根寿吉氏来京交通部と交渉を開きつつありて、交通部にては路政司長曾鯤化、考工科長夏昌熾、計核科長張競立の三氏之に当たり居れり、鉄桟其他諸材料の昂騰、銀價の昂騰等の結果、當初の五百万円借款にては延長五十三哩工事の竣成頗る困難となり、三江口（遼河）の鉄橋を木橋とし（延長二千尺）其他総ての経費節減をなすも當初の予算にては多大の不足を生ずる計算なるにし、交通部の路政司長其他

No. 2

技術部の人々は甚だ不得已事情を認め予算増加の必要を擁ろあきものとなし居れども許交通総長は不足額を更に借款により得ざるべからざるを以て大削減を加ふる方針にて、目下交渉を重ねつつあり結局は何んとか纏まるに至るべし、測量は去る十月既に終了し、来る五月中旬融雪を待って起工し、来春には竣成する筈、軌条は八十五ポンドの満鉄制定のものを採用する予定し、七十哩分を瀋陽製鉄所と四次取りの契約をなせり、機関車は四五台、客車五十台、貨車四十台の見込なり（北寧

大正六年十一月二十九日（満日）

▽四鄭路予算協議

四鄭鉄路局長盧景泰氏と同行晋京したる同局参謀長廉氏は過日来交通部予算会議に列席中のところ、所要を帯び、此の程四平街に帰来したるが、協議の内容を聞くに、盧局長を始め藤根技師長及葉計核係長の三氏とし交通部に出頭して接衝しつゝあるが、当初の予算額に対して材料の騰貴其の他種々の原因にて多大の不足を告ぐることとなり、追加借款の議あるも許交通総長は極力消極説を固持し予算に大削減を加へんとし、協議意の如く進捗せず、目下の如き状況なれば全部の纏りを得るには実に、

No. 2

相當の日子を要すべしとあり家族を四平街に遺せる黄氏は目下接續の局内事務の整理を兼ね旧正月前一應帰局し越年後晋京の筈なりしも、協議意の如くならざるため、遂に帰局をも見合することゝなり帰期の如きも全く未定なり、次に藤根技師長は旧正月の休暇を利用し本局軌條及び附屬鉄材の供給を約せる漢冶萍製鉄所を視察する筈にて帰期の如きも、素より未定なるも恐らく二月中旬以後なるべしと云ふ、因みに四鄭局が満鐵用度課に購入方要求の北満材は東清線貨車不足の為、輸送困難の状態にあり、請負營業者なる長春の高橋、和登の両商會に於ても、極力東清線側と交渉しつゝあるも尚は輸送上注意督勵を要すべき

No. 3

要ある趣にて本社より出頭の高森氏は四鄭局員と同行長春に来臨し打合せを為すといふ（四平街）

No. 1

② 1

大正六年二月六日（満日）

▽四鄭線予算成立　二月二日北京特派員発

四平街鄭家屯鉄道予算に関し技師長藤根寿吉氏来京交通部と交渉中なりしが、許總長は昨一日之を認可したる趣にて藤根氏は該予算を携帯急遽帰北して直ちに諸般の準備に着手すべし、今同氏の語る所によれば該鉄道敷設費概算は本建築の計算にて昨年七月之を交通部に提出したるが、欧洲大戦物価騰貴の影響を受け到底借款の五百万円にては少なからざる不足を生ずる見込なりしに八月に至り交通部にては之を査定し借款金額に更に

No. 2

幾分増加することとしたるも漸く切り詰め勘定にては工事上種々模様の必要を生じ藤根氏の要求となりたる次第にて交渉の結果遂に南大佐は査定案に従ふ事とし結局借款外に百五十万円を増加し、全部本建築の方針を改めて假建築とし後日経済の緩急を計りて改築する筈、　但し橋梁は鉄材暴騰の今日鉄橋とせば莫大の経費を要すべきにより木造とするも将来の利益上橋脚は石造の本工事となすべき計画なり、猶ほ機関車、貨客車を新造すとせば是れ亦不足を来し更に百万円近くを要すべきにより他の方法にて車輌の繰合を付くべし、茲に同鉄道の新打撃は東清鉄道運輸力の不足にて木材暴騰の今日鴨緑江其他内地

ヨ－0022　B列5　28字×10　南滿洲鐵道株式會社　（16. 6. 5,000冊 [illegible]）

No. 3

材を使用せば頗る高價となるを以て總べて北滿材を使用する事に取り極め、露貨暴騰の今日猶更ら經濟なれば北滿材を購買し、東清鐵道により運搬する見込にて既に長春の某材木商と契約を結びし次第なるに軍需品輸送のため、東清鐵道の輸送力頗る減退し、到底木材を運搬するの餘裕なし、哈爾濱、長春間ならば馬車輸送等の方法もあれど哈爾濱より以東の森林より切り出す木材なれば車馬輸送は絶對不可能なり、一例をあぐれば、該鐵道に要する枕木は十五万挺にして北海道產なれば四平街渡し運賃共一本一円六十銭に當れども北滿產は僅に一本一円に過ぎず、枕木の差のみにて既に九万円に達す、他の停車場建築用橋梁架設用等の木材を加ふれば、北満材運送不能となりたる結果予算上大なる狂ひを生じたる次なれども　敷設費の膨脹を許さざる事情あれば、矢張り予定案により遣り繰りするの外なし　借款不足額百五十万円に付ては更に借款の借り増しをなすべきか　又は交通部よりなすべきか未定なるも何れ交通部にて追って決定する所あるべし　斯く意外の違算を生じたるも大に努力して予定の期限内即ち来春竣成の見込なりと、猶ほ聞く所によれば同鉄道所要の鉄軌は満鉄沙河口工場に注文しあるも、成るべく民国製使用の方針にて漢陽製鉄所に注文し、目下製造中なれば藤根氏は交渉解決後漢陽に至り視察の予定なりしも材料輸送上の難関突発したれば、取り急ぎ帰社の次第なりと、

No. 1

大正六年二月七日（満日）

▽四鄭枕木輸送

来春起工せらるべき四鄭鉄道の建設材料中枕木は頗る多量に上り木材騰貴の今日鴨緑江又は北海林を使用する能はざるを以て東清沿線の北満木材を使用すべく既に売買契約成立したるが右輸送に対し東清鉄道の貨車不足は大打撃を被り、或は起工期迄に輸送不可能なるべしと伝へられしが東清鉄道と交渉の結果四鄭線用木材輸送引受を承諾したるを以て起工期迄には到着するに至るべく、右遼河架橋用木材は鴨緑江木材並に北満材を使用するに決し、結氷中遼河附近馬車輸送の要あれば東清満鉄共

No. 2

に輸送上の便宜を与へ、既に到着済となりたるを以て同鉄道起
工に関しては予定の計画を変ずるの必要なかるべし

No.

⑬ 3

大正六年三月八日（協四）

▽四鄭線は假工事（合弁）

四鄭鐵路之予算は車輛費を除き借款額以外約百万円の範囲を以て、全線假工事とし着手することに交通部との協議纏まり、藤根技師長は該予算を携帯七日北京出発、直ちに四平街に帰来したるが工事は有賀定吉、飯塚松太郎、大倉組、間組の四請負人を指名し、融雪を待ち直ちに工事に取り掛る筈にて總辨蓋恩氏も既に帰北したり、

No. 1

大正六年二月十四日（遼日）

▽四鄭予算成立、

藤根技師長談、

四鄭鉄道の建設予算案を携帯し北京交通部と打合をなすべく過般来出張中なりし四鄭鉄道技師長藤根寿吉氏は予算案に対する交通部の承認を得て此程帰任し、更に満鉄と打合の為め十一日来連したるが其の談に曰く、

No. 2

ロ　追加予算處理

四鄭鉄道建設費は当初借款金額を以て是に充つべき予定ありしも総ての材料暴騰せる今日測量設計の結果遼河の橋梁を假橋とするも尚四百万円を要し、更に是が改築を行ふ時は六百万円以上に達すべきを以て当然借款金額の不足に対し何等かの方法を講ずるの要あるを以て交通部と打合せの為め出張したる次第なるが、交通部は目下各鉄道整理中に属し、不急の事業は中止せんとせる際なれば、予算不足額に対しては頗る苦心したるものなれども何等かの方法を講ずべく、不足額の支出に対し承認を与へ、茲に四鄭線は予定の如く工事に着手するに至れり

ヨー0022　B列5　28字×10　南滿洲鐵道株式會社　(16. 6. 5,000)

No. 3

▽議会の協賛

予算不足額は百五十万元即ち我が約二百万円にして交通部は国務院会議に提出して其の方法を協議し、更に国会の協賛を要して決定すべきものなるが若し支那政府に於て支出せざる場合は即ち借款に依ることとなるべく其の際に借款主たる正金銀行と協議の上追加借款となるべし、

ヲ－0022　B列5.　28字×10　南満洲鐵道株式會社　(16. 6. 5,000冊 廣川納)

No. 4

▽追加資金内容、

四鄭線工事は本年内若くば来春早々假営業を開始しつゝ假橋たる遼河の鉄橋改築に着手の予定にて、大正八年六月迄には本開通を見る予定なるが、假開通に要する車輌は何等かの方法に依り他より借入れ、運転をなす予定にて其の建設費は計上せざるも其の為に要する営業費は建設予算中に見積り約四十万円を要するを以て追加資金は単に橋梁の改築並に鉄道建設の補充に過ぎざれども之に依りて本開通迄の假営業は頗る円滑に進むの予定なり、

ヨー0022　B列5　28字×10　南満洲鉄道株式會社　(16. 6. 5,000冊 [illegible])

No. 5

▽工事着手予定

敷設工事は解氷と同時に着手すべく目下盛んに材料の運搬中にして請負者も略内定したるが枕木材料は北満材約十五万本を東清鉄道にて運搬すべき予定なりしも貨物不足の今日輸送不可能なりしとのことにて頗る憂慮したるも満鉄の好意に依り東清鉄道と交渉の結果特に輸送を承諾せられたれば、予定の如く工事も進め得べく本年度の特産物出廻期迄には完成し仮営業を実現せしめたき希望なりと云ふ、

No.

大正六年三月二十四日（協和一）

四鄭工事着手

四鄭鉄道敷設工事は先般虞局長藤根技師長北京に赴き交通部と折衝の結果予算成立したるを以て其後着々として工事着手準備を進め材料の運搬中なりしが来る四月一日より愈々敷設工事に着手すべく既に工事請負者指名に就き交通部に申請する所あり不日其の許可を待ちて工事着手の都合を運ぶべく全線を四工区に分ち進工せんとして、

南満洲鐵道株式會社

④ 1

No. 1

大正六年四月三日（満日）

▽四鄭鉄道概況

龐四鄭鉄路局長談

四鄭鉄道敷設工事は解氷期を待ちて愈々土工を開始すべき筈にて、目下材料調達中なるが、過日交通部視察團の一行と共に来連したる龐局長は語つて曰く敷設工事は既に全工区を四部に分ち其々請負入札に附したるが、請負業者は鉄道敷設に関し多大の経験を有する者のみを以て是に当らしむる方針なれば、工事は予定の如く進捗して本年十二月頃迄には假開通の運に至るべく同時に假営業開始するに至るべし、工事費予算に就き

No. 2

ては嚢に交通部に対し追加の要求をなしたるが出来得る限り、借款金を以て工事を完成せしむる予定にして、萬一不足を生じたる場合は交通部より不足金の支出を仰ぐに至るべし、交通部に於ては不足金の調達に関し正金銀行に追加借款をなすべきや或は他に支出の方法を講ずべきやは未だ決定し居らざるが兎に角同鉄道が材料調達困難なる際着手せられ、意外に早く竣成の実現を見るに至れるは日本側技師以下諸氏の努力と満鉄の援助とに依るものにして借款鉄道としては大なる成功と云ふべし

ヨ－0022　B列5　28字×10　南満洲鐵道株式會社　（16.6.5,000冊 新川納）

No. 1

④ 2

大正六、十四日三日（第二日）

▽四鄭線進捗

成田会計監督談

四鄭線会計監督成田秀澄氏は公用を帯び上京中の処二日哈爾濱丸にて帰連せるが同氏談に依れバ「四鄭線は二ヶ年半の工程なるが布設工事は極めて平坦にて一の隧道あるにあらず、難工とするは僅かに遼河の一架橋あるのみ、架橋材料は目下欧洲戦争の為め假令米国へ注文をなすとも完成期迄に間に合はず甲至難なれバ一時的の橋梁を架設すると、鉄道材料は全部取揃へあれば今春解氷期より鉄道の敷設其他の工事に着手し

No. 2

一部の運転を開始するに至らん。唯だ予算編成当初より諸材料の暴騰、銀高等の影響あれバ作業上幾分の支障免れざるは固止むなき次第といふべし

ヨ－0022　B列5　28字×10　南滿洲鐵道株式會社　(16, 6, 5,000冊 籾川納)

No. 1

④ 3

大正六年四月十七日（満日）

▽四鄭線用建物

本年中完成のもの

本年中鄭家屯に建築さるべき四鄭線用の建築物は

車輛修理所（木造平家三十坪）

同上倉庫（木造平家三十坪）

保線修理所（煉瓦造平家三十坪）

同上倉庫（木造平家三十坪）

驛本家（煉瓦造一部二階八十坪）

驛附屬家屋（煉瓦造四十坪）

貨物取扱所（煉瓦造十坪）

炭水夫詰所（支那式十坪）

機關庫（木造平家二百七十八坪）

貨物倉庫（木造平家百坪）

No. 2

と決定せり但し工賃等は未だ決定せざるも本月中契約の締結を見るべし、猶ほ駅長官舎職員官舎及従業員官舎は全部煉瓦造にて総坪数二百四十坪なるも明年に延期せり、因に停車場敷地は街の東南にて元の埠頭を前面に臨み極めて鄭家屯の中枢地点として恰好の場所なり。

ヨ―0022　B列5　28字×10　南滿洲鐵道株式會社

No. 1-

④ 4

大正六年四月十八日

▽四鄭線起工式

四鄭鉄道工事は準備漸く成れるを以て十四日起工式を挙げ、同夜午後六時より四平街官民の重なる者約六十名を寛城ホテルに招待し祝宴を催したり、一同着席晩膳をとるや請負者側を代表して横山信毅氏の挨拶あり、次で藤根技師長は四鄭鉄路局を代表し、また日野局長は一般官民に代り、夫れ夫れ挨拶を為し處局長代理葉某氏は請負者側に対し杯を挙げて祝意を表する所

No. 2

あり、寛城ホテルを始め各料亭の選好盃盤の間に斡旋し乾杯談笑賓主歓を盡して退散したるは十一時頃なりき、因に各請負者側代表者としては営業工務所は柳谷氏、大倉組の横山氏、間組の小野氏、飯塚工程局の小島氏等あり、当日は有賀営業工務所主任来席の筈なりしも同氏下湯崗子に静養中の由にて出席せざりし（田平街）

ヨ－0022　B列5　28字×10　南満洲鐵道株式會社

No.

④ 5（5日 6日 7日 なし）

ヨ－0622 B列5 28字×10 南滿洲鐵道株式會社

No.

⑧ 1

大正六年八月三日

▽鄭家屯大水害　（卅一日夜鄭家屯発　一日奉天総領事館着電）

当地方連日の大雨は二十九日の止みたるも遼河の水は三十一日夕刻より氾濫し其沿岸なる四鄭鉄道工程局分局及び鉄道敷設地附近浸水し河岸より十余町を隔つる鄭家屯に達し、今や市街の周囲は海の如く全市約五分の一浸水し当館より約半町の地点に到り、尚増水しつつあり、居留民家屋亦已に被害あり鉄道上に影響する處勘からざるべし、沿遼河上流白音太拉方面にも多大の被害ありたる由なるも詳報に接せず。

ヨー0022　B列5　28字×10　南満洲鐵道株式會社

大正六年八月七日

▽四鄭工事損害

鄭家屯洪水の為、

鄭家屯附近に於ける水害に依り目下敷設中なる四鄭線の損害程度は幾何に上るやは目下通信不通の今日判明せざれども鄭家屯より三江口に達する間は一面浸水したれば工事なりし築堤は全部流失したるものゝ如く、当路線工夫等は高所に集合し両三日間野天に起臥し其の食料さへ欠乏せしが五日減水と共に全部鄭家屯に収容し幸ひ死傷者を出さざりしと、

南満洲鐵道株式會社

No. 1

⑧ 3

大正六年八月七日、

▽交通部に向ひ来達　四鄭車輛借入の為め

四鄭鉄道敷設材料運搬の必要上満鉄よりは四鄭鉄道に対し建築列車として貨車十数輛を貸与し、目下四平街八面城間の運転をなしつつあるが、四平街八面城間線路の完成は近く終了すべきを以て或は両地間の假営業を開始するに至るべし、営業此期に入らば更に満鉄より貨車数十輛客車十餘輛汽缶車五輛を貸与すべく、四鄭鉄路局より交通部に対し目下協議中にあり、満鉄には車輛不足の今日多数の車輛を貸与するは自線の営業上に影響を及ぼし苦痛少からざる所なれど、四鄭線は蒙古開発の為め敷設せられ

ヨ－0022　B列5　28字×10　南満洲鐵道株式會社　(16. 6. 5,000冊 …)

No. 2

出シ予算の都合上車輌建造に関し種々苦心しつゝある際なれば出来得る限り便宜を与ふるの趣旨に基き貸与料金の如きも非常に低廉ならしめ苦痛を忍び之れ援助を与へんとするものにて、近く双方の間に契約成立するに至るべく、交通部よりは数日中に両三名の技師を大連に派遣し貸与車輌の引継検査をなさんとし

ヨー0022　B列5　28字×10　南満洲鐵道株式會社

No. 1

⑧4

大正六年八月九日

▽四鄭損害程度

鄭家屯附近の水害に依り目下敷設工事中なる四鄭線の損害程度につきては目下調査中なるが最近四鄭鉄路局より満鉄に達したる報道に依れば、鄭家屯三江口间の築堤は全部浸水し土工約五千坪流失したる外橋梁四ヶ所破損流失したる模様にて線路工夫其の他には死傷なかりし由

ヨー0022　B列5　28字×10　南滿洲鐵道株式會社　(16.6.5,000冊)

⑧ 5

大正六年八月二十五日

▽四鄭運輸主任

四鄭鉄道の敷設工事は漸次進捗し、目下四平街より二十五哩の地点なる中家店迄の敷設工事を終りたるを以て、来る十月中旬頃より四平街八面城間約十七哩の仮営業を開始すべき予定にて近く四鄭鉄路局内に運輸課を設置し営業準備に着手すべきは既報の如くなるが、運輸主任には借款契約に基き邦人を招聘すべきことゝなり居れるを以て予て人選中にて満鉄運輸課員竹中政一氏に内定し居たるに交通部との交渉に時日を要し今日迄決定するに至らざりしが、過日四鄭線車輌借入交渉旁々敷設工事の模様検査の為来連したる交通部員との間に四鄭鉄路局に於て招聘契約に調印を

ヨ－0022　B列5　28字×10　南満洲鐵道株式會社

No. 2

了したるを以て交通部員帰任後交通部の批准を受て正式発表を見るに至るべく尚運輸課の設置と共に邦人数名同課に入り四鄭線の営業施設に関し援助する所あるべしと、

ヨ—0022　B列5　28字×10　南滿洲鐵道株式會社　(16. 8. 5,000冊)

No.

⑧ 6

大正六年八月二十六日

▽四鄭工事不遅

四鄭線の敷設工事は先般鄭家屯附近に於ける水害に依り、三江口鄭家屯間約十二哩の築堤工事浸水の為め洗ひ去られ居るのみならず、今尚同地附近は減水するに至らず線路敷設予定地上を舟又は戎克を以て上りつつある程なれバ工事竣成期遅延すべしと想像せられつつあるが洗ひ去られし築堤の損害は約一万円内外に上るべしと思はれ既に三江口の手前曲家店近は疏通し、材料の運搬に不便を感ずるが如きこと無きを以て、減水と共に復旧工事に着手し、全線竣成期に遅延を見るが如きこと無かるべしと

No. 1

⑨ 1

大正六年九月九日

▽四鄭営業準備

竹中運輸主任談

四鄭鉄道敷設工事の進捗に伴ひ別項の如く四鄭鉄路局に於ては近く建築列車の便乗扱を開始するに至れるが営業開始準備に関し八月一日附を以て同鉄道の運輸主任に採轉せられたる元満鉄運輸課員竹中運輸主任は語って曰く、

ヲー0022 B列5 28字×10　南満洲鉄道株式會社　(16. 6. 5,000冊 [illegible])

No. 2

▽敷設工事進捗の

四鄭鉄道敷設工事は材料の蒐集困難ありしと運搬水害のため工事を妨げられ予定より之遅るゝやも知れずと憂慮せられしが、其後工事は順調に進み、今や四平街八面城間の假営業を開始し得るの運に至り、予定の如く本年中には全線の開通を見るに至るのみか是は一面に於て満鉄の多大なる援助を受け、材料購入其他に直接間接利益する所多かりしに依るものにして本邦側に於ても是を諒とし　つゝあり。

ヨー0022　B列5　28字×10　南滿洲鐵道株式會社　(16. 6. 5,000冊 [illegible])

No. 3

▽車輛貸與決定

されば四鄭線運轉開始後に使用すべき車輛の如きは満鉄にて
は四鄭線の要求を入れ不足勝ちなる満鉄の車輛より五十餘輛を貸
与することゝなり、曩に交通部よりは車輛検査のため技師を派
遣したるか本月六日を以て契約成立したれハ、今後は随時必要
に応じ満鉄車輛を借受くるに至るべし

No. 4

▽従事員の任命

四鄭鉄道営業開始と同時に鉄路局に於ては運輸課を設置し、運転事務に従事する者は本部現業を合して約百五十余名を使用する予定なるが、満鉄よりは六名の運輸課員を招聘し運転車輌営業等の衝に当らしむ、此の外六名の人選は満鉄に依頼しつつあり、当現業に従事する者は全部支那側より任命し既に満鉄の各駅に依頼し現業を見習はしめつつあり、

No. 4

▽従事員の任命

四鄭鉄道営業開始と同時に鉄路局に於ては運輸課を設置し、運轉事務に従事する者は本部現業を合して約百五十余名を使用する予定なるが、満鉄よりは六名の運輸課員を招聘し運轉車輛営業等の衝に当らしむる外六名の人選は満鉄に依頼しつつあり、尚現業に従事する者は全部支那側より任命し既に満鉄の各駅に依頼し現業を見習はしめつつあり、

ヨ－0022　B列5　28字×10　南満洲鐵道株式會社　(16. 6. 5,000冊 [illegible])

No. 5

▽各駅の設備

四平街鄭家屯には八面城傳家屯三江口の三駅を設置し将来旧四平街及び曲家屯の二ヶ所を増設することとなるべきか四平街駅は満鉄と共同駅を設置し、聯絡の便を計るべく目下満鉄四平街駅を拡張中にあれば假営業迄には設備を整ふるに至るべく八面城駅は既に建築に着手したりと、

No. 6

▽四鄭便乗取扱

来る十月頃開始

四鄭鉄道敷設工事は着々予定の如く進行し来る十月中旬頃より四平街八面城間の假営業を開始し得べき予定なるが、目下運輸中なる建築列車に便乗を希望する旅客多きを以て左記の方法に依りて来る十月頃より建築列車を利用し、旅客の便乗取扱を開始する由にて其の区間は線路の竣工に連れて延長すべく、

No. 7

一、四平街八面城間

貨銀大洋八角小洋一元

此の区間は線路開通せるを以て九月十日頃より取扱開始、

一、八面城傳家屯間、

貨銀大洋六角半小洋八角

此の区間は線路半開通に付前記区間と同時に便乗扱を開始すること

貨銀は距離の遠近に拘らず当分半額

一、傳家屯三江口間

貨銀大洋四角小洋五角

此の区間は十月末頃迄に開通の見込に付き開通と同時に前記両区間の方法を以て取扱を開始す、

一、三江口鄭家屯間

未定

一、列車発着時刻は列車発着場所に掲示すべきこと　早朝四平街発　夕方四平街着毎日一回の予定、

ヨ－0022　B列5　28字×10　南満洲鐵道株式會社　(16. 6. 5,000冊)

No. 8,

尚便乗客は車掌車に乗車し、車掌より乗車券を購買し改鋏を受けて之を所持し、着駅に於て車掌に交付するものなるが、鉄路局は建築列車の都合上列車の取消時間の変更等を随時行ふ可く運送上より生ずる一切の損害に対し、其責に任ぜざれば便乗客は予め承知し置く要あるべし、因に手荷物の取扱は当分之をなさず、十才未満の小児は無賃とし其他は普通運賃を申受くべしと。

ヨー0022　B列5　28字×10　南満洲鉄道株式会社　(16. 6. 5,000冊 錦川殿)

①
2

大正六年九月十五日

△四鄭便乗盛況

四鄭鉄道にては去る十日以来建築列車に対し運転区間内の旅客便乗取扱ひを開始したるが、便乗希望者頗る多数に達し、到底車掌車一台にては便乗の需に応じ難きを以て今回満鉄より二等車一台を借受け、建築列車に聯結せしむべき計画なる由。

ヨ－0022 B列5 28字×10 南滿洲鐵道株式會社 (16, 6, 5,000冊 ……)

No.

大正六年九月十九日

○四鄭線假営業

十月廿日より開始、

四鄭鉄道施設工事は目下四平街より約二十二哩を距たれる八面城の西傅家屯附近迄線路の延長を終り過般開始せる旅客の便乗は傅家屯迄取扱居れるが、四平街八面城間の線路は既に完全に竣成し、八面城駅は四五日中に竣成すべきを以て予定の如く近く両地間の假営業を開始するに至るべく最初十月十日頃開始の予定なりしが四平街駅の拡張工事未だ竣成せざると満鉄より招聘すべき運輸課員の人選決定せざる為め営業開始準備の都合上十月廿日頃より開始するに至るべしと。

No.

94

大正六年九月二十日、

▽四鄭電話開通

四鄭鉄道専用電話線は先般来四平街鄭家屯間に架設中なりしか此程全部開通し両地方の通話をなしつつあり尚鉄道電線は目下架設中にて十月下旬頃より鉄道電信の取扱を開始するに至るへしと

No.

⑨ 5

大正六年九月二十一日

▽四鄭聯絡輸送

四鄭鉄道は四平街八面城間の敷設工事其他停車場外諸工事の竣成を待ち来る十月二十日頃より両地間の假営業を開始する予定なるが、満鉄との聯絡輸送手續につきて、双方の間に大体の協定を終り、四鄭線は四平街に別の停車場を設けず、満鉄停車場を協同停車場として拡張工事を行ひ、双方の旅客並に貨物の取扱をなす筈にて、目下工事中なるが、貨物の聯絡輸送に関しては、假営業開始と同時に八面城並特産貨物にして大連営口に向ふものは一車扱貨物に限り当分の間聯絡輸送の取扱を為す由にて、四平街駅の積換手数を除き特産物取扱荷主の便多かるべしと、

ヨ－0022　B列5　28字×10　南満洲鐵道株式會社

No. 1.

(9) 6、

大正六年九月二十四日、

▽四鄭工事竣期

藤根技師長談

四鄭鉄道技師長藤根寿吉氏は所用を帯び廿一日朝来連したるが四鄭線の工事概況につき語りて曰く、

▽工事竣成期

四鄭線敷設工事は四平街八面城間の線路完成を終り、目下八面城の西傳家店迄線路を延長しつつあり来る十月廿日以後八面城四平街間の仮営業を開始の予定にて、或は仮営業区間を更に延長し得るに至るやすきか、鄭家屯迄の営運は、先般の水害の為め

ヨー0022　B列5　28字×10　南満洲鐵道株式會社　(16. 6. 5,000冊 ...)

No. 2

三江口鄭家屯全部浸水し築堤を破壊せられ今日に於ても、尚浸水箇所乾燥せざる程なれバ工事に着手し得ざる状況にあるを以て開通期予定よりも遅延を免れざるも幸にして浸水の甚しきは鄭家屯附近なれバ三江口方面より工事を開始する暁には鄭家屯方面の築堤作業も進捗するに至るべく十二月中旬頃迄には全線開通の見込あり、

ヨ－0022　B列5　28字×10　南滿洲鐵道株式會社　(16. 6. 5,000冊)

No. 3

▽不足百万円

四鄭線工事開始当時に於ては借款契約成立当時に比し諸物價騰貴せるを以て予算額に不足を生じ、之か補充につきては種々苦心を重ねたる所なるか、昨今に於ける物價の暴騰は更に予算の超過を来し、殊に銀價の暴騰は鉄道軌条其の他の材料購入に当り予算の違算を来し、今日の状勢を以て進まば、工事竣成迄には約八十万円内外の不足を来すに至るのみか、尚先般の水害に依り受けたる損害は約廿五万円に達すへき見込なれば、合計百万円内外の予算不足を来すに至るへく、是か補充につきては

ヨー0022 B列5 28字×10 南満洲鐵道株式會社

No. 4

交通部の意嚮に依りて決すべきものなり。

ヨ－0022　B列5　28字×10　南滿洲鐵道株式會社　(16. 6. 5,000冊 …)

No. 5

▽遼河鉄橋工事

遼河の鉄橋は本年開運期迄には假橋を架設するの予定を以て目下工事中に屬し、先般の水害に際しては大なる損害を受けざりしが假橋にては出水に際し、流失の恐あるを以て来春解氷を待ち橋脚の本工事に着手すべく予算を計上しあらざれど、鉄材の暴騰せる今日に於ては鉄橋全部を完成せしめ得ざるを以て、当分の内は橋脚のみの本工事に止め置くべし

No. 6

▽便乗扱盛況

本月十日以来建築列車に対し旅客の便乗を取扱ふこととしたるが、便乗者頗る多く日々二百名内外の乗客あり、尚お乗得る限り、在住者の便を計る目的を以て建築列車に特産物生果石炭等の積込を許したるが、是又希望者多く特産物の如きは八面城附近より毎日四五車宛四平街に輸送しつつあり、其の料金は一噸一哩六銭と定め旅客貨物合せて一平均毎日四五百円の収入を上げつつあり云々。

No. 1.

(10)
1

大正六年十月十三日

▽四鄭線現況

▽四鄭鉄道工事 は其後益ゝ進行し九月より四平街八面城間の旅客便乗取扱開始以来乗客申込者は日々増加して最近一日平均百九十余名に上る盛況は申込者の殺到にて工事進行上に妨害ある程なり、 同工程中

▽遼河の大橋梁 は最初より木橋の設計なりしを以て最近の鉄界騰貴の為め何等予定に影響せず、愈々来る十一月下旬を以て

No. 2

全工程竣成する筈なり、之れと前後して三江口鄭家屯の陸線に、も開通する予定なれば、十二月初めよりは全線の開通を見るに至るべし、而して運輸課開設の結果四平街八面城間は来る十一月一日より假営業を開始し一般貨客の取扱を開始する予定なり、

▽四平街の繁栄　は目下各地より日本人の来住者増加し邦人に建築を起すより一見活気に満てる四鄭鉄道局に於て事務室の不足を告げし為め、列車を構造す能はず、満鉄よりの貨車にて営業を開始するにより、差當り同線の輸出入物資は四平街を通過するに止まるのみを以て、同地が急激なる大発達をなすものとは謂ふ能はざるものありしとの

ヨー0022　B列5　28字×10　南滿洲鐵道株式會社　(16. 6. 5,000冊 莊川納)

No. 1

(10)

2、

大正六年十月十九日、

○四鄭線近況

四鄭線工事は軌條到着後は従員は殆んど戦争の如き勢ひを以て引延し、工事に鞅掌せる為近時大に進捗し、爰両三日中には三江口の対岸なる後太平地に達する予定なり、同地に達せば、同地遼河の橋梁に用ゆべき鉄桁を送り、架橋の完成に約十日位を要すべく其の間に於いて富家屯後太平屯間の砂利散布を為し、来年始めには四平街三江口間の仮営業を為さん予想なるか如し、現下当地八面城間の便乗旅客は一日二百人位手扱は一日

ヲ－0022　B列5　28字×10　南満洲鉄道株式會社　(16. 6. 5,000冊 鮎川納)

No. 2

四車平均位みにして益々増加の趨勢にあり、当地駅との連絡ホームは過般満鉄に於て施工中なるが工事漸く進行し、既に本ホームの土盛り及び配線を了り、現下割石を入れ線床を整理しつつあると同時に聯絡上必要なる四鄭線駅員の詰所及び待合等に充つべく、現在駅の建増模様工事に着々進みつつあれば従て遠からず竣成に至るべし、現在四鄭局裏には小ホームを作り、一分局停車し、局員等の乗車に便すべく差当り軍線中停車場地は四平街鄭家屯の外中間に八面城、傍家屯、後大民屯の三ケ所にして其の他は時機を見て増置さるべき見込あり、現在の三江口は過般の水害に鑑み、対岸の後大民屯に移るの安全なるより

No. 3

此處に移轉すべく、其の敷地等に關しては略ぼ内決したる由にて、従つて本線三江口驛の如きも三江口側に設置せず後大民屯に設置することに設計を変更したるやに聞き及べり、現在の三江口は増水毎に崩壊し行く有態なるに反し、後大民屯側は水勢の裏に當り加ふるに地は稍々丘陵をなし頗る高所なれバ其安全なる点に於て現在の三江口に優ること数等ならんしと觀察せらる

No. 1.

⑪ 1

大正六年十一月十六日、

○遼河橋梁竣成 —四鄭線の美観

□橋上試運転式

四鄭線工事中最も難工事なる三江口なる遼河の橋梁は田辺工学士監督の下に本年四月起工し降雨及び両度洪水に遭遇し、頗る工程上困難多かりしも漸く去る十三日朝までに全部竣工し、同日午前十一時盛なる渡初式を挙行せり、先づ最初四鄭局打卿長代理佐藤工学士其他の工事関係者のみ汽罐車に乗じ、徐々として滑るが如く橋梁上に進行し、試験をなしつゝ六丁餘に涉る

No. 2

長橋を対岸まで運転して引返し、更に同日の盛式に参加すべき四鄭局の実なる局員及び四平街の官民及び紅槍の一隊等百余名を乗せたる客車を連結し、萬歳聲裡に芽出度試運転式を了り、一同打揃ひて遼河々畔の宴会場へ臨みたり。

No. 3

▽ 渡初式宴会

四鄭線橋梁渡初式祝宴は平沙茫々たる遼河の畔に於て開かれたり、会場の周囲には陣幕を廻らし、日本の国旗を掲げ、内部には枕木等積み重ねて一段高く宴卓を作り、約二百名の来賓等に対し各々折詰及び日本酒の饗応をなしたり、一同着席するや該橋梁請負者内紀の現場主任たる門田輝之助氏は謹直なる態度にて工程の大要を記したる式辞を述べ、次で藤根技師長代理佐藤工学士は四鄭局を代表し、祝詞演説をなし、日野局長は当日の来賓を代表し、祝辞に代へて挨拶を述べ、酒宴に移り杯を

ヨー0022 B列5 28字×10 南満洲鐵道株式會社 (16. 6. 5,000冊 経川納)

No. 4

捧げて四鄭局及内組の万才を三唱し、四平街各料理店より選抜き美妓及び三江口出稼の紅裙連のお酌に賓主各々十二分の歓興を盡し、午后三時半出発の列車に特発客車を連結し、三江口組の一隊を遣し、一行夫の隊諸共に一同四平街差して引揚げたり。

大正六年十二月二十八日

▽四鄭工事進捗

四鄭線工事が遼河橋梁開通後は日を逐ひ、急速工しつつありしが今や鄭家屯駅に達する迄三四日間に過ぎず、自餘軌条の引延しのみにして之に砂利を入れ、線路を完成するは到底當分にあらざるも、来年上旬に入れば、四鄭間の便乗を許し得べく同月十日頃より假営業に移ることを得しと云ふ

No.

⑪ 3

大正六年十一月三十日

○四鄭鉄道全通

四鄭鉄道は二十九日までに、線路全部の軌条敷設を終りて、鄭家屯へ連絡列車を運転せり、来月十日より一般の便乗を許し、十五日鄭家屯に於て假開通祝賀会を催し、本祝賀会は更に明年に入り、適当の時期を選んで盛大に行ふ予定なり、尚来十五日の祝賀会当日来賓は日支総計六百名の見込にて目下之が準備中なりと、

No. 1

①（大正四年）

大正二年十月五日　満蒙五鉄道ニ関スル協約

大正四年十二月十七日　四鄭鉄路借款契約締結

大正

2.6.5.㊃.3.4.

大正四年十二月十九日（日）満洲日々新聞

四鄭線借款成る。

我帝国が満蒙五鉄道敷設権を獲得したるは大正二年十一月五日にして今を去る二年前なるが、獲得したる五鉄道敷設権は、其後何等の実現を見ず、殆んど有名無実の利権と評せられたり

ヨ－0022　B列5　28字×10　南満洲鐵道株式會社

No. 2

〇四平街洮南線は兎に角着手する事となりて、日支両国は府間に二十余回の交渉を重ねつゝありしが、十八日漸く同鉄道中の四平街鄭家屯線借款成立するを報ず、借款条件は津浦鉄道に倣ずとあれば吉長鉄道借款条件の如き不徹底のものにあらざるべし。

南満東蒙に於て日支新条約の結果幾多の利権を獲得せりと雖之、既成鉄道沿線以外には交通機関不備のため、折角の利権之を利用すること能はず、所謂宝の持ち腐れなる観あり、故に東蒙を通りとせり、今次洮南鉄道の一部にても鉄道敷設せられんか、東蒙事実上利便尠からず。

No. 3

抑も洮南鉄道は旧き計画にして、所謂ストレート一派の米国資本団が明治四十三年錦愛鉄道敷設に熱中せし当時我政府は該鉄道の交換条件として、南満鉄道の一駅より錦愛線に聯絡すべき洮南鉄道敷設を提議したるも、錦愛鉄道の立消と共に、洮南鉄道敷設要求も立消となり、伊集院駐支公使時代再び交渉を開始せしが、第二革命の勃発之を妨げ、山座公使時代に至り、他の満蒙の鉄道と共に同鉄道敷設権も之を獲得せり、故に歴史的より之を見れば、満蒙の鉄道中最も因縁深きものあり。

顧ふに東蒙に於ける我国民の発展は著大なるものあり、将来四鄭鉄道成らば、更らに発達の見るべきものあらん、旭東方面

ヨ－0022　B列5　28字×10　南滿洲鐵道株式會社　(16. 6 5,000冊 [illegible])

No. 4

調査、大正三年の統計によれば、東蒙古の現勢は面積約二万餘方里、人口五百万人、穀類数一千五百万石、馬百万頭、牛百二十万頭、羊四百万頭あるが、其の耕地は大約一千万町歩にして既耕地は二百五十万町歩に過ぎず、未墾地は六百五十万町の多きに達し、一反歩平均六斗の粮穀を收獲し得るものとせば、東部内蒙古の未墾地を全部開墾すとせば、優に六千万石の粮穀收入を得べしと云へり、而かも未墾地樹下價格は鄭家屯附近一天地（我約六反）上八円、中六円、下三円、洮南府附近上五円三十銭、中三円、下一円七十銭、開魯附近上八円、中五円四十銭、下二円五十銭の低廉にして、既耕地は一天地百円内外より十五

ヨ—0022　B列5　28字×10　南満洲鐵道株式會社

No. 5

六、而かして開墾費用は本邦人請負として一天地五六円なりと云へば、東内蒙古の農業は前途有望なりと謂ふべし。牧畜之に次ぎ有望にして三千万斤の羊毛を供給し得べしと云へり。若し交通機関成らば、幾多の新富源を発見利用し得べく、東内蒙古の開拓豈に等閑視すべけんや。

四鄭鉄道借款は津浦鉄道借款に准ずとありて、其の内容は未だ具体的に之を知るを得ざるも、吉長鉄道借款に苦しき経験を嘗めたる我政府は遺憾なきを期したるなるべく、殊に日支新條約に吉長鉄道借款改正に関する取極もあれば完全なる権利を得たるべきを疑はず、彼の津浦鉄道は言ふ迄もなく、英独の借款

No. 6

鐵道にして、北段は独逸、南段は英國之を經營し、其の借款條件は之を茲に詳述せざるも、吉長鐵道借款とは大いに趣を異にし、工事の設計、材料の供給、技師の任用、會計の出納等の實權は英独側之を握り、

四鄭鐵道が大体津浦鐵道借款に準ずと云へば、我當局の不利と云ふことになるべし。然れども吉長鐵道が技師長及び會計主任を我より出し居るに拘らず、彼れが如き不成績ありしに徴すれば、法は死物、運用は人に在りの原則を動かすこと能はず、完全なる借款條件も是れが運用の局に當る我帝國側其人を得ざれば何等益することなきに至らん。吾人は四鄭鐵道借款の

No. 7

述ぶる如き事実と共に、其の借款條件及び実地運用に於いて、我当局の深大なる注意を望む。

ヨー0022　B列5　28字×10　南滿洲鐵道株式會社　(16. 6. 5,000册　細川謄)

No. 1

(2)

大正四年十二月十八日 満洲日日新聞

四鄭線借款纏まる（北京）

満蒙五鉄道の借款に就き日本側と支那当局に二十余回の会議を重ね四平街鄭家屯線に関する分三百四十万両借款の件は已に商議を纏め総統の批准を経ば十八日調印さるべし借款條件は津浦線に準ずべし

陸外交総長

総統＝袁世凱

日本日置公使

ヨー0022　B列5　28字×10　南満洲鐵道株式會社

No. 2

附記、第二回勧告要旨（北京）

五国公使十四日か十五日支那政府に為せる帝政延期勧告要旨
左の如し

最近為せる帝制延期勧告に対する支那の回答は不満足とし
且つ其後帝制の事を進めたるは不誠実の行為と認むるも
遺憾とす帝制より生ずる一切の責任は支那政府之を
負担すべし五国は自衛上の権利を保留し支那の動静に注
意すべし

ヨ―0022　B列5　28字×10　南満洲鉄道株式会社　（16. 6. 5,000冊 越川納）

No. 1

(3)

大正四年十二月二十二日　満日

四鄭線工事

四平街鄭家屯間借款鉄道は愈北京に於て調印を了したるを以て来春解氷期を俟ちて敷設に着手するに至るべきが工事の概要に付き傳聞する所に依れば、

▲工事期は調印の後来春七月に始はり三ケ年を以て竣成すべき予定なる由なるも同鉄道地域は解氷期頗る遅く七月頃迄では全く解氷せざるを以て実際の起工は七月以降なるべく其の竣工期は準備の程度如何に依るべしと見る

No. 2

同地方は平坦なる土地多ければ難工事なきにより一ケ年半にて竣工を告ぐべし

△線路実測　四鄭間の道程は約五十二哩にして既に二回迄測量をなし大なる險工事なき筈なれば更に確実なる測量をなし経由地点を定むるの必要あれば少くとも一ケ月以上を要し其の上にて停車場其他の必要事項を決定すべし　又同鉄道は前述の如く地勢が平坦なれば、難工事と称すべきものは遼河の鉄橋架設位なれば其の測量も又困難に非ず

ヨ―0022　B列5　28字×10　南滿洲鐵道株式會社　(16. 6 5,000册 紙用紙)

No. 3

△敷設工事費[?] 同鉄道の工事は一哩約六万円内外にして足るべく安奉線に比すれば其の半額に過ぎざれば如本線に工事費を節約し得べし全線に亘りて大体三百二十万円を要するに過ぎず ~~此の中特に~~ 此の中最も多額の工費を要するは橋梁にして全線を通じて四十ヶ所あり其の中遼河の大橋は約二十四尺[?]以上にして工費凡[?]四五十万円を要すべき予定なれども鉄類等騰貴の昨今なれば予算以上の支出となるやも知れず尚軌条枕木其他は已に多少の成案あれば工事には何等の支障を生ぜざるべし

ヨ一0022　B列5　28字×10　南満洲鉄道株式会社

No. 1

(4)

大正四年十二月二十八日　遼日、

四鄭借款成立顛末

山田切萬壽之助氏談

既報の如く母堂の急逝を見舞ふべく北京より安奉線を経由帰朝の途にありし正金銀行取締役山田切萬壽之助氏は途宿病再発のため、奉天より來連海路内地へ赴く予定なり二十七日朝着直にヤマトホテルに入りしが往訪の記者に対し病中にも拘らず快く引見し需に應じて四鄭鉄道借款問題に関し約一時間に亘り其顛末を語り大要左の如し

△会見二十三回。四平街より鄭家屯に達する所謂四鄭鉄道借款問題は本年五月日支交渉成立後支那人の対日感情動もすれば面白からざる情態に陥るより如何ならんと懸念せしし種々折

ヨ－0022　B列5　28字×10　南満洲鐵道株式會社

No. 2

術の結果七月初旬より愈々正式の交渉を開始することとし爾来十一月下旬に至る迄百数十日の日子を費し回を重ぬること前後二十三回（正式会見）其の非公式の会見に至りては幾度なるか余自身にも記憶し得ず。

△袁氏果断即決　○斯くして十一月下旬を以て交渉を了し十二月十五日夜支那側にては一件書類を一括して大総統府に回付せしに袁総統は翌十六日午前中に即決裁下され越えて十七日双方当事者立会の上記名調印して茲に全く四鄭鉄道借款の成立を見るに至れり

▽借款契約内容。　該借款は本契約二十六條附屬契約八件と往復文書十八通より成り該契約文は其の筋の命に依り詳細発表するを得ざるも借款額は五百万円（元にあらず）、利子五分、担保は鉄道財産及び収入を以て之に充て日本に於て公債を募集することとなり居れど万一の財界の形勢上募債意の如くならざりし場合若し起したる際は工事に要する費用三百四十万両する（円にあらず）は正金銀行之を保証して右金額を支出することに決定せり

No. 4

▽職員任命問題　次に例の同鉄道に採用すべき職員は問題あるが之に関しては内地の新聞紙が往々にして誤り伝へ之が為め支那官憲をして徒らに疑惧の念をいだかしめ誤解を掌り吾々の上に支障を来たせしこと尠からず但今後之等は絶対に関し従来支障すべき事件あるを以て其大要を述べんに之を即ちの鉄道には其主脳者を採用とするものと否とするものと二種あり。

No. 55

▽任命權の所在

けれど「国有鉄道」は将来は兎も角現在に於ては依然として唯宗の經路職員なるを以て支那側の意嚮と容れて局長を主腦とし支那人之に當り、鉄道技師長、会計主任、運輸主任及び保線處等は邦人を以て之に充つる事となり居れり、而して日本人任命の順序は支那政府が隨意に日本人を指名任命し得るものにて、日本政府は之に容喙して吾人が異として不適任と認むる際に於て初めて之を拒絶し得るのにて、單に拒否權あるのみ、世間往々にして鉄道院乃至満鉄の推薦又は勝手なる揣摩臆説を付すれども其の実際は

No. 6

前述の如き事情を以て此点特に注意を請はんとす

我方交渉の局に当りし者は

▽交渉中の苦心

支那側に於ては交通部参事陸夢熊、任官を主として外二名の部員之に副たり、日本側は實相寺北京事務所支配人、柴田不肯白ら之が局に当たり、而して過去数ケ月間に公式非公式の会見中先方をして誤解なからしめんが為め微力を尽し有らん限り反覆力説せしが両者時として頑として之を聴かざるが如く場合自ら交渉打切りを申出でんとせしことも往々之れありしが其の都度我情を抑制して隠忍以て事に当たり其効を見るに至れり。

No. 7

▽余は斯く切望す。

故に余は終始一貫して説いて曰く「満洲に於て満鉄と聯絡せる鉄道にして何れも日本の金力を以て敷設せる鉄道なるが故に日本のものの如く解するは誤なり、支那の鉄道にして該鉄道の成績如何は支那人自身の責任と思ひ其間の疑念誤解あるべからず」と熱心に説き来りし結果漸く我等の真意を解するに至れり、

余は殊に該鉄道の成績の良否は延いて契約中の他鉄道の敷設如何に迄重大の影響を及ぼすものなるを以て、支那政府の任命に依り其局に当る人々は特に断定に注意せらるると共に一般国民亦之が援助を為さゞるべからずと云ひ

No. 1

大正四年十二月二十八日　北京政界の現状

小田切万寿之助談

今回成立したる四鄭鉄道借款契約の如きは支那が即決を与へたるは、即ち利益を共有するの意味に於いて同意を得たるものにして、日本に対し好感を有するを察知し得べし。

今回の借款契約条件は成立当時各新聞は津浦鉄道借款契約に依るものとして伝へられ、現今にて之当時新しものありと為し、津浦鉄道は借款条件中不利益

ヨ—0022　B列5　28字×10　南満洲鐵道株式會社　(16. 6. 5,000冊 …)

No. 2

なる條件を有するものにして、主要役員は総て本邦人より選任しあり種々の不便あるかために、同鉄道は非常なる不成績に陥りつつあるが、今回の借款は略々津浦鉄道の借款條件に準じたるものなれば、借款鉄道として我本邦に取り、非常なる利益あるものなれば誤解なからんことを希望するものなり、

ヨ—0022　B列5　23字×10　南滿洲鐵道株式會社

No.

丹 3

大正五年四月十七日（満日）

四鄭鉄債成績

十日締切りとせられる本邦公債は東京側一般応募額約四百万円大阪側一般応募額約百廿万円合計約五百三十万円に達し、募入実額五百万円に対し約三十万円の超過なるが募入方法は小口の分は悉皆募入し二三の大口申込み中その募入額の決定を豫め銀行に一任したる分に就き塩梅することとし募入決定額は既に応募者に通知したり、是の如く一般応募額に超過するの成績を得たれば自然引受け銀行の背負込みは皆無の訳なりと

ヨ－0022　B列5　25字×10　南満洲鐵道株式會社　〔16. 8. 5,000冊〕

No. 4

四鄭鉄道借款契約内容の分

述べて世人の噂を打消してゐる。契約の大要を述べると、借款金額は五百萬円（元にあらず）（第一條）で利子五分（第四條）、担保は現在及將来に於て本鉄道に属する一切の動産及不動産並本鉄道一切の収入を以て之に充て（第六條）日本に於て公債を募集することになつてゐるが、（未だ）欧洲大戦の渦中であり、募債

東亜の戦局の形勢上募債意

ヨ—0022　B列5　20字×10　南滿洲鐵道株式會社

No. 5

意の如くならざりしを慮り、「目下各国金融市場ハ欧洲戦乱ノ影響ヲ受ケ、四鄭鉄道公債ヲ発行スルニ利ナラサルヲ以テ政府（中国政府）ハ銀行（日本横浜正金銀行）ト協議シテ銀行ヨリ規銀三百四十万両の借入金ヲナシ四鄭鉄道ノ建造ニ着手スヘシ」（附件一）で規定し正金銀行から三百四十万両（円にあらず）の支出を決定

No. 6

してある例。元来支那の鉄道には其の主脳者を督辦とするものと局長とするものと二種あるが、僅々五十二哩余の短距離鉄道たるを以て、契約第十六条には政府ハ本鉄道督辦一名ヲ任命シとなっており、督辦ハ常ニ本鉄道線路所在地ニ居住シ政府ヲ代表シテ本契約ノ規定ニ依リ本鉄道ニ関スル事務ヲ行フノ全権ヲ

ヨ―0022　B列5　28字×10　南滿洲鐵道株式會社　(16. 6 5,000冊 ...)

No. 7

有る」といふ事になつてゐるが、「四鄭鉄道借款契約往復文書」丁「局長任命稽辦事務取扱ニ関スル件」で交通部より横濱正金銀行宛の文書により、「四鄭鉄道ハ現ニ始メテ創設セラルルヲ以テ當ニ交通部ハ局長壹名ヲ任用シ稽辦事務ヲ行ハシムヘシ」旨の中国側の意嚮を容れて、局長を

No. 8

主腦者として中国人之に當り、鉄道は師長、会計主任、運輸主任及保線主任等は邦人を以て之に當てる事になつてゐる。（第十四條及第十六條）而して日本人任命の順序は中国政府が随意に日本人を指名任命し得るもので、日本政府は之に関して其の人が果して不適任と認むる際に於て初めて之を拒絶し得るもの

No. 9

にて、単に拒否権があるのみである。（押印）

ヨ－0022　B列5　20字×10　南滿洲鐵道株式會社　（16.6 5,000冊 納屋）

No. 1

⑥ 1

大正五年六月八日（満日）

○四鄭線着工期　借款一部支付済

四平街鄭家屯間約五十餘哩の四鄭鉄道敷設の件は目下北京に於て同鉄道技師長に内定せる満鉄技術局員藤根壽吉氏との間に技師長傭聘契約の交渉中にして近々調印を了すべく進捗し居れるが同契約中傭聘期限は約三ヶ年に決定せらるべく尚藤根技師長に従ひ技術方面に従事すべき人々の傭聘契約も此際決定せらるゝものにして愈々調印の上は直ちに測量並に工事に着手する

ヨ—0022　B列5　28字×10　南滿洲鐵道株式會社

No. 2

する筈にて正金銀行より貸与すべき敷設費の中約十万円は既にソ聯側に支払済となり、ソ聯側に於て同鉄道局長以下技術員多数を任命し四平街に於て家屋を借受着々工事開始の運を急ぎつつあり、同鉄道の会計課長は正金銀行より適当なる人物を推選することに決定し候補者は内定し居れるも但し藤根技師長帰来次第是等の役員発表せられ敷設工事に着手すべき予定なりと、

ヨ－0022　B列5　28字×10　南満洲鐵道株式會社　(16. 6. 5,000冊 [illegible])

No. 1

⑥ 2

大正五年六月九日（満日）

△四鄭技師長任命

四鄭鉄道技師長として内定したる満鉄技術局員藤根寿吉氏は北京に於て支那側との間に技師長傭聘契約交渉中なりしが六日支那政府は藤根氏に対し技師長として任命すべく正式に辞令を交付したる由にて傭聘契約は茲両三日中に解決調印を了すべく藤根氏は更に満鉄より同鉄道敷設の為め傭聘すべき技術員其他の職員十数名に対する契約をも締結したる上近々帰途すべしと、

ヨ－0022　B列5　28字×10　南満洲鐵道株式會社

No. 1

⑥ 3

大正五年六月十三日（満日）

△四鄭局長甚僊

吉長鉄道総辦にして今回新設せらるべき四鄭鉄道の局長兼任を命ぜられたる虞思氏は目下北京に在りて満鉄との間に起れる吉長鉄道改約交渉問題の為那側委員として折衝の任に当り傍ら四鄭鉄道の技師長会計主任等は日本側より選出すべき人々の選定等に関し画策しつつあるが氏は交通部に於ける人々と意見の衝突を来し殊に四鄭鉄道に関し意見合はざる所あるより此程四鄭鉄道局長の任を辞すべく辞表を提出したる由なるも交通部にては氏の辞意を翻すべく種々慰撫し

ヨ—0022　B列5　28字×10　南満洲鐵道株式會社　（16. 6. 5,000册 總局）

No. 2

したるを以て漸く辞表を撤回し再び局長の任に当るべく承諾したる由、

ヨー0022　B列5　28字×10　南滿洲鐵道株式會社　(18. 6. 5,000冊 組新)

No.

(6) 4

大正五年六月二十三日（満日）

△四鄭線竣成期

鄭家屯四平街間の鉄道は技師長以下建設員の任命を終へ測量終了次第直ちに工事に着手明年十月迄に全線竣成年末運轉を開始すへし

⑥

大正五年六月二十五日（遼日）

△四鄭鉄路局

四鄭鉄道敷設に関する日支両国側の打合及び技師長任命等既に決定し目下北京に於て諸準備をなしつゝある藤根技師長は近々帰任すべきを以て支那側にては此程来より四平街に於て四鄭線の事務所を開設し交通部直轄四鄭鉄路局と呼称し支那人家屋を以て一時是に代用しつゝあり数名の事務員既に詰切り事務を取りつゝありと、

ヨ―0022　B列5　28字×10　南満洲鐵道株式會社　(15. 6. 5,000冊 並川納)

No. 1

⑥ 6

大正五年六月二十七日（満日）

○四鄭線着工期

藤根技師長談

四鄭鉄道技師長に任命せられたる満鉄技術局員藤根壽吉氏は廿五日朝北京より帰連したるか四鄭鉄道工事の着手期並に北京に於ける交渉の結果に就き語って曰く、

▽線路の測量

四鄭鉄道の借款契約既に数ケ月を経たる今日測量に着手し得ざるは頗る当を失するの嫌ありと思ひ北京に於ける交渉が比較的長引きたる所以で今日迄何等の準備に取かゝる能はざりし

ヨ－0022　B列5　28字×10　南滿洲鐵道株式會社　(16. 5. 5,000冊 縣用紙)

No. 2

次第なるが莫局長は自分と共に今回来満し四平街に到着したる

を以て両日中に同地に出張し測量準備に着手の考へにして多分

測量には二ケ月を要すべく更に設計に取掛りたる後工事準備に

入る次第なれば実際工事に着手するは来年解氷後なるべしと思はる。

▽土地の買収

鉄道に必要なる用地の買収は測量着手と共に開始する筈にて

莫局長専ら其の衝に当る筈なるが更に鄭家屯の呉統領に応援を

求め、相当の保護援助をなすこととなり居れるを以て土地の買

収には何等の困難なく進捗するべく先づ四平街を初めとして

No. 3

漸次鄭家屯方面に向ふ考へあり

▽工事竣成期

工事の竣成期は測量終了後に非ざれば確定し難しと思ふ、経路予定地は比較的平地多き畑を以てさのみ時日を要せざれども唯一の難工事と思はるゝ遼河の大鉄橋は即ち該工事の竣成期を左右することを見るを得べし、土質水利の関係を調査したる後に非ざれば判明し難し加ふるに工事材料の調達又困難なる当今に於ては是又工事の竣期に関係するものにして目下何等是に関する

No. 4

準備し目論見も立ち居らざれども、材料は日本側より供給し若し支那に於て適当なる材料を得るの方法あれば是を購入することとなり居れるを以て其の場合に至れば自ら成算を得べし

▽交涉の成行

今回自分が技師長として任命せらるるに当り技師長としての権限其他に関し北京に於て交渉を開きたるが意外に長引きて工事進捗上多大の障害を来したりと思し結果は頗る良好にして、

ヨ－0022　B列5　28字×10　南滿洲鐵道株式會社　(16. 6. 5,000冊 [illegible])

No. 5

借款契約通りの権限を附与せられたるを以て、工事上非常なる便宜多きが中にも工事費は一切借款主より時々支出せられば借款金が他に流用せらるゝの恐れも無く甚タ好都合あり、支那側よりり今回は技術員事務員合して十四五名任命せられ日本側よりし又技術員を雇傭することとあり居れるが、其の推選権は自分にあるを以て　何れ借款其他の方面と協議の上人選する考なり、是は應聘者と云はず聘用者と称することに両者協議纏りたり会計主任の任命は未だ決定するに至らず自分は其の任命を待ちて、自分は其の任命を待ちて帰連の考へありしも尚交渉に多少の時日を要する模様ありしを以て当分の間自分が是を兼任することとなせり云々、

ヨ—0022　B列5　28字×10　南滿洲鐵道株式會社

No. 6

呉統領の好意

鄭家屯に於ける呉統領は鄭家屯の漸次発展すると共に邦人の所在頗る多きを以て随時兵を派して附近を警戒せしめつつあると共に知名の人々に対しては特に護衛兵を附す等頗る好意を表しつつあるが、今回四鄭鉄道の敷設せらるるに当りては測量及び土地買収等に相当便宜をあたふべく快諾せるのみならず、自ら予定線を踏査し部下をして附近の調査をなさしめつつあれば実際測量に対して多大なる便宜ありと。

No. 1

⑥ 7

大正五年六月二十八日（満日）

▽四鄭線竣成期

大正八年五月の予定

四鄭鉄道は既報の如く藤根技師長北京より帰来したるを以て満鉄より派遣せらるべき雇用者（既報聘傭者とあるは誤植）決定と共に両三日中に四平街に赴き直ちに宿舎其他の設備に着手すると共に同時に測量開始の予定なるが、工事は来年解氷後着手し、大正八年五月を以て竣成の予定にして約三ケ年の後に非ざれば全部の落着を見るに至らざる由なるが、右は主として遼河鉄橋の加設工事に長時日を要するがためにして、橋材の供給如何に依りては更に竣成期遅るゝやも知れざれども其他の線路は部分的に

ヨー0022 B列5 28字×10 南満洲鐵道株式會社

No. 2

竣工次第第一部の運転を開始するに至るへしと而して

今回四平街に設けらるゝ事務所は是を交通部直轄四鄭鉄路工程局

と称し竣工の後は更に是を管理局と改称せらるへし

ヨー0022　B列5　28字×10　南滿洲鐵道株式會社

No.

⑥ 8.

大正五年六月二十八日（満、日）

四鄭鉄路局長

吉長鉄路局長兼四鄭鉄路局長盧景貴氏は北京より直行二十五日四平街に来着せる向を訪問したり氏の意向に依れば七月早々測量に取掛り材料の蒐集運搬其の他諸準備等にて本年一杯を過すに至るべしと氏は二週間許り滞在の上再び北京に赴き要件一切をすまし帰来引続き四平街に居住する由、

ヨー0022　B列5　28字×10　南満洲鉄道株式会社

No.

⑥ 9.

大正五年六月二十九日（満、日）

▽四鄭線派遣員

四鄭鉄道の技師長として満鉄より藤根寿吉氏推選せらるゝと同時に更に技術員其他の人々派遣せられ、技師長に従ひ敷設工事に従事することゝなり居れるが、右は藤根氏帰北と同時に、略々内定し満鉄技術局及び沿線に於ける各係課より夫々二十三名を推選し内諾を得たる由にて満鉄重役と協議の上発表せられ右派遣員は四鄭鉄路工程局工務科に直属するもの也と、

No.

⑥
10

大正五年六月二十九日（満日）

▽満鉄派遣員待遇

今回四鄭鉄道の雇用者として満鉄より派遣せらるべき人々は別報の如く合計二十三名にして内重なる人々は藤根技師長の次席として佐藤俊久田辺利男の両氏専ら工事に関係し、用度主任佐藤達三氏庶務計算主任立石保福氏に決定したる由なるが今回派遣せらるべき人々は一年乃至三年の契約にて現在満鉄より給せらるゝ本俸の約四倍を給せられ、満鉄は傭員として山東鉄道に派遣せられし人々の如く宿舎其他の設備整頓する迄家族に対し相当の便宜を与ふる筈にて、派遣員一行は来る三十日頃藤根技師長に従ひ四平街に向ふべしと。

ヨ—0022　B列5　28字×10　南満洲鐵道株式會社

No.

⑦

大正五年七月九日（満日）

四鄭測量着手

四鄭鉄道敷設に就ては既に藤根技師長満鉄派遣員廿三名を引率して四平街に赴き諸般の準備をなしつつありしが支那側よりの派遣技師其の他の従事員も到着したるを以て四鄭間を四区に分ち各区に従事員の手配を了したれば既に各区に於て直ちに測量を開始しつつあり呉局長は専ら呉統領各地知事と協議を遂げ測量班の保護及び土地の買収等に尽力しつつありて頗る円満に進捗しつつありと、

呉俊陞中将

ヨ—0022　B列5　28字×10　南満洲鐵道株式會社　(16. 6. 5,000冊)

No.

ク2

大正五年七月二十一日（満日）

◎四鄭線測量

四鄭鉄路線路撰定のため藤根技師長及公所局長は鄭家屯方面へ出張中なるが今実地測量の模様をきくに測量部員は現下二班に別れ其の一班は鄭家屯方面より丈量し来る筈にて目下三江口渡河地附近の測量をなしつつあり他の一班は四平街より前進するものにて目下太平河八面城間にありて実測に従事しつつありとといふ。

ヨ―0022　B列5　28字×10　南滿洲鐵道株式會社　(16. 6. 5,000冊　紙所藏)

No. 1

⑦

3

大正五年七月二十三日（満日）

▽四鄭鉄道工事

四鄭鉄道敷設工事測量の為め藤根技師長は七月上旬測量準備を整へ満鉄派遣員二十三名及び支那側従事員十五名を引率し、四平街を出発鄭家屯迄の重要地点に各員を配布し測量に着手せしめつつあるが測量の苦心及び工事の概況に就き堀満鉄技術局長は語って曰く

No. 2

▽測量の区域

僅かに五十二哩の鉄道なりと号し既に結氷期に近ける際なればば測量を急ぐの必要あるを以て技師長並に是に従事せる人々は種々苦心をなし居る所なるが目下測量は四平街附近八面城附近三江口附近鄭家屯附近の四区に分ち鄭家屯及び八面城は予め停車場の敷地を定め是より線路の測量を開始する筈にて三江口は主として遼河鉄橋の位置及び地盤を研究するにあり、

ヨ―0022　B列5　28字×10　南満洲鐵道株式會社　(16. 6. 5,000冊 勘所識)

No. 3

▽ 従事員の苦心

測量に従事せる人々は満鉄派遣員二十三名と支那側の十五名に過ぎず、然し是を四区に分つ時に一区に従事する人は甚だ少きを以て僅々数ケ月にして測量を終了せんとするは頗る苦心を要する所なるべし、何となれば測量は地勢の考究に次で地質地盤の高低等を研究せざるべからざるに目下同地方は高粱発育期に属し一日五寸乃至六寸宛生長しつつあれば先づ高粱を刈取りて然る後に測量に着手せざるべからず、殊に迂回線に於ては迂回する全面の高粱を刈取らざれば其の中心を定むる能はざるの苦心あれば測量に従事する当事者は予想外の苦心を要するなるべく殊に交通不便なる地点に於て此の炎天に曝さるゝは全く苦痛なるべし

No. 4

▽工事着手期

測量は本年冬期迄に終了せしむるの予定にて前述の如く急ぎつつあるが工事の着手は測量終了と同時に総ての設計を為し、是に依りて工事に従事する各請負者に指示すべき手筈となり居れるを以て、請負者には成るべく本年結氷中に工事に要する材料人夫の準備を為さしめ、解氷期には土工に着手し得べき計画にて全線の土工及び遼河の橋脚工事は約二ケ年にて竣成せしむるの予定なり。

ヨ'ー0022　B列5　28字×10　南滿洲鐵道株式會社

No. 5

▽遼河の鉄橋

同線中難工事と称すべきは遼河の鉄橋にして是に要する経費は何程に上るや設計終了後に非ざれば決定せざるも大凡鉄橋の工事は橋脚の基礎を五十尺乃至六十尺と見積り橋梁の長さ一尺に付き二百五十円乃至三百円と仮定して七十五万円乃至九十万円を要するものなるを以て経費を成可く減少せしめんは一に測量に基く設計の如何にあり、されば同橋梁の測量は最も緊要なるものたると同時に竣成迄には多大の時日を要し殊に冬季橋脚工事を休止せざるべからざる故障もあれば開通は大正八年五月と予定せられつつあるも目下何れとも断定し難し　鉄橋に要する材料は未だ何等の準備も目算も立て居らざるものの如し

ヨ—0022　B列5　28字×10　南満洲鐵道株式會社　(16. 6. 5,000冊 [illegible])

No. 6

▽用地買收

鉄道用地買收は測量と同時に着手すべきものなりと雖も各地主に対し交渉をなし居る時は多大の時日を要し到底短時日を以て終了し得ざるを以て実線鋲其他の幹樁に依り地主に対し測量の時は予め土地を使用するの承諾をなさしめ設計成るを待ちて用地買收に着手するなるべく鉄道用地は借鉄の如く広大なる地面を要せざれば築堤に要する部分のみ買收することとなすべし

ヨ—0022　B列5　28字×10　南満洲鐵道株式會社　(16. 6. 5,000冊 維新號)

No. 1

⑦4

大正五年七月二十六日（満、日）

▽四鄭鉄道局長

虞恩氏は過般来藤根技師長と共に鉄道用地測量其他土地使用上附近支那官憲と交渉のため鄭家屯方面に旅行中なりしが数日前帰来し測量に関する概見及び駅設立予定地等を決定したるを以て満鉄本社と協議のため近々虞局長藤根技師長相携へて来連する旨通牒ありたりと、

ヨ―0022　B列5　28字×10　南満洲鐵道株式會社　(16. 6. 5,000冊 新芦館)

No. 1

⑦

5

大正五年七月二十八日（満、日）

▽四鄭線と満鉄

廣四鄭鉄路局長談

健来訪

▽満鉄と四鄭線

今回来連したる用務は四鄭線敷設と関係ある満鉄と各種の打合せにあり打合せ終了済本二十八日四平街に引返し両三日中に北京に赴き更に交通部と協議を遂ぐる筈なるが、打合せの要点は主として四平街の連絡を如何にすべきやにありて、要するに四鄭線は満鉄の培養線とも云ふべき位置にありて満鉄とは連絡良好に

No. 2

然らざれば同線を活用せしむること能はざるものなるを以て、此点を如何にすべきやは頗る重大なる問題と言はざるべからず、されば

▽聯絡の方法　は奉天に於ける京奉線と満鉄との連絡をなし居るが如く両線同一構内に於て接続せしむる様すべきは当然にして細部の協定に至りては交通部の指令を俟たざれば余一個人として決定する能はざる問題なるが、四平街は土地頗る少く鉄道用地として適当なる地面は殆んど満鉄の附属地となり居れるを以て四鄭線と満鉄との聯絡地は何れ満鉄の用地を使用せざるべからず加ふるに、

No. 3

▽鉄路局の位置

は満鉄と密接なる関係を有する以上四平街に置くを適当とすれども之を満鉄用地内に置きて支那の官衙を日本官憲の勢力権内に置くは双方共に面白からざる結果を生ずるの恐れあれば附属地外に設置するの要あるも前述の如く満鉄附属地が適当なる土地を占め居るを以て満鉄附属地の一部と他の土地とを交換して四鄭線用地を設定するの要あるべく是等の協商を満鉄となしたる上更に交通部と協議すべき考なり、

No. 4

▽材料供給契約

次に満鉄と打合をなさゞるべからざるは鉄道敷設に要する材料の供給契約なるが借款契約に材料の供給は日本に於て得られざる外国品は是を借款主より供給し借款主は自由に供給者を指定することを得ることとなり居りて、正金銀行は満鉄を指定したればば材料は一切満鉄より仰ぐこととなるべく、鉄路車輛等外国に注文すべき材料は満鉄に依頼する筈なるが材料運搬は又満鉄に依らざるべからざるを以て是が運賃の如きも特別の割引を受けざるべからず現に満鉄は吉長線の材料運搬に対し特に便宜を与へ居たれば今回もより以上の便宜を与へらるべく契約をなし度希望あり、

ヨー0022　B列5　23字×10　南満洲鐵道株式會社

No. 5

▽支那の材料

四鄭線敷設に関し支那に於ては何等材料の準備整ひ居らざるも軌條セメント石材は支那内地に於て得らる可き見込にて、其々準備に着手中なるが右の内石材の供給は頗る困難にして殊に砂利の如きは遼河より得らる可しと予想したるも、調査の結果同河は泥土多く小石甚だ少きを以て到底需要を充すこと能はざる如く是又或は満鉄の配慮を煩さゞる可らざるやも知る可らず。

No. 6

▽工事費予算

同線の工事費予算は未だ測量に着手したるのみにして設計をなさざる今日予定し難く殊に材料の暴騰して容易に得られざる今日に於て予算が幾何に上るやは全く不明なりと雖も借款金額は五百万円にして右の中より利息其他を差引時は三百万円内外となるを以て之に依り工費を支出し得るや否や若し不足を生ずべしとすれば更に何等かの方法を以て資金の供給を仰がざるの得ず此辺は一に交通部の意見如何にあるべし

ヨ—0022　B列5　28字×10　南満洲鐵道株式會社　(18. 6. 5,000冊 總印刷)

No. 7

▽沿線停車場

大体の踏査に於て四平街、八面城、三江口、鄭家屯ノ四所を以て主要駅とすべきは決定したるが、其他中間の小駅に至りては八面城三江口間に張家窩棚と称する地点あり多分是に中間駅を設置することとなるべし、

No. 人

⑦ 6

大正五年七月三十日（満、日）

▽四鄭会計監督

武田会計主任談

▽借款金交付、

四鄭線の借款金は一時に交付すべきに非ず必要に應じて支出するものにして鉄道敷設以外借款金の流用せられざらんことを監督するものにして、正金銀行は借款主として全責任を負ひ、内地に於て四鄭線の公債を募集したれば公債の利息の如き又正金銀行より支払はざるのみならず、されば会計監督は借款の終了する迄継続せざるべからざるものにして、従って、

ヨ—0022 B列5 28字×10 南満洲鐵道株式會社

No. 2

▽営業の監督

之又は此の結果として起り 線路敷設中は上述のみの監督なれば
営業時期に入れば尚共に相当の監督を必要とするは勿論なり、
支那政府は毎に猜疑の眼を以て我か態度を指し殊に監督权
の如きは利权を奪はるゝか如く誤解すれども 我か国に於ては
決して左る野心あるべきに非ず、唯同鉄道として完全なる
鉄道たらしめ、営業状況をして円滑ならしめんとするに外ならず
要するに、借款を一時に交付せざるは 鉄道資金は単に鉄道
敷設にのみ使用せしめんとするにあらん

No. 3

▽邦人の傭聘

同鉄道工務科には林部長以下多数邦人の傭聘を見たるも会計課には会計主任以下二名を傭聘せしめ支那側より五名を任命する外使用せざる見込なるが営業時期に入れば尚多少の増加あるべしと云々

ヨ―0022　B列5　28字×10　南滿洲鐵道株式會社

No. 4

五、四鄭鉄路工程局開設

▽四鄭会計主任

四鄭鉄道会計主任として推薦せられ北京に於て交通部と契約に関し運輸要交渉中なりし正金銀行大阪支店副支配人成田秀澄氏は今回契約成立し北京政府より正式に同主任として任命せられ廿八日夜来連遼東ホテルに投宿したるが、満鉄其他と打合せの上両三日中に一旦内地に帰還し正金本店に報告したる後大阪支店の事務引継をなし八月末来任すべし

ヨ—0022 B列5 28字×10行 南満洲鉄道株式会社 (16. 6. 5,000冊 ...)

No. 1

8　1

大正五年八月二日（満日）

▽満鉄四鄭交渉

四鄭鉄道局長虞恩氏は過般来満鉄と交渉用件を帯び来遊中なりしが更に北京政府に対し報告の要あるを以て廿日夜四平街に帰任したるが四鄭鉄道より満鉄に対し交渉したる大要は既に其の当時虞局長の談として報道したるが交渉の経過につき更に聞く所に依れば四鄭鉄道は工事に要する材料の供給は満鉄に一任したき希望を有し、満鉄は大体之を承諾し出来得る限り便宜を与ふる筈にて目下満鉄が所有せる鉄道材料は必要に応じ之を流

ヨ－0022　B列5　20字×10　南満洲鐵道株式會社

No. 2

用すべき由、四鄭鉄道としては材料輸送の今日多額の金銭を支払はれ容易に得べからざる場合にあるを以て多大の利益を与へらるることなるべく、尚材料運搬に関し満鉄より鉄道材料運搬の際取扱へると同様諸人ども社用品並の運賃を以て取扱ふことに交渉成立したる由、四平街に於ける四鄭鉄路局事務所並に社員宿舎敷地問題は四鄭鉄道に於ては満鉄用地内に設定したき希望ありと思も満鉄用地は我が附属地として我が警察権内に属するを以て奥局長は敷地に使用すべき附属地の一部に対する代用地を提供し交換せられたき希望ありしが、是は奥局長一個人として決定し能はざる問題なるのみならず満鉄にも即答し能はざる所なれば、未だ決定するに至らざりしも早晩円満なる解決を見るに至るべしと。

No.

⑧
2

大正五年八月六日（増田）

▽四鄭鉄道各駅

目下測量中にある四鄭鉄道は既に大体の踏査終り其の踏測を遂げつつ細部の測量に着手しつつあるが四平街鄭家屯間約五十餘哩間に於ける各駅は大体鄭家屯、三江口、海風、八面城、四平街の五箇所に決定したる模様にて尚是等各駅間に於て需要生じたる場合は二三増加せしむべき筈なるが右の中主要駅は鄭家屯四平街の二駅たるは勿論にして四平街には機関庫の設置を見るに至るべく僅かに五十餘哩の線路なれば一機関車にて往復運転可能なるを以て機関庫は四平街一箇所にて足るべく或は鄭家屯にも分庫を設置するに至るべしと。

ヨ—0022　B列5　20字×10　南満洲鐵道株式會社

(8) 3、

大正五年八月十六日（満日）

▽四鄭鉄路工事

鄭家屯事件の影響如何

（八月十三日）

四鄭鉄道測量工事漸く開始されたる今日鄭家屯に日支兵衝突事件あり何人も同工事に影響する所如何なるべきやを想像せざる者なかるべきが四鄭鉄路局に従事し居る日本人に対しては支那兵の暴行をなしたることも聞かず只外勤員に対しては全く外出を禁じたる旨満鉄にも通電ありたる由にて、其後の事態如何に由りては同線測量工事も当然中止の止むなきに至るべきやと推せらる。

ヨ－0022　B列5　28字×10　南満洲鐵道株式會社

No. 1

鄭家屯事件公報

中隊長の報告、

鄭家屯守備隊長井上大尉（大鬼督）よりの公報左の如し

十三日午後四時半日本居留民は鄭家屯市街通行中偶々該地民家に宿泊中なる廿八師騎兵聯隊の兵卒と衝突したり然るに那兵は多数ありし為め振り顧みて行過ぎんとせしにより那兵は後方より来り之を殴打せり、日本人は直に領事館に届出でたるを以て河瀬巡査は之が交渉の為め該家屋入口に至りしに彼等は多数を恃み銃を擬して近寄らしめず依りて護衛兵派遣を守備隊長井

ヨー0022　B列5　28字×10　南満洲鐵道株式會社　(16. 6 5,000冊 納刈讃)

No. 2

上大尉に応援を依頼すれば護衛兵として松尾中尉に兵卒廿名を附し支那に赴かしめたり、松尾中尉は骨折せしも支那兵に面会すべく要求せるに彼等は肯入れず然らば当道会首長に面会すべく申込みたるに依然肯き入れず而して支那兵は斯く多数の日本人を率ゐ来りたるは恐らく戦斗を為す為めならんと詰問するにより決して然らざる旨申し肯かせたるも彼等は頑として肯き入れず遂に銃を構へ射撃の姿勢を取りたるを以て我兵も之に対抗すべく着剣の上射撃姿勢を取り間も無く支那兵は射撃を開始し我兵之に対し、射撃するに至れり、我兵は支那家屋内にて多数支那兵の急激なる射撃を受けたる為め松尾中尉以下十七名の死傷

No. 3

者を生じ支那兵にも多数の死傷あり、我兵は死傷者を収容するに暇なく兵営に退却せり支那兵は直ちに守備隊西隣及び表門の道路向ひ側の家屋に據り包囲射撃せしより守備隊は之れに對し囲壁に依り又は屋根に散布し之に射撃を開始せり、同日午後七時頃王知事及び陶参謀長より支那兵の射撃を中止せしむるにより日本兵の射撃も中止すべく申込み来りたるも支那兵は依然射撃を中止せざるを以て誠意なき者と認め断然之を拒絶し射撃を交換しつつあり、午後八時半戸澤隊長は兵卒十三名を率ひ救出の為め出發せしに屋根上の支那兵より射撃を受けしも被害なく又鄭家屯の周囲は塹壕を設けありて通過困難且つ前哨を以て警し

No. 4

戒中なりしも辛うじて二の線を突破し十四日午前五時頃八面城に到着し以上の報告をなせり。死傷者は負傷六、戦死九、杉尾中尉は負傷外に河瀬巡査戦死す。

(8) 4

No. 1

大正五年八月二十二日（満日）

▽四鄭測量無事

四鄭線建設工事の測量班は過般來鄭家屯＝江口八面城の三線に分ち線路の測量に着手しつつありしが此の度鄭家屯に於ける支那兵暴行の結果同測量班に危害を加ふる無きやを慮り從つて測量の進捗上影響する所あるべしと想像せられたるが聞く所に依れば鄭家屯にありし測量班は事件發生と同時に鄭家屯守備隊に收容せられ無事なるを得たりと然し其後同班は一時測量を中止して四平街に引上げしめ目下鄭家屯に於ける其後の成行を觀望しつつある模様なるを以て予定の行動に對し多少の

ヨ—0022　B列5　28字×10　南滿洲鐵道株式會社

No. 2

齟齬を来すへき恐あるか其他の測量班に於て何等危険なかりしを以て予定の如く測量を進捗せしめつつあり。

No. 1

大正五年八月二十七日（満、日）

▽四鄭線と満鉄

附属地交渉問題

四鄭鉄道は満鉄と聯絡を保つ必要上四平街に四鄭鉄路局並に材料置場宿舎等を設置することとなりたるが四鄭線は満鉄四平街駅を起点として敷設せらるゝが故に、同敷地は満鉄附属地内に設定するの要あり。支那の鉄道局にして我が行政权内に在るは種々の不便あるべきを以て、過般盧局長来連し、満鉄に対し相当土地を提供し附属地と交換せられたき希望を漏し、満鉄に於ては協議の結果大体に於て異議なき旨を回答し置きたるも

No. 2

同問題は単に局長の意志に依りて決定すべきに非ず交通部の同意を得るの要あれバ旁々局長は北京に出張し打合せ中なりし處此程交通部より満鉄の好意を謝し同意の旨を通知し来れるを以て同問題は近々解決の運に至るべく解決の上は満鉄線路の西方附属地の北端約六万坪を満鉄より譲り支那側よりは附属地の西方に於て同坪数を満鉄に提供すべしと、

ヨ—0022　B列5　28字×10　南滿洲鐵道株式會社

No. 1

8/6

大正五年八月三十日（満、日）

▽四鄭鉄道予算

虞思四鄭局長談

北京に於て四鄭鉄道工事に関し交通部と協議を遂げ此程帰任し満鉄と打合のため来連したる虞思四鄭局長は四鄭鉄道工事の概況並に予算に就き語て曰く、

▽測量終了期

過般来藤根技師長以下工務科員の手に於て着手中なる線路予定地の測量は炎熱降雨等の為に妨げられ或は高粱繁茂期に入りて、多大の苦心を要したる所ありと雖も幸に技師長以下技術員の勤勉努力に依り無事測量を決定したるを以て約十日の後には測量

ヨー0022　B列5　28字×10　南満洲鐵道株式會社

No. 2

一段落を告ぐる迄に進捗しつつあるか從の勘察せる件は一時一部の測量を中止したるを以て多少の妨げとなりたるも工事の大局に影響を及ぼさゞりしは不幸中の幸といふを得べし

▽工事の豫算、

測量終了後は直ちに設計に着手し本年中には細密なる設計完成の予定なるが、其迄に大体の工事設計を終り交通部の査定を受くべく余は九月中旬再び北京に赴く考へなるも同鉄道の予算は借款金に依りて編制すべく決定せるも大体の観察に於て、築堤並に遼河鉄橋工事に約百八十万円軌條其の他の材料

ヨー0022　B列5　28字×10　南滿洲鐵道株式會社　(16.6 5,000冊 ……)

No. 3

百二十五万円車輛建造約七十万円其他総係費を合する時は優に五百万円以上に上るべき計画あり、

▽資金不足額

然るに今回の借款金額は五百万円にして銀行の手数料並に三ケ年目の利子を差引く時は四鄭線の受くべき金額僅かに三百三十万円内外となり、当然資金に不足を生ずるを以て之が不足額は如何にして補ふべきやは重大なる問題なれば余は北京出張の際交通部に協議したるも目下の所如何に処置すべきやは決定し居らざるを以て出来得る限り予算を節約する考えあり。

No. 4

▽

材料購入規定

今回の借款契約に於て鉄道敷設に要する材料は材料購入規定に従ひ借款主と協議することとなり居れるが正金銀行は満鉄会社を材料供給者に指定したるを以て材料は満鉄より供給を仰ぐことになりたるも同規定は日支双方協議の上價額低廉なるものより購入し外国品を仰ぐ場合満鉄の手に依り注文すると共に満鉄に対し百分の五の手数料を支払ふこととなり居れり

ヨ—0022 B列5 28字×10 南滿洲鐵道株式會社 (16. 6 5,000冊 編刷版)

No. 5

▽軌條供給先

四鄭間五十餘哩に亘る軌條は約百万円に上るべきが目下鉄材不足の際容易に是を得べくも非ざるを以て非常に困難を感じつつありしも幸に中村満鉄総裁の好意に依り若松製鉄所に是が供給を仰がんとし交渉の結果一噸約百三十円にて取纏めんとしたるが当業者に供給を受けたき希望を以て更に総裁を煩し、漢陽製鉄所と交渉の上百十余円にて供給を受くることとなせりを以て軌条は全部漢陽より仰ぐことに決定せり

No. 6

▽満鉄の好意

四鄭線の敷設に関しては満鉄より多大の同情を寄せられ材料購入に対し満鉄は所有材料を供給すべきことを承諾せられたるは勿論四鄭鉄道用地として四平街の土地交換をし快よく承諾せられたるは四鄭線のため頗る好都合にして余は衷心より感謝しつつあり、

No. 1.

大正五年九月十四日（満日）

▽四鄭測量終了

鉄路局建設着手

四鄭鉄道予定線の測量は四平街鄭家屯間に於ける停車場敷地の測量を残し、全部の線路測量を終りたるを以て目下図面の作製中なるが線路の一部分には予定線を変更する方経費其の他を節約する結果となるを以て更に比較線を作製すべく測量に着手しつつありて完全なる線路図面作製には尚多少の時日を要すべきが測量期間中は炎熱甚しく加ふるに高粱の繁茂期に属し、多

ヨー0022　B列5　28字×10　南満洲鐵道株式會社

No. 2

大の苦心を要し測量班中には二三者の病気に罹れるものありたりと雖も予定の行動には異条を生せず、本年中には敷設準備を終了せしむる筈なり、而して四平街に於ける同鉄路局事務所並に職員宿舎等の建築工事又は約三四百万円の工事にして、本年中には竣成せしむべき予定にて目下請負人を定め材料の運搬中也

No. 1

⑩ 1

大正四年十月十一日（満日）

▽四鄭鉄道工事　土地購入に着手

四鄭鉄道は曩に去る九月を以て線路の測量を終り更に一部変更を要する所ありしを以て是が測量をなしつつありしも是又測量を終り、大体に於て線路の実測は終結したるを以て目下敷設工事設計に着手中なるが四平街鄭家屯に於て停車場を設置するに、八面城、海凡、三江口の三ケ所にして線路の延長約五十二哩半を確定し是が用地購入は監督局長自ら其の衝に当りて目下より郡官憲と交渉中なり、而して線路用地は両側約十間宛位に定

ヨー0022　B列5　28字×10　南満洲鐵道株式會社

No. 2

まり停車場用地にして選定せられた[illegible]なる用地を要すべくも支那の鉄道敷設なれば土地購入にはその両側を要せざるべく比較的廉価を以て購入し得べき由にて處局長より特に張省長に依頼し各縣知事をして人民に諭告し、土地購入に便を与へしむる様努めつつあれば円満に解決すべきは疑なき所にして線路敷設は来年解氷を待ちて直ちに着手し得らるべく、既に必要なる軌條は漢陽方面より本年中に契約の一部を送付し来る筈なれば、工事は予定の如く進捗するに至るべく唯砂利の供給不充分なる点が同工事に多少の打撃を与ふるなるべしと憂慮せられつつあり、されど奉海線の鉄橋は目下鉄材不足の

No. 3

の今日到底完全なる鉄橋を敷設する能はざれば当分の間木鉄の假橋に止むる由なれば、工事は着手後一ヶ年半位にて竣成し、大正七年中頃には假開通の運に至るべし

ヨ—0022　B列5　28字×10　南満洲鐵道株式會社　(16. 6　5,000冊　[illegible])

⑩
2

大正五年十月二十日（満日）

△四鄭工事進捗

四鄭鉄道は本年度に於て敷設線路の測量を開始すると共に、四平街に於ける工事所並に職員宿舎等建築中なりしが、建築物は八分通り竣成し、来月中に新築工事所に移転の都合なるが一方線路の測量は大体に於て終了し目下設計の着手中にて、土地買収の終了すると共に敷設工事に着手すべく土地買収は目下支那官憲の斡旋尽力に依り直ちに終了する筈なれば本年中に一部の築堤工事に着手するに至るべし

ヨ—0022　B列5　28字×10　南満洲鉄道株式會社

No.

(10)
3

大正五年十月二十四日、（協定）

四鄭水道敷設

四鄭鉄道は過般満鉄と交渉の結果鉄道用地として現在満鉄附属地約六万坪を満鉄より譲受け、其の代償として新に土地を提供することとなり居たるが此程右提供地の測量を終り、満鉄に引継を受くることとなりたるにて四鄭鉄道にては満鉄より譲受けたる用地に事務所並に宿舎等の建築に着手し、遠からず、落成の筈にて同鉄道よりは更に満鉄に対し水道引込みの交渉をなしたれば満鉄は其の要求を承諾し目下水道の敷設工事に着手中なりと、

ヨ－0022　B列5　28字×10　南満洲鐵道株式會社

No. 1

(12)

(イ)

大二〇五四

大正五年十二月二日、

四鄭鉄概算書

四鄭線路布設工事に対する設計及び予算概算の算定に付ては
線路実地測量後局員全力を盡して執掌しつつありしが、此の程
漸く全部の概算を得たれば不日局長は此を携へて晋京し
交通部の承認を受くるの手筈となり居る由、其の以前奉天平街
に於ける東道線ホーム其他の点につき満鉄本社と打合せの要あ
り、藤根技師長は二十八日出連したるが満鉄当局にて打合
せを了し任地に帰還すべく営業局長が藤根技師長と共

No. 2

に北京に向ひ出発するは当局本月中旬頃なるべしと、

ヨ—0022　B列5　23字×10　南滿洲鐵道株式會社

No. 1

大正五年十二月三日、

△四鄭線概要　藤根技師長談

○四鄭線工事

四鄭線之敷設工事は線路の測量を終り設計中なりしが此の程設計並予算出来したるを以て今回北京交通部の認可を経ばすぐ近く局長と出張の筈なるが予算の編制については、豫め満鉄と協議し、満鉄より種々援助を与へらるゝに依りて経費に異動を来すべきを以て四鄭線よりの注文に関し満鉄の承認を得べき要あり殊に北京に於ては本月一日より

ヨ—0022　B列5　28字×10　南滿洲鐵道株式會社

No. 2

軍用鉄道会議開かれ、会議中に交通部との協議ありしければ常々此等出張者を派遣したるものにして本月中旬四平街より此等に出張すべし

○工事の概算、

林野勝貴人の降到底予定の金額を以て完成し得べきに非ざるを以て当分の為仮工事として着手し一部の完成を待ちて、仮営業を開始しつつ工事を完成せしむる計画にて、営業開始につきては満鉄より貨車其他の貸与を仰ぐ必要あるを以て仮営業開始せらるるや否やにより予算に影響を及ぼすものこれ

ヨ―0022　B列5　23字×10　南滿洲鐵道株式會社　(16. 6. 5,000冊 誠文堂)

No. 3

差当り土工工事並に遼河假鉄橋架設費共に約四百万円と見積り鉄橋を改築するに至らば遼河のみにて百八十万円を要するを以て六百万円以上の工事費を要する次第なり

○工事竣成期

土工本年度一部分着手したるが来年度よりは解氷を待って直ちに着手し、十二月迄には三江口迄開通せしめ、十二月以後三江口四平街間の假営業を開始し遼河の鉄橋並に三江口鄭家屯間の開通は明年八月頃となるべく是を以て假工事竣成となる予定なるが大正八年度迄を以て建設時代とし其の予算

ヨー0022　B列5　20字×10　南滿洲鐵道株式會社　(16. 8. 5,000冊 [illegible])

No. 4

に於て出来得る限り改築工事を施し完成せしめたき希望あり、されど工事の遂行は一に材料の蒐集並びに運搬の遅速に関係するものにして鉄橋材料のみにても約一万二千噸以上に達し貨車を以て輸送するものなれば馬車の集合如何に依りては材料運搬に困難を来すべく此の点に関し大に憂慮しつつあれども数量は漢陽製鉄所より購入契約成立し十月廿日を以て第一回の輸送をなしたる筈なれば多分予定通り竣工せしむるを得ん

No. 5

○満鉄との連絡、

四平街に於ける満鉄との連絡は四鄭線に取り重大なる意義を有するを以て慎重なる協議を要する次第なるが差当り四鄭線にては四平街に停車場を設置せず、満鉄の四平街駅に於て聯絡せしむる予定にして従つて機関庫の如きも満鉄の一部を借用すべく万一狭隘を感ずるに於ては鄭家屯に機関庫をも建て四平街には設置せざる予定なるが総ての点に於て出来得る限り節約の方針を取りつゝあるも四百万円乃至六百万円の工事費を要し距離は甚だ短かなりと雖も運行難の如きは地下百五十尺に於て岩土堅固ならず予定以上の難工事と思はるゝを以て完成迄には一哩約十二万円以上の建設費を要する次第なれば吾人は当事者としては頗る苦心しつゝあり也、

No.

(12)

(ハ)

大正五年十二月

〇四鄭軌條到着

四鄭鐵道布設に要する軌条は満鉄の手を経て漢陽製鉄所より購入の契約成立し爾来製鉄所にて作製中なりしが去月三十日第一回輸送として同地より発送し此程二千五百噸の軌条大連埠頭に到着したる由にて目下四平街に向け輸送中なりと

ヨー0022　B列5　28字×10　南満洲鐵道株式會社

No. 1

(12)
(三)

康五年十二月十八日

○四鄭局設宴

四鄭鉄路局は予て落成し假事務所に於ける各科の事務は新築鉄局内に移転したること既報の通りなるが十四日正午十二時より同局二階の大広間に於て移転祝宴を催し当地官民の主なる者二十余名を招待し大和料理の饗応を為したり表面入口には翩翻として五色の大旗を靡かし四鄭線の前途を祝福し来賓は大和人の案内者に[illegible]て暫時客室に入り歓談に耽りし後藤抵局長の

No. 2

案内にて二階なる宴会場に入り丸に卓子を囲んで各々着席するや廣瀬局長は日本語にて招待の辞を述べ次で日野局長は来賓に代りて挨拶をなし酒宴に移りたるが席に追って運び出づる山海の珍味佳肴に乾盃談笑酣中の漸く廻りて興趣大いに挙るや服部地方事務主任の発声にて四鄭鉄路局の万才を唱え廣瀬局長の音頭にて満鉄会社の万才を三唱し和気靄々たる裡に各々歓を尽して退散したるは午后四時過ぎなりき

ヨ―0022　B列5　28字×10　南満洲鐵道株式會社　(16. 8. 3,500冊 総所製)

No. 1

日露戦争後より露は満洲に於ける日本勢力抑制の為英米勢力引入を策したことは既に述べた通りである。

斯くの如くであるから日本は速に必要なる線は自分で権利を得て敷設する必要を感じてゐた時、清朝末期より革命後に至つては又々列国の利権競争が盛になつた。

ヨ—0022　B列5　28字×10　南満洲鉄道株式會社

No. 2

茲に於て日本は駐支伊集院公使をして外交部に交渉を開始せしめ、次で其の後を襲へる山座公使は孫外交總長との間に一九一三年十月五日満蒙五鉄道に関する公文を取り交すに至った。

ヨ－0022　B列5　28字×10　南満洲鐵道株式會社

No.

◎日本の大陸発展による日清間の抗争

◎日本の支那発展を妨碍せんとする米國の活動

- ・ハリマンの南満鉄道買収計画
- ・新奉線問題、満洲銀行設立
- 「ノックス」満洲鉄道中立問題及錦愛鉄道問題
- 四国借款問題

◎米支の満洲政策に因る日露の接近

◎清国の疲弊に伴ふ列国の対支利権競争の再燃

◎支那革命による辺疆の支那羈絆離脱

No.

吉長南満両鉄道連絡線問題

一、堀満鉄工務課長ト曲尾技師長トノ折合顛末

一、郵伝部決定案ニ付キ曲尾技師長ヨリ報告

一、連絡線ニ関シ国沢副総裁ヨリ曲尾技師長ヘノ書翰

一、右書翰ニ対スル曲尾技師長回答及技師長ヨリ総裁ニ提出ノ意見書

一、連絡駅ニ関スル吉長当局ノ意向

一、南満及吉長鉄道連絡ニ関スル意見

一、吉長車輌ニ関シ総裁ヨリ清野理事宛電報

一、清野理事ヨリ総裁宛電報

ヨ-0022　B列5　28字×10　南満洲鐵道株式會社　(12, 2, 8,000冊 ……)

No.

一、佐藤奉天公所長ヨリ総裁宛報告書（49—61）（62—70）（71—79）

一、佐藤公所長ノ陸軍當局ヘ提出ノ報告書

一、吉長線連絡協商委員ニ關スル書状（80—81）

一、委任状（82）

一、堀工務課長ノ協商會議報告書及會議日誌

一、吉長南満両鉄道接續ニ關スル協定（日本文 支那文）

一、吉長南満両鉄道接續協定認可ノ件

一、吉長南満両鉄道電信電話施設ニ關スル件

2

ヨ-0022 B列5 28字×10 南満洲鐵道株式會社 （12. 2. 3,000冊 ……）

No.

特報第三七号

明治四十三年三月二十五日

奉天公所長　佐藤安之助

總裁中村是公殿

拝啓

過般北京ニ於ケル交渉顛末ニ付テハ其節北京ヨリ報告致置候ガ當時匆惶筆ヲ走セ盡サヾル點モ有之シ事ト存候間別紙陸軍當局ヘノ報告寫御參考迄進達ニ及候

敬具

ヨ—0022　B列5　28字×10　南滿洲鐵道株式會社　(11. 5. 6,000冊)

No.

吉長鉄道ノ車輛及軌鉄ニ関スル件

吉長鉄道ヲシテ満鉄ト同様式ノ車輛連鎖器ヲ用ヒシメ軌鉄モ亦満鉄ノ最重機関車ノ走行ニ耐ヘ得ル如キモノヲ採用セシムル事ハ彼我両線ノ平時ニ於ケル営利上重要関係ヲ有スルノミナラズ戦時ノ為ニモ亦必須ノ要件タリト雖モ不幸ニシテ條約ハ如此細件ニ関シテ彼レヲ拘束セズ技師長ハ邦人タルモ實權ナキ一使用人ニ過ギザルガ故我希望ハ彼レノ酌ム所トナラズ彼ハ頗ル意ヲ満鉄方面ニ措クナク全然自己本位ヲ以テ諸般ノ施設ヲ實行セントスルモノニ似タリ寔ニ慨歎ニ堪ヘザルモ清國現下ノ對日態度ハ獨リ此事ニ限ラズ一般ニ如是ナルヲ以テ敢テ

ヨ—0022 B列5 28字×10 南満洲鐵道株式會社 (11. 5. 6.000冊 ...)

恨ムニモ足ラザル可ク唯ダ條約ノ不備ヲ悔ユルノ外ナシト謂ハザル可ラズ

曲尾技師長ノ二月八日附通報ニ由レバ吉長鉄道局ハ技師長ノ建議ヲ用ヒズ軌鉄ハ六十磅ノモノヲ採用シ機関車及車輛ハ京奉線ノ唐山工場ニ注文スル事トシ其連鎖器ハ勿論満鉄ノ様式ニ非ラズシテ京奉線ト同様英国式ニ據ラントスルモノ、如シトアリ満鉄ハ政府ノ内議ニ従ヒ小職ヲ北京ニ派シ直接郵傳部ニ就キ折衝セシムル事トシ小職ハ三月十日北京着同十五日郵傳部ニ於テ徐世昌、王大燮、沈雲沛及梁士詒ノ諸官ニ面シ縷々両線共通ノ利害ヲ説キ満鉄ノ希望ヲ陳述セルモ先方ハ自

5

已本位ノ理由ヲ固執シテ相譲ラサントスルノ風ナク結局談判ハ不得要領ヲ以テ終レリ而シテ先方ノ言フ所亦タ理ナキニ非サルガ故ニ今左ニ其ノ要領ヲ摘記スベシ

一、軌鉄ヲ何磅ノモノヲ用ユベキヤハ一ニ繫ッテ其地方ノ運輸状況ニ存スベク吉長線七十哩ノ現状ハ輸送力ノ需用大ナラサルカ故ニ今回註文セントスル四十四噸機関車ニテ十分ナルベク従テ軌鉄ヲ六十磅ノモノト為スハ實ニ至當ナル處置ト云フベシ若シ軌鉄ヲ八十磅ノモノトセバ或ハ貴説ノ如ク満鉄ノ百二十噸機関車ヲ入レ得ルノ便アルベキモ吉林方面ヘノ輸入貨物ハ如此重量機関車ノ走行ヲ必要トスル程多

No.

額ナラザルガ故結局ヲ相通レノ名ヲ得ルガ為メ不必要ナル経費ヲ支出スルモノニシテ吉長ノ如キ小経済ノ鉄道ニ在リテハ堪ヘザル可ラザルナリ

二、清国鉄道ノ運転材料ニハ数年前郵伝部ニテ設定セル一般ノ制式アリ吉長ノ材料モ亦此制式ニ則ラザル可ラズ連鎖器レノ相違ハ畢竟制式ノ相違ニシテ清国ニ在リテ満鉄ノミ独リ米国材料ヲ使用スルガ為其連鎖器ハ何レノ鉄道ノ車輛ニモ合致セザルナリ吉長ノ連鎖器ヲ満鉄式ト為サバ或ハ両線ノ車輛ヲ彼此連絡結スルニ便ナランモ吉長鉄道ハ将来錦愛鉄道ト相通シ又錦愛吉会ノ三線脈絡相

No.

通ズベキ運命ヲ有スルガ故ニ此方ノ不便尠カラザルベシ且ツヤ吉長線ハ僅々七十餘哩ノ小鉄道ニ過ギザルガ故自ラ独立ノ工場ヲ有スル事ナク凡テノ工作ヲ京奉線ノ唐山工場ニ依頼スベキハ經濟上ノ得ノ手段タリ而シテ之レカ為ニハ車輛ノ制式モ亦該工場ニテ改造修繕ニ便ナル如キモノヲ採用シ置ク事實ニ已ムヲ得ザル事ト謂ハザル可ラス

三、軌鉄ヲ八十磅トナシ車輛連鎖器ヲ米國式ト為サバ彼此ノ列車ヲ相互ノ線路ニ走行セシメ又車輛ヲ共通シ得ベキ利益アル事勿論ナルモ實ハ此利益ハ多ク満鉄ニ歸シ吉長ノ得ル所少カルベシト思考セラル而吉長ノ借款四百餘萬両ニシ

No.

テ此利息ヲ年額二十餘萬圓ト一ケ年間ニ於ケル營業保線ノ諸費合計四十餘萬圓トヲ合セバ六十餘萬圓トナル、吉長線ニ於テ此金額ヲ産ミ出ス事ハ頗ル困難ナルベク其管理並ニ諸施設ニ於テ極メテ細心ニ經濟的ニ實行セザレバ仲々年々多額ノ損失ヲ招クベシ殊ニ吉長ハ滿鐵ノ支線ニシテ支線ハ多ク本線ノ營養物トナルベキガ故深ク自ラ警戒セザルニ於テハ遂ニ枯渇ノ厄ヲ免カルレザルベク本支兩線ニシテ一經濟ノ下ニ管理セラルルニ於テハ支線ノ損失ハ本線ノ利潤ニ因リテ之ヲ償ヒ而カモ尚ホ餘剩アルベキガ故、更ニ憂フルニ足ラザルモ滿鐵ニ對スル吉長ノ如キハ則チ然ラザルヲ以

ヨー0022　B列5　28字×10　南滿洲鐵道株式會社　(11.5.6.000冊 製內勝)

テ自衛上本線ノ要求ニ應シ得サル事實アルベシ、殊ニ車輛ヲ彼此ノ線路ニ入ルヽ事ハ吉長ノ立場トシテ全然其必要ヲ認メサルナリ、何トナレバ吉林地方ノ貿易関係ハ輸入貨少ク輸出貨主タルベキガ故、若シ列車ヲ他線ヘ入ルヽトセバ吉長ノ列車ヲ大連若クハ營口ノ埠頭ヘ送リテ其効アルベク、然ル場合ニハ七十哩ノ線路ノ為メニ準備セル車輛（八十哩）ハ四百乃至五百哩ノ線路ヲ走行セザル可ラザル事トナリ四列車ノ豫定運轉ノ為メニハ更ニ吉長ニ於テ車輛ヲ増作セザル可ラザルノ不利ヲ蒙ルベケレバナリ、吉長本位ノ計算ヨリ言ヘバ吉林ノ出貨ヲ長春ニ送リ之ヲ滿鐵ノ車輛ニ

No.

積ミ換ヘシムレバ可ナリ、何ヲ苦ンデ其車輛ノ儘大連若クハ営口ヘ直送セシムルノ愚ヲ為サンヤ蓋シ如此ハ荷主及満鉄ニハ利益タルベキモ吉長ニハ即チ一大損失タルヲ免レズ、縦ヒ大局ヲ観念シテ吾等ヨリ吉長ニ之ヲ命ズルモ総辨ハ恐ラク自己ノ職責上其實行ヲ難ンズベシ、是レ吾等ガ他ノ清国鉄道ニ於テ屢〻経験セル所ニシテ眞ニ已ムヲ得ザル事ナリ、例之道清鉄道ノ出貨ヲ其車輛ノ儘京漢線ニ入レテ漢口ヘ直送セシムル事ハ荷主及京漢鉄道ニハ便利ナルモ道清ノ総辨ハ自己ノ計算上断乎トシテ之ニ應ゼザル如キ好箇ノ適例ナリ、故ニ車輛ノ彼此相通ハ名義ナルモ支線ノ

No.

經濟關係上實際ニ行ヒ難ク従テ軌鉄及連鎖器ノ相違ハ何等ノ不便ヲモ惹起スル事ナカルベシ

四、然レドモ吉長満鉄両線ノ連絡ハ極メテ必要ニシテ奉吉線ガ奉天ニ於テ満鉄線ト連絡シツヽアル如ク吉長線ヲシテ長春ニテ満鉄線ト連絡セシムル事ハ当方ノ希望タルガ故貴方ニ異議ナクバ何時ニテモ連絡方法ノ協議ニ応ズベシ云々

右ノ如ク郵傳部ノ意向ハ吉長鉄道ノ經濟上満鉄ノ希望ヲ容レ難シト云フニアリテ好意ノ存否ハ之ヲ別トシテ殆ンド議論ノ餘地ナキモノト思考セラルヽガ故若シ別ニ外交上彼ノ意志ヲ翻スベキ好手段ナキニ於テハ一方ニハ曲尾技師長ニ諭嘱シ技師長ノ

No.

手加減ヲ以テ枕木ノ數ヲ增加シ六十磅軌鉄ヲシテ八十磅ノモノト同効力アルガ如クナシ又他方ニハ満鉄ニ於テ特種ノ車輛ヲ作リ以テ不時ノ連絡用ニ備フルノ外策アラザルベシ

（明治四十三年三月廿五日）

ヨ—0022　B列5　28字×10　南滿洲鐵道株式會社　（11.5. 6,000冊 [illegible]）

No.

南満鉄道及吉長鉄道連絡ニ関スル意見

吉長鉄道ノ長春停車場ハ之ヲ南満鉄道ノ同地停車場ニ合併スルコト彼我共ニ便利ナリ然レトモ清国側ニ於テ吉長鉄道ノ独立ヲ主張シ其停車場ヲ伊通河ノ左岸ニ特設セントスルニ於テハ寧ロ我ハ此機会ヲ利用シ南満鉄道線ヲ延長シ自ラ進ンテ吉長線ノ長春停車場内ニ至ラシメ之ト連絡スルヲ最モ得策トス是レ吉長線ノ軌隔ハ南満鉄道ト同シキモ其軌道材料ハ軽ク輪転材料ハ連結具異式ニシテ我ハ直チニ之ヲ応用スルコト能ハサルヲ以テ連絡線トシテ吉長線ヲ我方ニ延長セシムルヨリハ我線路ヲ以テ少クモ伊通河ヲ通過シ置クコト軍事上重大ノ関係アレハナリ

ヨ—0022　B列5　25字×10　南満洲鐵道株式會社　(11. 5. 6.000冊 恊内納)

No.

報告書

吉長線長春停車場問題ニ就キ曲尾技師ニ面会折合ノ顛末左ノ通御報告仕候

一、昨十七日（四十二年十一月）正午大連発十八日朝長春着致候處曲尾技師ヨリ鉄路局ハ遠ク南門裡街ニ在リテ不便勘カラザルヲ以テヤマトホテルニ於テ会見セシコトノ通知ヲ受ケタリ依テ午前八時同氏ノ来訪ヲ待チ面会シ先ヅ鉄路局ノ開始及氏ノ健康ヲ祝シ次ニ今回ノ来意ヲ述ベ副総裁ノ御伝言並満鉄ノ意向ヲ話シ序デ氏ノ意見ヲ質シ最後ニ当地停車場位置撰定ニ就キテハ私満鉄停車場ト連絡上ニ重キヲ置キ可成

ヨ—0022　B列5　28字×10　南満洲鐵道株式會社　(11. 5. 6.000冊 製内納)

No.

愼重ノ攻究ヲ爲シ技術上世間一般ニ對シ不利不便ナラザル様完全ノ設計ヲ立テラレンコトヲ希望セルニ氏ハ之ヲ以テ一々理アリトシ大体左ノ如ク話サレタリ

吉長線起工ノ議近附クヤ當地頭道溝ハ商埠地トシテ満鉄附屬地ノ東南周囲高低一帯ノ地ヲ買占メ普通價格ヲ以テ容易ニ買収シ得ベキ見込ミナク且ツ地勢上伊通川ノ西方ハ高低不規則ニシテ到底小停車場スラ建築スルノ餘地ナキヲ以テ不得已伊通河ノ東方東門外人道橋ヨリ稍々北ニ下リタル地點ヨリ正東ニ向ヒ巾千尺（東端巾貳百尺）長四千尺ノ地積ヲ假定シ木杭ヲ建テタリ實地ノ測量ハ後日分段長（分段長

ヨ—0022 B列5 28字×10 南満洲鐵道株式會社 (11. 5. 6,000冊 ...)

No.

トハ曲尾技師長ノ下ニ於ケル第一區技師長ヲ云フ）及日本技師ノ来着ヲ待チテ着手スル見込ナリト元来用地ノ確定ハ一刻モ早ク之ヲ行ヒ満國政府ニ於テ其轉賣買入等ヲ禁セシムレバ買收價格ノ騰貴ヲ防ギ利便不尠ト為セシニ依ル線路ノ方向ニ至テハ其山東ニ充分ノ地積アルガ故ニ北線ニ入ルモ中央又ハ南線ニ入ルモ自在ナルベキヲ認メ居タリ又満鐵線トノ連絡ニ就テハ曩キニ總辧ニモ其必要ヲ説セシコトアルモ彼レハ之ヲ以テ當然ノ理アルモノト認メタルモノヽ如シト雖モ奈何セン今日ノ處郵傳部ヨリ其設計ヲ定ムルノ命令ヲ受ケズ從テ氏ニ於テモ絶對的連絡線ノ不

ヨ―0022　B列5　28字×10　南満洲鐵道株式會社　(11. 5. 6.000冊 館内納)

No.

可能ナラザルヲ認ムル以上ハ強テ之ガ實測ヲ為スノ期迫ルモノト為サズ唯タ今之レガ研究測量ヲ為スハ徒ラニ満鉄ノ利益ノ為メニ下働キヲ為スガ如キ感情ヲ満人ニ起サシムルガ如キ虞アリ之レ損アリテ益ナシ推察ヲ乞フ若シ差支ナクバ貴方ニ於テ之ガ略測ヲ為シ以テ本問題ヲ提起セラレナバ至テ好都合ナリト総辨ト雖モ決シテ日本ノ為メニ信ヲ枉ゲ世間一般ノ利益ヲ無視スルガ如キ人物ニハ非ラザルガ如キヲ認ム加之當所顧道台ト総辨トハ交情面白カラズ互ニ反目シ協力處事ノ擧ニ出ツルモノナク目下道台ノ上京留守中ヲ幸ヒ用地ノ撰定ヲ實施シタキ迄ナリト

No.

右ニ付キ小生ハ然ラバ目下假定セラレタル位置及線路ノ方向等ハ變更ノ餘地アリヤト問ヒ尚ホ進ンデ當方ノ第一案ヲ示シ實測ニ際シ是非共本設計ノ通リ改メラレタキ旨申込タルニ氏ハ大ニ之ニ贊同セラレ可成實測ノ際動カシ得ル限リ動カサシム可シ序デニ氏ガ今日迄考案セラレタル設計ノ大要ヲ示シ（略圖第二）小生ニ其修正考案ヲ乞ハレタリ之ヲ見ルニ當方ノ第一案ニ大差ナキヲ發見シ直通連絡線ノ容易ナルベキヲ認ムルト同時ニ曲尾技師ニ於テ近頃多少ノ變更ヲ加ヘラレタルニハアラズヤヲ疑フニ至レリ此點ニ就テハ深ク其理由ヲ追究セズ實地踏場ニ臨ミ之ヲ確メンコトヲ期スルコト、ナシ終ニ當方第一案

ヨ－0022　B列5　28字×10　南滿洲鐵道株式會社　(11. 5. 6.000冊 …)

No.

二就キ（畧圖第二）ノ通リ大体ノ設計答案ヲ與ヘタルニ氏ハ之ヲ以テ最モ適切ナリトシ追テ詳細ノ設備製圖ヲ試ムベシト

彼我停車場連絡設計ノ權限ニ就キ松村領事ヨリハ北京伊集院公使ヘ此際協定ヲ要スルニ付キ郵傳部ヘ命令ヲ下スノ必要アルノ議ヲ電報ヲ以テ請求済ナリトノコトナレトモ此上打合ノ結果日本政府ヨリモ公然其筋ヘ交渉シ郵傳部ヨリ總辦ニ向ヒ滿鐵ト直接線路ノ連絡ニ就キ協議スルノ命ヲ發セシムルコト必要ト認メ候

尚木曲屋技師ハ當日不得已用向アリテ何現場ノ案内ヲ為ス能ハズトテ態々其説明ヲ與ヘラレ午前十二時前分レタリ

ヨ—0022　B列5　28字×10　南滿洲鐵道株式會社　(11. 5. 6,000冊 製内納)

午后平澤・畑木両技手ヲ同伴シ現場踏査ノ結果略圖（第三）ノ通地形上連絡線ノ容易ナルベキヲ認メタルモ尚ホ四本技手ヲシテ實地ヲコンパスレ等ヲ以テ略測ヲ為シ至急圖面ヲ作製シ送附スル様ニ置候

（以下略）

右復命候也

明治四十貳年十二月二十一日

工務課長　堀三之助

ヨ—0022　B列5　28字×10　南滿洲鐵道株式會社　(11. 5. 6.000冊 館内版)

二月六日總辦北京ヨリ歸局致シ候其郵傳部ニ於テ議定シ持歸リタル要項茲ニ及御報告候也

第一、連絡線　總辦曰、連絡線ハ早晚布設セサルヘカラス然レトモ先ツ急ニ伊通川ノ橋梁ヲ作リ之ニ由リ鉄道材料ヲ運搬スヘシ。余曰、伊通河ノ公道橋ハ鉄路ノ資金ヲ出テ架スヘキモノニ非ス斯ハ地方官衙ノ經營スヘキモノナリ。總辦曰、該橋ハ鉄路專有ノモノニシテ他人民ニ使用セシメス。余曰、鉄路使用ノ材料ヲ運搬スルノミニ向ヒ莫大ノ經費ヲ投シテ此長橋ヲ架設スルハ無益ノ冗費タルヲ免レス。總辦曰、然ラハ連絡線ノ渡河點ニ鉄橋ヲ架シ之ニヨリ材料ヲ運搬シ後之ニ連

No.

絡線ヲ布設セバ如何、余曰、連絡線ノ渡河点ニ鉄道橋ヲ作リ之ヲ馬車道橋ニ使用スルハ不可ナリ如何トナレバ連絡線ハ大築堤ヲ以テ南満洲鉄道線ノ高地ヨリ下リ来ルヲ以テ車馬ヲシテ此築堤ニ上リ渡河セシメンニハ茲ニ再ヒ無用ノ経費ヲ要スヘシ故ニ第一ニ連絡線ヲ布設スルヲ必要トス

而シテ伊通川橋梁ハ羅技師ノ設計書ニ木橋トナリ居レリ該橋ヲ木造トナスハ不利益ナリ、 総辦曰、 現時奉天ニ於テ該地連絡線問題ヲ協議シ居レハ其解決ヲ待チ其例ニ従ヒ該連絡線ヲ布設スルハ如何、余曰、不可彼ノ解決ヲ待タハ遷延時ヲ失スルノ憂アリ、総辦曰、然ハ右連絡線ノ測量ヲナシ其位置

No.

及橋梁ニ関シ十分ノ意見ヲ陳述セラレヨ之ヲ郵伝部ヘ進達ス
ヘシ
右ニ因リ連絡線ハ測量ノ上位置ヲ決定シ橋梁ノ設計其他連
絡線全体ニ関シ意見ヲ上申スルコトト相成候間該線ノ平面及断
面図等小生ノ参考迄ニ御送付願上度候又是ニ関シ満鉄長春停
車場共用ノ件ハ連絡線及伊通川橋設計其他ニ関シ都合宜
シキ様充分ノ御教示相願度候然ルトキハ之ヲ小生ノ意見ノ如ク
ナシ郵伝部ヘ上申可致候
第二、車輛連鎖器　連鎖器ハ京奉満鉄両線共通ニ製作
スルハ非常ニ困難ナル上満国ノ鉄道ハ皆京奉線ニ用ユルモ

2

ヨ-0022　B列5　28字×10　南滿洲鐵道株式會社　(12, 2, 8,000冊 光編納)

No.

ノト同様ノモノヲ用ヒ居レハ右ト同一ニ造ラサルヘカラストノ事ニ有之折角要求セシ連鎖器モ右ノ如ク希望ヲ達セサル以上ハ何卒御社若クハ外部當局ヨリ清國ヘ御協商相願度候

第三、長春伊通河ノ東ニ於ケル吉長線停車場敷地内ニ現在セル軽便軌條運炭線ハ郵傳部ヨリ總督ニ交渉シ總督ヨリ巡撫ニ命シ炭礦線所有主ニ談判シ取除カシムト（該線ハ満鉄ノ所有物ナルヲ知ラサルモノノ如シ）

第四、軌條ハ六十磅ノモノヲ用ヰ而シテ價格ハ英國ヨリ購入スルトキハ大連、營口、秦皇島渡ニテ五十両、漢陽鉄廠ノモノ五十二両、日本枝光渡シ（日金六十六円）約五十三両ナレハ英國

ヨ-0022　B列5　28字×10　南滿洲鐵道株式會社　(12. 2. 8,000冊 先期納)

No.

ノモノ最モ廉ナリ而シテ漢陽ヨリ大連迄ノ運賃モ可ナリ大ナルヘケレハ今漢陽鉄工場ヘ英国製ト同価格ニナスヤ否ヤ問合セ中ナレバ其回答次第ニテ英国若クハ漢陽ヨリ購入スル順序ナリト

第五、車輛、機関車三拾四噸物ニ台、四十四噸物六台、客車一等車（安奉線ト同一ノモノ）ニ等及三等車（安奉線ヨリモ宜シキモノ）官車壱輛、四輪土運車五十輛、四輪緩急車四輛、八輪緩急車二輛（郵便并ニ手荷物ニ使用）有蓋車（四十噸）四十輛、無蓋高梃三十噸車二十輛、無蓋低梃二十噸車二十輛共皆安奉線唐山工場ヨリ購入スルコトニ決セリト

以上

明治四十三年二月八日

西尾辰二郎

国沢副総裁殿

No.

貴局長春停車場ト南満停車場間ニ於ケル連絡線ハ過日御送附申上候平面圖及縦斷面圖ノ通リニ有之候處右圖中南満停車場構内ニテ勾配百分ノ一ヲ有スルハ將來不得策ニモ有之候間可成此際別紙縦斷面圖ノ通リ四百分ノ一位ニ建設シ築堤ノ高サヲ稍々高メル事ニ致度御考案被下度又伊通川橋梁モ洪水面ノ關係不明ニ候得共別圖朱線ノ通リ今少シ高メル方適當カト被存候間是非御取調被下度候鉄桁徑間等ニ於テハ別ニ異説無之候得共其強度ハ可成百二十噸以上ノ機關車運轉ニ差支無之様御設計相成度希望ノ至ニ御座候連絡線區間ニ於ケル他ノ橋梁モ同一ニ御座候

ヨ—0022　B列5　25字×10　南滿洲鐵道株式會社　(11. 5. 6,000冊)

No.

貴方工事中ノ御便宜ヲ計リ南満停車場構内図中ノ地積ニ貴方鉄道用材卸場兼積替線トシテ必要ノ線路ヲ布設致候テハ如何ト存候別図記入ノ通リ大体ノ設備トシテ御送附申上候間御一覧ノ上何分ノ義御申越被下度候施工方法等ハ別ニ御協議申上候事ニ可致候尚又当社構内ニ於ケル乗客乗換、貨物積替等ノ本設備ハ追テ完全ナルモノ設計ノ上御相談可申上候間御含置ヲ乞フ

車輌連鎖器ノ件ハ御高見ノ如ク外務省ヨリ清国ニ交渉ノコトニ其筋ニ申請致置候間右ニ御了知被下度候

軽便線ハ貴方停車場東端構外便宜ノ点ニ於テ水平クロス

No.

シングレト為シ之レニ要スル用地及ビ工事費ハ全部貴局ニ於テ御負担可相成事但シ工事ハ其方法御協議ノ上當社ニ於テ施工スルモ差支無之候若シ軽便線ヲOverhead Crossingニ為ス方宜敷キ御意見モ有之候得ハ當社ニ於テハ勿論異議無之候得共工費相嵩ミ如何ト存候御意見承度候

軌條ハ少クトモ連絡線丈ケハ八十磅以上トシ将来南満列車ヲ貴局構内迄差入ルヽ様ノ場合生セシ時ニ便利ト存候

國澤副總裁

西尾技師長宛

（二月廿六日發送ズミ）

ヨ—0022　B列5　25字×10　南満洲鐵道株式會社　(11.5.6,000冊 [illegible])

No.

庶秘第四〇六號ノ回答

四十三年二月廿八日

西尾辰二郎

國澤副總裁殿

拝復二月廿六日御芳書拝誦仕候

一、連絡線内南滿停車場内ノ勾配ヲ四百分ノ一位ニナシ築堤ヲ高ムル事

二、伊通河橋梁ヲ高ムル事

三、鉄桁徑間等ニ於テハ百二十噸機関車ニ堪ユル様設計ノ事

四、南滿停車場内ニ吉長材料線布設ノ事

五、軽便線ハ吉長停車場東端構外ニ於テ水平横断ノ事

No.

六、軌條ハ連絡線丈ケ八十磅以上トナス事

一、右ノ條々承知仕候右方針ヲ以テ畫策致可申候

別紙連絡線ニ關シ總辦ニ提出シタル意見書御一覽ニ供シ申候

3

ヨ—0022　B列5　28字×10　南滿洲鐵道株式會社　(11. 5. 6,000冊 計內納)

No.

郵傳部吉長鉄路及南滿洲鉄路連絡ニ關スル意見

第一、連絡ノ必要

(甲)材料ノ運搬

一、両停車場間道路ノ不良

二、伊通河現在木橋ノ不安

三、鉄路材料ノ重要量及数

(乙)吉長鉄路ノ收入增加

一、河海相通ノ譬

二、交通ノ便ハ人貨ノ出動ヲ促進ス

(丙)交通ノ利便

ヨ—0022 B列5 28字×10 南滿洲鐵道株式會社 (11. 5. 6,000冊 製內納)

No.

一、東三省城ノ關係

二、歐亞及世界交通ノ便益

第二、連絡線ノ踏査

第三、線路ノ位置及地勢

一、両停車場高低ノ差

二、勾配線及距離

第四、伊通河鉄路橋

一、木橋ノ假設

二、鉄橋架設ノ必要

第五、南満洲鉄路ト交渉

No.

一、南滿鉄路用地内連絡地點

二、〃 連絡工事

三、〃 吉長鉄路聯絡

ヨ―0022 B列5 28字×10 南滿洲鐵道株式會社 (11. 5. 6,000冊 納)

今ヤ氣候温暖氷雪漸ク融ケントス此時ニ當リ我郵傳部吉長鐵路局ハ將ニ線路工事ニ着手セントス而シテ着手ニ臨ミ最モ急ヲ要スルモノヲ鐵路所要ノ材料トナス即チ木材、工事用鐵料及器具、軌條、汽關車、セメント、客車、貨車、橋梁鐵材等トス、是等ノ材料ハ概ネ鐵路ニ因リ南滿鐵路長春停車場ニ來リ該所ヨリ人馬ノ力ヲ以テ我長春站へ運搬セサルヘカラス、然ルニ其距離迂路約四哩ノ遠キニアリ之ニ加フルニ解氷ノ時季トナリ道路甚ダ悪シク泥濘深クシテ人馬ニ依リ搬運スルハ頗ル難事トス且此間幅五百尺ノ伊通河アリ之ニ架セル木橋ハ我所要鐵材ノ重量ニ堪ユルモノニ非ス材料運搬ノ繁難ナルト其ノ數量ノ夥多ナルト其重

No.

量ノ大ナルトニテ日ヲ經スシテ墜落ノ虞アリ而シテ不幸ニシテ此虞アランカ直ニ搬運ノ途ヲ杜絶スヘシ是レ連絡線布設ノ必要ヲ感ズル第一トス

鉄路ノ連絡ハ猶河海ノ相通スルカ如ク通スルカ為メニ開ケ連ナルカ故ニ榮工連絡ハ即チ收入ノ増進ナリ連絡ハ交通ノ便ヲ益シ交通ノ便ハ人貨ノ出動ヲ促カス是レ連絡線ヲ設クルノ利益ノ第二ナリ

連絡線ヲ完成セハ吉林、奉天、黒龍江ノ三省城ノ關係ヲ容易密接ナラシメ歐亞及世界交通ニ一大利便ヲ開キ得ヘシ是レ連絡線ヲ布設スルノ便第三トス

No.

而シテ此線ノ踏査ヲナスニ吉長鉄路長春車站ヨリ東門外ニ向ヒ右折シテ東門外伊通河ノ木橋ト石碑嶺運炭線木橋トノ中間ヲ過ギリ前進シ人家稀少ナル田園内ヲ通過シ運炭線路ヲ横断シテ頭道溝ノ高地ニ達シ左ニ折レテ南満鉄路長春停車場内ニ入リ連絡スルヲ以テ最良線トナス

我車站ハ地勢低クシテ南満停車場ハ高地ニアリ其高低ノ差未タ測定ヲ経サルヲ以テ正確ノ数ヲ知ラズト雖モ目測ニ依レハ約六七十尺ノ差アリ故ニ我ヨリ勾配線ヲ以テ漸次上昇シテ彼ニ入ラサルヘカラス而シテ其距離約二哩余トス

伊通河ハ即チ此勾配線内ニアリ故ニ此橋梁ハ最モ堅牢ニ構

造セサルヘカラス然リト雖モ當初急設ノ必要アルヲ以テ假設迂回線木橋ヲ造リ然ル後本位置ニ堅牢安全ナル鉄橋ヲ架設スルヲ要ス是レ蓋シ木橋ハ腐朽シ易ク絶ヘス之カ修繕ヲ要シ多額ノ冗費ヲ費サヽルヘカラサルノミナラス且安全ヲ保シ難ルケレハナリ況ニヤ平坦ナル路線中ニ非スシテ勾配線ノ中ニ存在シ夏季モ每洪水ノ憂アルニ於テヲヤ故ニ此ノ鉄橋ハ可成速ニ築設スルヲ以テ得策トス以上ハノ如ク連絡線ハ南滿鉄路停車場ニ據シテ我連絡地點トスヘキ平地ヲ有セサルヨリ該停車場用地ノ一部内ニ連絡シ茲ニ我吉長線ノ乘車昇臺場及待合室ヲ設クルカ然ラサレハ該停車場ノ待合室ヲ共用シ其他ノ驛務ヲ滿鉄ヲ滿鉄ニ代辦セシ

No.

ムルカ二者其一ニ居ラサルヘカラス而シテ此南満鉄道用地内ニ於ケル連絡工事、待合室、乗車券販売、電報取扱、荷物取扱等ノ事ハ宜シク郵傳部梁局長ヨリ南満鉄道ニ交渉ノ上速ニ協議決定セラレ度候

右郵傳部吉長鉄路及南満洲鉄路連絡ニ関スル意見茲ニ及上申候也

追テ關係圖面ハ長春分段測量隊歸長ノ節測量セシメ調製提出可致候

一月十四日

曲尾總工程司

ヨ—0022　B列5　28字×10　南滿洲鐵道株式會社

No.

吉長線連絡駅ニ關スル吉長當局ノ意嚮

吉長鉄道ノ長春停車場ハ顔道台ト傅総辧トノ確執ノ為メ我ガ附属地ニ隣接セル商埠地内ニスラ之ヲ選ブコトヲ得ズシテ遠ク伊通河ノ東岸ニ選定スルノ已ムヲ得ザルニ至リシガ其後顔傅両者間ノ意志疏通シ満鉄長春駅トノ連絡線ヲ設クルガ為メ商埠地ヲ使用スルコトヲ道台ニ於テ承諾セシモノト見エ已ニ路線ノ工事ニ着手セラレ其橋梁モ臨時木造ニ決シ近々起工セラルル筈ナルガ茲ニ疑問トスベキハ此連絡線ニヨリテ如何ニ両鉄道ヲ連絡スベキヤニアルモ未タ両鉄道ノ當局者間ニ何等正式ノ協議ヲ行ヘルコトナク唯ダ満鉄ハ該連絡線ノ布設ニ關シ曲尾技師長ト

ヨ—0022　B列5　28字×10　南満洲鐵道株式會社　(11. 5. 6,000部 ...)

No.

私的ニ意見ノ交換ヲ行ヒ技師長ノ設計ヲ帮助シタルニ過ギズ右長當局ニ於テハ全然如此意見交換ニ關シテハ沒交渉ニシテ技師長提議ノ右長本位ヨリ見テ以テ有利ナルモノハ則チ之ヲ容ルルニ吝ナラザルモ苟モ事滿鐵ノ利益ニ係ルモノハ容易ニ決裁ヲ與ヘズ曖昧未決ノ間ニ時日ヲ遷延シ遂ニハ技師長ヲシテ前キニ滿鐵ト交渉内定セル計畫ヲ放棄スルノ已ムヲ得ザルニ至ラシムルコトナキニアラズ技師長ノ起案セル工事仕樣書サヘ契約ノ際隨意ニ總辦ノ手ニヨリテ改訂増刪セラルル程ナルガ故此クノ如キハ盡シ尋常茶飯ノ事タルベキモ以テ技師長ノ權力如何ヲ察スベキナリ

ヨ—0022　B列5　28字×10　南滿洲鐵道株式會社　(11. 5. 6,000冊 製內納)

No.

最近ノ探聞ニ依レバ商埠地ノ經營ニ全力ヲ傾注シツツアル顔道台ハ傳總辦ヲ說クニ連絡線ヲ滿鐵附屬地内ニ入ルル事ナル其東側商埠地内ニ於ケル吉長鐵路材料廠（附圖參照）附近ニ止メ茲ニ吉長ノ手ニテ連絡停車場ヲ設置シ滿鐵トノ連絡ハ勿論延イテハ將來滿鐵ノ北方ヲ迂回スベキ延長線ニヨリテ露國寬城子驛ヲモ此處ニ連絡セシメ由テ以テ滿鐵附屬地ノ繁盛ヲ商埠地ニ奪ハントスルノ小策ヲ以テシ傳ハ之ニ快諾ヲ與ヘ技師長ニハ何等ノ商議モナク已ニ諸般ノ計圖ヲ定メテ實行ノ途ニアリトノコトナリ傳ト顔トハ當初相反目ノ姿ナリシモ近來親密トナリ互ニ往來シテ弄花ノ好友タリトノコト故顔ノ提議ニ對シ恐ラク傳モ

No.

同意ヲ表セシナルベク茲ニ至リテ連絡問題ナルモノニ對スル彼等ノ意嚮モ略ボ察スルニ難カラザルナリ

翻テ満鐵側ノ情況ヲ見ルニ連絡ニ關シテハ未ダ何等ノ措置ヲ施セルコトナク又自ラ進ンデ之ヲ自己ニ有利ナルガ如クニ早ク協定シ置カントノ考慮モ無キモノノ如ク曩ニ小官ノ北京ニ到リ郵傳部ニ梁局長ト會談ノ際、梁ハ連絡ノ協定ヲ何時ニテモ開始スベキ旨ヲ語レル故、歸任後之ヲ會社ノ重役ニ告ゲ速ニ委員派出ノ利益ナルベキヲ話シ置キシモ其後今ニ至ルモ何等ノ處置ヲモ施サレシヲ聞カズ却テ重役間ニ於テハ満鐵ヨリ進ンデ連絡協定ヲ急グベキ理由ナシトノ意見アルモノノ如シ若シ問題ヲ

44

No.

放置シ自然ノ進捗ニ委シ而カモ我ノ不利ナラザル如クニ事件ノ発展ヲ見ルコトヲ得ベク自ラ進ンデ早ク処置ヲ施スノ必要ナカルベキモ上述ノ如ク吉長ニ於テハ強イテ連絡ヲ求メズ連絡ノ要アラバ貴方ノ線路ヲ我停車場ヘ延長シ来レト主張シ主客ヲ轉倒セントシテ而カモ彼ノ設備ハ已デニ全ク成リ寸毫ノ改変ノ餘地ナキ情況タルニ於テハ如何ニ議論ヲ闘ハスモ恐ラク其效ナカルベシト思惟セラル故ニ彼ノ連絡線ヲ我カ附属地ニ引入レ一般交通ノ為メ有利ナル如クニ連絡ノ方法ヲ想定セントスルニハ之ヲ自然ノ進捗ニ放任スルナク今日ニ於テ我ヨリ進ンデ協議ヲ開キ其ノ協定ニヨリテ彼ノ專恣ナル計畫ヲ放棄セシムルニアルノミ

No.

吉長線車輌カップラーノ件（電報案、親展暗号）

四十二年二月廿六日発送

総裁

東京支社

清野理事宛

吉長線ノ車輌ハ我車輌ト連絡スルヲ得サル京奉線ノモノト同一トシ機関車六台客貨車百数十輌ヲ愈々唐山工場ニ注文スルコトニ決セリトノ報アリ之レハ是非我ト共通出来ル車輌トナスコトヽシ又使用ノ「レール」ハ六十ポンドノモノトスル由ナレトモ小サキニ過クルヲ以テ成ルベクハ八十ポンドレールノモノニ改メル様シタシ○右ハ曲尾技師長ヨリ建議セシモ採用ニ至ラサリシ由ニ付其ノ筋ヨリ清国政府ヘ交渉アル様取計アリ度

No.

明治四十三年二月一日

清野理事発電

総裁宛

逓信大臣ヨリ左ノ通リ

吉長線車輌等ノ件外務大臣トモ協議シタル處先ツ適當ノ信任アル人ヲ北京ニ派遣シ郵伝部ニ就キテ先方ノ真意ヲ探リ苟モ天下ノ交通機関トシテ此ノ如キ不通ノ議論アルヘキ筈ナキコトヲモ十分誠意ヲ以テ説明懇談セシムルヲ宜シトス他ニ適當ノ人ナケレハ佐藤ヲ遣ハシテ然ルヘキモ若シ佐藤ヲ遣ルコトトセハ館事等ニハ内分ニシ置クヲ要ス

ヨ-0022　B列5　28字×10　南滿洲鐵道株式會社

No.

四十三年三月八日

佐藤安之助

中村総裁閣下

謹啓

豫報ノ如ク吉長鉄道総辦傅良佐氏ハ昨夕奉天着、小職ハ停車場ニ出迎ヘ総辦ニ対シ公所ヘ宿泊ヲ勧メシモ已ニ準備セル旅宿アリトテ辞退セラレ単ニ晩餐ノ為メ公所ニ来ルベキヲ約シテ其旅宿ヘ向ハレ小職モ亦タ帰所、次テ総辦ハ約ノ如ク来訪、乃チ食事ヲ與ニシツヽ吉長線ニ関スル談話ヲ交換致シ候其要領ハ左記ノ如クニ御座候

ヨ-0022　B列5　28字×10　南満洲鐵道株式會社　(12. 2. 8,000冊 ...)

No.

傳ヘ曰ク、長春ヨリ石碑嶺炭礦方面ニ通スル軽便鉄道ハ貴會社所有ノモノナリトノ事ナルガ右ハ長春ヨリ東南方面ニ走リ我ガ吉長線ハ正東ニ向フガ故何レニテカ相交會スルハ己ムヲ得ザル形勢ニシテ現ニ吉長ノ長春ノ長春停車場用地ハ此軽便線ニテ横過セラレアリ加之ナラズ将来連絡線ヲ敷設スル場合ニハ是レ亦軽便線ヲ横断セザル可ラズ如此此軽便線ハ吉長線ニ對シ妨害ヲ呈シ居ルモ一方ニハ貴會社トシテ目下炭礦ノ採掘ナキ事故別ニ有用ノ線ニモ非ザルガ如ク鉄嶺其他ニ於ケル前例ヨリ見ルモ如此軍用軽便鉄道ハ撤去アリテ然ルベキモノト思ハルヽガ如何ノモノニヤ勿論本ハ外

ヨ-0022　B列5　28字×10　南滿洲鐵道株式會社　(12, 2, 3,000冊 光榮納)

No.

交官ニ非ザル故本問題ヲ外交談判的ニ提議スル次第ニハ非ズ、鉄道當局トシテ且ツ親交アル友人トシテ實際上ヨリ此不便ヲ除クベク協議スル次第ナリ

佐藤曰　該軽便線ハ鉄嶺其他ノ地方ニ於ケル如ク軍用線ニ非ラズシテ炭礦ト共ニ露国ヨリ讓與セラレタル會社ノ財産ニシテ且會社ハ此讓渡ノ為メ少カラザル金額ヲ露国ヘ支拂ヒ居レル故理由ナクシテ撤去スル事ハ困難ナルベク又炭礦ノ採掘ナキ故該鉄路ハ不要ナリト思ハルヽハ實際ヲ知ラザル為メニシテ炭礦ニハ會社ノ財産アリ此財産ヲ護ル為メ若干ノ會社員ト少カラザル守備兵駐在スルガ故此等人員

49

No.

ニ對スル交通線トシテ此線路ハ極メテ必要ナリ然レドモ若シ貴鉄道ニ於テ此線路ノ存在ガ甚ダシク妨害タリトアリテ之ヲ除去又ハ移轉ノ為メ誠心誠意ノ協商ヲ望アル、ナラバ會社重役モ必ス之レニ應スベク予モ亦中間ニ在リテ微力ヲ盡クスベシ

傳曰、該輕便線ノ敷地ハ人民ノ私有地ニシテ東満鉄路公ヨリ佔用セルモノタルガ故若シ政府ヨリ公然ノ照會ヲ發セバ會社トシテ道理上線路ノ撤去ヲ拒ミ得サルベク曾テ此件ニ付テハ松村領事ニモ内話セル事アルガ領事モ撤去ニ異議ナキモノノ如ク外務省ヨリ訓令アラバ何時ニテモ會社

No.

ナシテ撤去セシムベキト諭サレタリ

佐藤曰　軽便線用地ハ東清鉄道ノ買収セルモノニシテ現在ニ於テハ満鉄会社ノ所有地ナリ決シテ人民ノ土地ヲ借用シ居ルニ非ズ

傅曰、否、該用地ハ未買収地ナリ道台モ領事モ皆爾ク信シ居レリ決シテ買収サレシ土地ニハ非ズ

佐藤曰、予ノ記憶ハ間違ナキ筈ナリ、我会社ハ露国側ヨリ譲受ケタル証拠書類アルベシ現ニ予ガ長春停車場用地ヲ買収セル際該用地内ヲ通ズル軽便線用地ニ対シテハ当時ノ地方官モ人民モ露国ノ已買地トシテ処理シ地代ノ要求

No.

ヲ為サザリシ若シ單ニ露國側ニテ佔用セシモノナラバ彼ノ際必ズ地代ノ要求アリシナルベク其後ニ於テモ沿道ノ地主ヨリ苦情出デ居ラザル可ラズ已買地タルハ調査ヲ要セザル事也

傅曰、已買、未買、撤去未撤去ノ問題ハ之ヲ別トシテ現在者長停車場用地内ヲ鐵線路ガ横過シ居ルハ甚ダ迷惑故之ヲシテ用地ノ外ヲ通ズル様移轉シ貰ヒ度ガ如何ノモノニヤ

佐藤曰、停車場用地ヲ選ブニ當リ輕便線上ヲ避ケザリシハ甚ダ不可思議ナルモ是ハ別問題トシ若シ貴用地ノ為メ輕便線ノ移轉ヲ希望セラルルナラバ當方ニ於テモ誠心誠意必ズ協商ニ應ズヤベシト信ルモ貴方ガ當方ノミニ

No.

誠意ヲ求メ貴方ニ於テ誠意ヲ欠ク如ロキ行動アラバ協商ハ困難トナリ大局ノ為メ不利益ヲ来スベク例之ハ車輛連鎖器ノ如キ軌鉄ノ如キ吉長鉄道トシテハ是非トモ満鉄ノモノト同様式タラシムル事必要ナルニ顧意ヲ茲ニ置カズシテ連鎖器ヲ京奉式トシ軌鉄ヲ六十ポンドモノニ確定セントスルハ会社ノ感情ヲ害スルノミナラズ実際ニ於テ非常ナル不利益ヲ来スモノナリ此事ニ就テハ予ハ総裁ノ内訓ヲ受ケ将ニ北京ニ赴キ郵伝部ノ当局ト商量セントシツヽアル所ナルガ貴方ニ於テ若シ真ニ大局ヲ顧念シ此等ノ点ヲ改ムルニ吝ナラザルニ於テハ軽便線問題ノ如キハ易々タルノミ

ヨ-0022　B列5　28字×10　南満洲鐵道株式會社　(12, 2, 8,000冊 大阪納)

No.

傳曰、連鎖器ハ清國鉄道一般ニ奉天式ト同様ニテ我國ノ規準式ニ則レルモノ故到底改メ難カルベク又軌鉄ハ吉長線現在ノ情況上六十ポンドニテ十分ナリ沿道出貨ノ情況ハ決シテ八十ポンドヲ要セズ且ツ了ハ總辯トシテ貧乏ナル吉長鉄道ノ為メ高價ヲ擲テ不要ナル八十ポンドモノヲ購入スルノ愚ヲ為シ難シ

佐藤曰、吉長南満兩線ハ彼此相通シ吉林ノ貨物ハ吉長ノ車輛ニテ大連埠頭ニ達シ大連、奉天ノ乗客ハ乗換ヲ要セズシテ吉林城門ニ着シ得テコソ公衆商賈ノ便益ナレ兩鉄道ノ利益ナルニ之ヲ想ハザルハ却テ甚タ愚ナラズヤ且ツ八十ポンドモノ

No.

ハ費用高シト云フモ之ヲ購フテ満鉄ノ汽関車ヲモ通シ得ル如ク敷設セバ将来ノ収益増大シ前年ニ費セルモノヲ償フテ餘リアルニ至ラズヤ

佛氏、車輛ニハ多分高低ニ様ノ連鎖器ヲ附スモノ若干ヲ造ル様考案セラルベキモ六十ポンド軌鉄ヲハ八十ポンドト為ス事ハ到底承諾セラレザルベシ現ニ京奉鉄道ニ於テモ関内線ハ八十ポンドナルモ関外線ハ一般ニ六十ポンドニシテ従来何タル故障ヲ見ザリシナリ

佐藤氏、貴方ニ於テハ軽量ノ汽関車ヲ使用セントセラルルガ故六十ポンドレニテ十分ナリト思考セラルルナランガ満鉄ノ最重汽

ヨ-0022　B列5　28字×10　南満洲鐵道株式會社　(12, 2, 8,000冊 北越納)

No.

関車ハ六十ポンドノ軌鉄上ヲ走行シ得ザルガ故彼此共通ノ利益ヲ得難シ此利益ハ決シテ満鉄ノミノ得ルモノニ非ズ者長トシテ極メテ必要ナル利益ナリ

傳曰、若干ノ車輌ヲ彼此ノ線路上ニ走行セシムルハ可ナランモ汽関車ヲ通ズル事ハ郵傳部ノ絶對ニ承認セザル所ナルベク現ニ京奉線ヘハ満鉄ノ汽関車ヲ入ルヽ事ヲ承認シアラザルニ非ズヤ

佐藤曰、満鉄吉長ノ両線ハ一體トナリテ東三省開発ニ資セザル可ラザルニ貴語ノ如ク汽関車ノ走行ヲ承認セズト云フハ其理由ヲ知ルニ苦シム所ニシテ貴当局ニ於テ抵レト

No.

協力シテ両國ノ利益ヲ擧クルノ誠意ナキモノト疑ハザルヲ得ズ。如此ナラハ輕便線問題モ或ハ滿鐵ニ於テ承認セザルヤモ知リ難シ。尚ホ吉長線トシテ必要ナルハ滿鐵トノ連絡ノ一事ナルガ今日迄ノ消息ヲ聞クニ停車場ハ之ヲ東門外ニ選ビ線路ハ此處ヨリ發起シホボ滿鐵線トノ連絡ニ付何等ノ考慮ナキガ如クニ見ユルガ抑モ三年前ニ予ガ長春停車場用地ヲ買收セシ際ニハ南滿吉長両鐵道共用ノ為メトシテ彼ノ如キ廣濶ナル土地ヲ買收シ置ケルナリ。若シ吉長線ノ停車場ヲ別ニ設クルナラハ現在滿鐵附屬地ノ如キ地勢ノ場所ヲ選ハザルモ可ナリシナリ

予ハ吉長鐵道ガ何故ニ滿鐵ニ對シテ停車場敷地ノ分與ハ方ヲ

要求セズシテ不便ナル東門外ニ別ニ敷地ヲ選ビシヤヲ究却ニ疑

ヒツヽアルナリ

傳聞、吉長ノ停車場ヲ東門外ニ選ビシハ満鉄附属地ノ周囲ヲ商埠局ニテ買收シ停車場用地ハ勿論、線路通過ノ為メノ用地トシテスラ讓與ヲ道台ニ於テ諾セザル為メナリ且満鉄ハ共用地ヲ一畝千吊文ニテ買收シ商埠局ハ其後一層ノ高値タル千三百吊文ニテ買收セリ之ヲ吉長購地係カ購買セントスル一畝四百吊文ニ比較スレハ非常ナル差異ニシテ吉長鉄道トシテ経済上満鉄及商埠地ノ如キ高價ノ土地ヲ購買シ難ク東門外ニ選ベルハ眞ニ已ムヲ得ザリシナリ

No.

佐藤曰、道岔ニ於テ商埠地ノ通過ヲ許サザル様ナラハ将来満鉄吉長両者ノ連絡ハ絶望ナランガ如何

傅曰、連絡ノ為メ線路通過ニ要スル土地ハ商埠局ニテ租借シ呉ル、答ナリ

佐藤曰、然ラハ満鉄附属地内ニ吉長ノ停車場ヲ移シ満鉄ノ駅ニ隣接セル所ニ吉長ノ駅ヲ置キ成ルベク諸設備ヲ共通トナス方當局者ノ為メ便利ナルノミナラズ公衆ノ為メニモ亦非常ナル便利アルベシ

傅曰、吉長鉄道ハ将来会寧ヘ延長スベク然ル場合ニハ長春停車場ハ非常ニ繁栄スベキ運命ヲ有スルガ故ニ満鉄附

ヨ-0022　B列5　28字×10　南満洲鐵道株式會社　(12, 2, 3,000部 光潮納)

No.

附地内ノ小地区ヲ讓受ケルノミニテハ吉長線ノ為メ不足ナリ別ニ停車場ヲ設クルハ必要ナリ

佐藤曰、別ニ停車場ヲ置クモ可ナラン唯南満吉長ノ両駅ガ同一場所ニアル事ハ通運ノ為メ旅客ノ為メ極メテ必要故之ヲ言ヘルノミ但若シ満鉄附属地ニ於テ適当ナル地区ヲ求メラレントスル希望アラハ成ルベク早ク其希望ヲ満鉄ヘ通シ置ク方便利ナルベシ何トナラハ該附属地ハ日ニ月ニ発展シ遠カラズシテ一塊ノ空地ヲモ剰サザルニ至ル可ケレバナリ

傅曰、御芳志多謝ス自分モ北京ニ赴ク筈故同地ニテ會合シ相與ニ郵傳部ニ出頭シ當官ノ面前ニテ本日會談セル

No.

總テノ問題ヲ商量セバ最モ効果アルベキガ故ニ貴君ノ北京行ヲ切望ス

右ニテ談話ヲ終リ再會ヲ約シテ相別レ申候傳ハ本日出発シテ天津ヘ急行、来ル十一日同地ニテ行フ軌鉄入札ノ開札ヲ済シ十二日入京ノ答ニ有之小職ハ明朝出発十日夕刻迄ニ着京致ス豫定ニ御座候

傳ノ口吻及天津ニ於ケル開札ノ事實ヨリ察スルモ軌鉄ノ方ハ到底協商六ヶ敷シカルベシト存ゼラレ候此點ハ御含ミ願入候

先ハ右報告ノミ余ハ北京ヨリ申進ムベク候

草々敬具

No.

四十三年三月十二日

佐藤安之助

中村總裁閣下

謹啓

一昨夜着京仕リ候

小生ノ腹案ハ先ツ良弼ヲ説キ落シ彼レヲシテ徐世昌等ヘ南方ノ希望ヲ吹キ込マシメント存ゼシニ有之シモ良ハ満濤貝勒ノ随員トシテ日本行ノ準備ニ忙ハシキ由承知シ少シク失望仕候

昨朝公使館ニ赴キ先ツ本多書記官ニ面會致候

本多氏曰ク、此事ハ頗ル難問題ナリ満鉄ノ希望モ理窟ナルベケ

62

No.

レドモ支那側ノ處置モ亦十分ノ理窟アルヤモ知レズ即チ軌鉄ノ如キ吉長ノ現在ノ営業豫想トシテハ之レニテ十分ナリ若シ満鉄機関車ノ為軽キニ過クトノ事ナラバ満鉄ノ軽キ機関車ノミ通ズル事トナサバ可ナラズヤトノ議論モアルベク連鎖器ニ於テモ亦満国トシテハ一般ノ制式ニ準據スベキ必要アリ吉長線今日ノ関係ハ成ルホド満鉄トノ接續ヲ主トスベキモ将来ハ然ラズ満国鉄道ノ幹線計畫上錦愛鉄道ノ某地點ヨリ一線ヲ長春ニ出シ吉林方面ニ接續セシムル等故其場合ニハ京奉錦愛ノ車輛ハ吉長ニ入ラサル可ラズ之ヲ想ヘバ連鎖器ヲ満鉄式トナシ置ク事ハ非常ナル不利ナリ、満国ハ到ル所大陸式ヲ採用シ居ルニ満鉄独リ米国式

No.

ニ據リ居ルハ一般交通ノ爲メ取ラザル所故滿鐵ノ方ヨリ早ク速
鐵器ヲ改良スル事必要ナリト反對ニ抗論シ來ルヤモ知レズ兎ニ
角現在ノ郵傳部ハ滿鐵トノ交渉ニ關シ公使館方面ヨリノ干渉ヲ
受クル事ヲ絶對ニ避ケツヽアリテ鉄道廳ト鐵道廳ノ商量ニ外交
官ノ嘴ヲ容ルヽハ不都合ナリトノ語氣ヲ漏ス事サヘアルガ故此
問題ニ於テモ滿鐵ガ直接郵傳部ニ交渉スル事ハ最モ至當ノ策ナ
ルベク事ノ成敗ハ別トシテ十分此機會ニ滿鐵ノ希望ヲ通シ置カ
ル事ハ必要ナラン云々

次ニ伊集院公使ニ面會致候

公使ハ小生ノ來意ヲ聽カレタル後頻リニ時機ノ遲クレタルヲ

ヨ-0022　B列5　28字×10　南滿洲鐵道株式會社　(12. 2. 8,000冊 光耀號)

No.

嘆カレ居リ候処使曰、満鉄ト吉長トノ連絡ハ條約ニ明記セル所故若シ先方ニテ連絡ヲ等閑ニスル如キ事アラバ政府トシテ堂々抗議ヲ申込ミ得ル次第ナリ實ハ昨年末長春ニ於テ吉長ノ當局者ガ停車場ヲ選ブニ際シ満鉄トノ連絡ニ頓着ナク頗道台ノ如キハ商埠地ヲ吉長ニ譲ラズト主張シ満鉄ト吉長トノ間ニ妨害ヲ入レツヽアル事サヘ傳聞セル故松村領事ヘ訓電シ吉長ノ當局ヘ對シ連絡ニ関スル詰問ヲ公文ニテ送リ其回答ヲ公文ニテ求ムル様申送リシガ其後外務省ヨリ電報來リ連絡ノ事ハ満鉄ト吉長トノ間ニ直接商議シ度曲旨満鉄當局ヨリ申出デアリシ故領事ヲシテ交渉セシムル事ハ中止セヨトアリシ故其儘トナレル次第ナルガ満

65

ヨ-0022　B列5　28字×10　南滿洲鐵道株式會社　（12．2．8,000番 光閣納）

No.

鉄ハ何故今日迄ニ十分商議ヲ遂ゲザリシヤ甚ダ怪訝ニ堪エズ、殊ニ既ニ材料ノ註文ヲ発セントスル今日ニ至リ如此事ヲ申出ヅルモ最早或ハ修正ノ餘地ナキヤモ知レズ返ヘス返ヘスモ遺憾ナリ、併シ兎ニ角貴君ノ北京アリシ事故郵傳部ノ當局ニ面シ一應ノ相談ヲ試ムル事ハ良好ナルベシ若シ貴君ノ内談ニテ成功セザル時ハ當方ヨリ正式ニ交渉ヲ行フノ道アリ清國側ニテハ或ハ軌鉄ヤ連鎖器ノ如キハ連絡問題ニ關セズト主張スルヤモ知レザレドモ條約ニ言フ所ノ連絡ハ單ニ線ノ連絡ニ非ザル事ハ常識上考ヘ得ル事故飽ク迄モ抗議ヲ申込ムベシ但シ軌鉄ハ已デニ天津ニテ入札ヲ終リ買賣契約ヲ訂セル筈故最早如何トモ爲シ難キヤモ知レ

No.

ズ、時機ノ遅レシハ誠ニ遺憾ナリ云々トノ話有之候

右ノ如ク書記官ト公使トノ意見異ナリ居ル事ハ稍注意ヲ要ス
ル事ト存候

青木少将及高尾通譯官ノ談話ヲ綜合シテ判断スルニ目下北京ニ
於ケル日本外交ハ勿論日清ノ関係ハ非常ナル苦境ニ陥リ居リ清国ハ
常ニ日本ヲ敵視シ居ル為メ事々物々交渉困難ニシテ目下北京ノ
外交界ハ米国ノ独舞台ニ帰シ居ル由ニ御坐候米国ノ如此全盛ト
ナレル原因ハ彼ノ償金還附ニ始マレルナルモ「ストレート」ノ活動與
リテ力多ク彼レハ北京ニ一大邸宅ヲ構ヘ盛ンニ黄金ヲ散シテ大官
連ト交際シ外交部ノ首脳者ハ殆ンド悉皆彼レノ捕虜トナリ

ヨ-0022　B列5　28字×10　南滿洲鐵道株式會社　（12. 2. 3,000冊 光源納）

No.

居リ、錦愛鉄道借款成立セルモ其ノ一分乃至二分ハ外交部員ノ手中ニ落ツベク堅キ約束ハ成立シ居ル由傳ヘラレ居リ候

本多書記官ハ例ノ氣焔ニテ頻リニ日本ノ不甲斐ナキト同時ニ滿鉄ノ無氣力ヲ攻撃シ重役ガ常ニ大連ニノミ屏息シ居ル為メ清國ノ大勢ヲ知ルニ由ナク殊ニ總裁ノ如キ未ダ曾テ北京ヘ來リ大官連ト交ヲ結ビタル事サヘナキハ滿洲經營ヲ双肩ニ荷ヘル人トハ思ハレズナドト罵倒シ居ラレ且曰ク、滿鉄トシテハ滿洲ノ經營ヲ圓滑ナラシムル為メ是非トモ一大社員ヲ北京ニ置キ之レニ十分ノ機密費ヲ與ヘテ諸種ノ活動ヲ為サシムル事必要ナルガ如此事ニ着眼セザルハ實ニ大會社ノ遣様ナク眼目豆ノ如キ重役ノ揃ヒ居ルハ慨嘆

No.

ニ堪エズ「ストレー」トレガ北京ニ在リテ着々満洲ノ利権ヲ得ツツアルハ偶然ニアラザル事ヲ知ラザル可ラズ云々　小生窃ニ想フニ奉天ニ小生如キモノ在リテスラ外交官ハ之ヲ邪魔者視シテ利用ノ道ヲ計ラザルニ北京ニ小生ヨリ更ニ大ナル社員来リ清国側ハ幾様ノ交ヲ為サベク使館側ニテ如何ニ邪推シ準備スルヤモ計リ難シ今ノ伊集院公使ハ無ラザルベキモ滔々タル外交官連ニ恐ラクハ此癖アラン、来文ノ言ヤ可ナリト雖モ実行ハ即チ容易ナリトハ言ヒ難シ

昨日徐世昌ト梁士詒トヘ面会ヲ申込ミ候處梁ハ折悪シク山東面ヘ旅行中ノ由ニテ一両日中ニ帰京スベキ故梁ノ帰来迄會見ヲ待チ呉レトノ旨徐ヨリ本日特使ヲ以テ回答有之候處今十五日又

69

No.

ハ十六日ニハ面會出來得ベク其折ハ傳總辦モ來リ得ベク候故

旁々好都會ト存シ候

草々敬具

ヨ-0022　B列5　28字×10　南滿洲鐵道株式會社　(12.2.8,000冊)

No.

四十三年三月十五日

佐藤安之助

中村総裁閣下

謹啓

一昨日ノ日曜ヲ利用シ徐世昌ノ自宅ヲ訪問仕リ候公式ノ面会ヲ本日ト定メ居リ候故面会シ呉ルヽヤ否ヤト気遣ヒシモ幸ニ在宅ニテ面会シ呉レ三十分計種々旧ヲ談シ閣下ノ伝言ナド伝ヘ今回ノ来意ハ吉長南満両者ノ利害ニ関スル事ヲ相談ノ為メ派遣サレシ次第故何レ郵伝部ヘ出頭ノ折、詳細面談スベシトノ前觸レ丈ニ止メ辞去仕リ候

ヨ-0022　B列5　28字×10　南満洲鐵道株式會社　(12, 2, 3,000冊 光耀號)

No.

本日午後三時約ノ如ク更ニ郵傳部ヘ出頭、先ツ徐世昌ニ面會次テ梁士詒トモ會談、前後ニテ約二時間殆ンド休止ナク饒舌リ續ケ、歸途ハ口舌ノ疲勞ヲ感ゼル程ニ有之候モ其割合ニ効果ノ見エザリシハ誠ニ遺憾ノ極ニ御座候

徐尚書ハ左侍郎王大燮ト右侍郎沈雲沛ノ両人ヲ帶同シテ出テ来リ候モ両侍郎トモ餘リ多クヲ語ラズ唯徐世昌ノミ小生ト應答仕リ候

徐世昌ノ答辞ハ極メテ簡單ニ御座候即チ貴説ハ尤モノ次第ナルガ吉長鐵道ニ對シ如何ナル材料ヲ用フベキヤハ先年已ニ両國技師ノ間ニ商量サレ其意見ニ由リテ豫算ヲ作リ借款額ヲ定メ

ヨ-0022　B列5　28字×10　南滿洲鐵道株式會社

No.

シ事故今日トナリ之ヲ改メルハ難シ而カモ已ニ材料ノ註文ヲ發セル今日ニ於テオヤト云フニ有之候

軌鉄ハ注文後故改ムル事困難ナル事情アリトスルモ車輌ノ方ハ今ヨリ製造セシムルモノナルヲ以テ之ヲ改ムル事難カラザルベシト語リシニ車輌ノ様式ヲ變ズル事ハ一般ノ制式ヲ破壊スル次第故忍ビ難キモ若シ連鎖器ヲ変ル方法ニテ高低両様ニ使用シ得ル如ク作ル事ヲ得バ之ヲ為スモ可ナルベク要ハ専門家ノ意見ヲ徴スルニアリト答ヘラレ申候

梁士詒ノ答辯ハ稍ヤ具体的ニ有之、連鎖器ニ付テハ徐ト同様、清國一般ノ制式ニ従フベキ必要ヲ理由トシ又軌鉄ニ付テハ吉長鉄道ノ経済関係上六十磅ニテ十分ナリト云フニ有之、車輌

ヨ-0022　B列5　28字×10　南滿洲鐵道株式會社　(12, 2, 3,000冊 光麗明)

No.

ノ相互線路上ヲ進行スベキ件ニ関シテハ全ク其ノ必要ナシト論シ居リ候

案曰、吉長ノ如キ短線鉄道ニ於テハ十分自己ノ経済ヲ維持セサル可ラズ沿線ノ物資ハ決シテ多額ナリト言フヲ得ズ輸入物貨ノ如キハ更ニ少額タルヤ明セリ此状況ニ於テ満鉄ノ車輛ヲ吉長ニ入レ吉長ノ車輛ヲ満鉄ニ入ルヽトセシカ満鉄ハ利益ヲ得ベキモ吉長ハ損失ヲ蒙ハサル可ラズ将来ノ運輸状況ヲ豫想スルニ輸出ハ遥ニ輸入ヲ超過スベク若シ吉林ノ車輛ヲ以テ貨物ヲ大連埠頭ニ運ハント企ツルアラバ吉長ノ為メ不利益ニ大ナリ何トナレバ吉長ハ僅ニ八十ノ車輛ヲ存セントスルニ過ギサル故之ヲ吉長線内ニ用ヒレバ

No.

四個ノ列車トシテ有益ニ運用シ得ベキモ遠ク四百三十哩ノ大連ヘ送ランカ營業上不利言フベカラザルモノアリ、故ニ吉長ヲ南滿線ヘ入ルヽ事ハ到底行フ可ラザル事ト確信ス而シテ又滿鐵ノ列車ヲ吉長ヘ入ルヽ事ハ吉林方面ノ輸入關係上決シテ必要アリト認ムルヲ得ズサクトモ吉長鐵道ノ經濟ヲ危フシテ迄モ滿鐵列車ノ爲メニ此準備ヲ爲シ置クノ必要アリト思ハレズ、總ジテ支線ハ幹線ヲ養フモノナルガ故動モスレバ幹線ノ爲メニ利益ヲ奪ハレ支線ノ獨立ヲ危ウセラレ易シ、若シ支線、幹線ニシテ同一會社ニ屬スルモノナラバ之ヲ彼ニ失フモ此レヲ之ニ得ルガ故ニ相償ウテ尚ホ利益ヲ見ル事ヲ得ベキモ別個ノ經濟ニ屬スル鐵道ニ於テハ支線タルモノ極メテ

ヨ-0022　B列5　28字×10　南滿洲鐵道株式會社　(12.2.3,000冊 光彩納)

小心ナラザル[illegible]徒ラニ幹線ヲ肥スニ終ルベシ殊ニ吉長ノ經濟ハ甚ダ困難ニシテ借款ノ利息ヲ二十餘萬圓トシ一年ノ營業費其他ノ諸費ヲ四十餘萬圓トセバ合計年額六十餘萬圓トナル、果シテ此短距離鉄道ヨリ此巨額ノ年費ヲ支出シ行キ得ルヤ甚ダ心細キ感ナカラザルヲ得ザルナリ、事情如此ナルヲ以テ滿鉄ノ為メ利益ヲ想ハザル準備ニ非ラザルモ自己ノ經濟上ヨリ滿鉄ノ希望ニ反カザルヲ得ザル事多カルベシ、是ハ予ガ鉄道司長タル經驗上有体ニ自白スル次第ニテ例ヘハ予ヨリ幹線ノ便利ヲ計ルベク命ズルモ總辦タルモノハ恐ラク自己ノ立場トシテ自己鉄道ノ損失トナルコトハ之ヲ肯ンゼザルベシ、例之ハ京漢線ニ對スル道清線、汴洛線

ヨ-0022　B列5　28字×10　南滿洲鐵道株式會社　(12, 2, 3,000冊 光藤納)

No.

ノ如キ皆同様ノ関係ニテ支線ノ総辦ハ容易ニ本線側ノ要求ニ應セザル事多シ、然レドモ連絡ハ事重要ナルガ故長春ニ於テ十分ノ連絡ヲ行ヒ得ルガ如ク協定セン事ハ帝ノ希望ナリ云々

右ノ如ク某局長ノ意見ハ吉長ノ経済ヲ骨子トシテ相互ノ共通ヲ施設ニ拒ミ居ル次第ニ有之、到底議論ノ余地無之ト考ヘラレ申候

連鎖器ノ點ハ要ハ研究ノ結果、遊動的ノモノヲ作ルヤモ知レズ候ヘ共満鉄ハ已デニ注文ヲ発シ居リ且経済上八十磅モノヲ使用シ難シト明言シ居ル事ニ候間最早到底変更シ難カルベク此上ハ曲尾技師ヲシテ枕木ノ数ヲ増加シ八十磅モノト同様

ヨ-0022　B列5　28字×10　南滿洲鐵道株式會社　(12. 2. 8,000冊 光陽堂)

No.

ノ効力ヲ保タシムル様ナスノ外策アラザルベシト存候

梁ハ尚ホ吉長ノ連絡ヲ京奉ノ例（国沢フオレー協約）ニ倣ヒ協定シ度故若シ差支ナクバ小生ニ尚ホ数日北京ニ留リ此任ニ当リ呉レトノ話有之候ガ小生ハ此件ニ付何等ノ権限ナキ故一応満洲ヘ帰リ復命シタル上総裁ノ意向ヲ質シ何分ノ回答ヲ為スベキ旨ヲ答ヘ置候

尚ホ梁ハ会社ガ本件ニ付キ政府ノカヲ借ルコトセズ直接懇談的ニ社員ヲ派シ来レル事ヲ非常ニ満足ニ思ヒ居ル旨ヲ繰リ返シ小生ニ漏シ居候

徐及梁ニ対スル小生ノ使命ガ上述ノ如ク無効ニ終リ候事ハ寔

No.

ニ遺憾ニ御座候ガ西氏トモ極メテ打解ケ話シ呉レ會話中毫モ隔意ノ様子ナカリシハ非常ニ愉快ニ感セシ次第ニテ或ハ之レガ支那人ノ外交ニ巧ミナル為ナルカモ知レズト考ヘラレ候ヘ共兎ニ角眞情ヲ吐露スル模様相見エ申居リ候。

小生ハ明朝右ノ情況ヲ公使ヘ報告シタル上、午後ノ汽車ニテ天津ヘ下リ明後日同地ノ新總督陳夔龍氏ニ面謁シ明後々日（十八日）出發歸奉ノ豫定ニ御座候

内垣氏ハ明日午後四時郵傳部ヘ出頭ノ當局者ヘ面會スル事ニ漸ク極リ候由ニ御座候

余事ハ歸奉後ニ讓リ申候　草々敬具

乱筆御推讀願大候

ヨ-0022　B列5　28字×10　南滿洲鐵道株式會社　(12. 2. 8,000冊 ...)

No.

吉長線連絡協商委員ニ関スル書状

（郵傳部鉄路総局長ヨリ）

敬啓貴書拝見仕候吉長鉄道ノ工事追々御進捗相成候ニ付該線及敝線ノ聯絡ニ関シ新奉吉長両鉄道協約第五條ニ照シ敝此各ニ委員ヲ派遣シ聯絡問題ヲ協定可致事ト存候因テ敝社ハ已ニ工務課長堀三之助ヲ以テ商定委員ト相定メ候ニ付貴署ヨリモ至急委員ヲ長春ニ派遣シ會同協商セシメラレ度候已ニ委員御派定相成居候ハヾ該[illegible]ノ其姓名及協商時日ヲ御示知有之度云々ノ御来諭拝承致候敝署已ニ吉長鉄路総辦當局傳良佐ヲ以テ商訂聯絡路線委員ト定メ長春ニ派遣致候就テハ満鉄

No.

八月初一日ヲ期シ長春ニ於テ協商致度候間貴會社ヨリ同期日迄ニ同地ヘ委員御派遣相成度希望致候　敬覆

滿暦七月二十五日　　梁士詒啓

中村總裁閣下

ヨ-0022　B列5　28字×10　南滿洲鐵道株式會社　(12, 2, 8,000冊 光潮納)

88

No.

委任状

工務課長堀三之助ヲ代人ト為シ左ノ権限ノ事ヲ行ハシム

一、吉長鉄路ト南満洲鉄道トノ連絡協商ニ関スル一切ノ件

右委任状如件

總裁

ヨ-0022　B列5　28字×10　南満洲鐵道株式會社　(12. 2. 8,000冊 光潮納)

No.

謹啓仕候

去ル三日当地着直ニ傳總辦ヲ南門裏街ニ訪問會議ノ場所等ニ就キ打合ヲ為シ

四日日曜ナルヲ以テ接續線ノ巡視ヲ為サントセシニ傳氏西尾氏等モ同行案内セラルヽコトヽ成レリ、午前傳氏ノ来訪ヲ受ケ會議ハ道台衙門ニ於テ為スコトヽナレリ午后私停車場ヲ案内ニ連絡線、ヨリ伊通川ヲ見吉長驛内ヲ巡視ス工事ハ先以テ五分通リノ竣工ト見ルモ可ナラン、尤モ連絡線丈ハ土工ノ八分通リヲ竣工シ伊通川モ九分通リ竣工致居候停車場構内ハ目下地盤中機関庫ハ基礎　方ニ着手停車場本家等ハ未着手ニ有之候鉄道

ヨ-0022　B列5　28字×10　南滿洲鐵道株式會社　(12, 2, 3,000冊 [illegible])

No.

局事務所ハ最早大体出来上リ目下宿舎十七棟ノ建設中ニ有之
候求者ニ非ザレバ引継ハ出来ズトノ事ナリ
五日午前八時半ヨリ道台衙門ニ於テ開議ヲ始ム出席スル者
ハ当方ヨリハ細野通訳ノミナリシガ先方ニテハ施通訳ノ外曲庭
、張氏等出席顔道台モ時ニ席ニ就キ居候此ノ日ハ第七條迄
ヲ議セシニ接續線ノ共用、乗客列車ヲ相互ニ先方駅迄運轉
スルコト及建設保存費並ニ用地等ノ條項ニ就キ意見不合ナ
來シ他ハ当方ノ案ニ同意ヲ表シタリ意見衝突ノ點々ハ尚ホ熟
考ヲ煩ハス事トシ充分ノ説明ヲ與ヘ置キタリ
六日午前九時ヨリ開議先ヅ前日引續キ第八條ヨリ協議ヲ

No.

嵌メタリシニ多少文句ノ修正ヲ要スル點アリシ外大体ニ於テ第十四條迄ヲ議了シ尚ホ前日ノ懸案ニ屬シタル條々ヲ論議セシカニ概略列車ヲ先方迄送ラサル事ハ遂ニ當方ノ意見ニ賛シタリ併シ貨物列車ハ双方運轉シ積ハ主トシテ先方驛ニ於テ之ヲ為シ場合ニ依テハ當驛ニテモ為スモノトスル事ニ合議致シ其レニテ全部大要ヲ議了致候

太陽暦ヲ計算締切ニ用ユル事先方ニテハ何處迄モ不賛成ヲ唱ヘタリ依テ陰陽ノ文字ヲ省キ他日協議決定ノ事ト致シ置候

東清線ノ連絡事項ハ今回ノ事項トシテハ關係ナキモノトシ先方ノ意見モ有之候間相省キ置候

ヨ-0022　B列5　28字×10　南滿洲鐵道株式會社　(12, 2, 8,000冊 光耀納)

No.

軽鉄ノ事ハ當方ノ意見通リ略内定致居候由ナレド用地土工等入費相懸リ候事ナレハ先方モ此際ニハ何カ唱道シテ来ルラシク今ノ内解決セザレハ益々用地其他ニ困難ヲ来スベクニ付キ本閣議決定後直ニ問題ト致度存居候領事及顧道台ノ方モ右様相運ビ候様頼居候御承知置被下度候

今七日ハ某清国大臣来長先方ノ都合アリ閣議休止小生ハ午前ニ是氏ヲ案内シ構内巡視致候氏ハ明朝當地出発致候答

明日閣議ノ都合ニテ調印ノ日取モ確定可致ト存候間御承置被下度候

一昨夜ハ陳、顧両辨ヨリ盛大ナル夕食ノ招待ヲ受ケ領事其他

ョ-0022　B列5　28字×10　南満洲鐵道株式會社　(12, 2, 3,000冊)

No.

日本人多数ノ出席者アリ

右ニ就キ閑議相済候上ハ傳總辦、趙道台外吉長ノ数名及領事等ヲ當大和ホテルニ招待スル積ニ付キ（右答禮ノ為）御承知置被下度候

當吉長構内及市街地ノ本年度工事ハ中々多数ニ有之候處而期昨今相済候處急ニ寒気ヲ催シ候有様ニテ今後ノ事ヲ考レハ昨年同様不相替成績不宜事ニ陥リ可申ト懸念致居候依テ此處二ヶ月間充分ニ手ヲ盡シ度候間一両日閑議相済候後滞留右取極申度候

連絡線ノ内當長春構内ニ属スル部分ハ早速工事ニ着手致

ヨ-0022　B列5　28字×10　南滿洲鐵道株式會社　（12, 2, 6,000冊 [illegible]）

No.

度候間是レモ滞在中決定致置クベク候

先ハ乱筆ニ候得共御判讀被下度候　以上

九月七日晝　堀三之助

國澤様

ヨ-0022　B列5　28字×10　南滿洲鐵道株式會社　(12, 2, 8,000册 光園納)

No.

長公発第六九号

明治四十三年九月十一日

奉天公所長春出張員細野喜市

庶務課長代理川村鉚次郎殿

拝啓

吉長、南満両鉄道聯絡協定事件ニ付キ堀工務課長ノ命ニ依リ九月三日ヨリ該協議ニ関スル事務ニ従事致居候昨十日午后四時傳総辦ト堀委員トノ間ニ調印済ニ有之双方満足ニ解決シ堀委員ハ昨夜大和ホテルニ於テ宴会ヲ開キ傳総辦、顧道台、領事其他主ナル日清人ヲ招キ無事協定ナル終結ヲ告ゲ候条及報

ヨ-0022　B列5　28字×10　南滿洲鐵道株式會社　(12, 2, 8,000部 光潮納)

No.

告催也

ヨ-0022　B列5　28字×10　南滿洲鐵道株式會社　(12, 2, 8,000冊 光麗納)

No.

吉長南満両鉄道間電信電話施設ニ関スル件

副総裁

東京支社 清野理事宛

吉長南満両鉄道接続協定書第五條ニ基キ電信電話ノ施設ニ関シ左記ノ通協議致候處別紙第一號ノ通申出有之候ニ付更ニ別紙第二號ノ通回答致置候鉄道院ヘ報告方等可然御取計被下度此段得貴意候也

記

一、電信電話ノ建設及機械ノ装置並保守ハ両鉄道ニ於テ各所属地内ヲ負担スルモノトス

No.

二、回線ノ方式ハ電話ハ単線式電信ニ在リテハ開電式トシ所要ノ電流ハ一〇ミリアンペーアトシ南満ヨリ吉長ニ向ヒ積極電流ヲ送ルモノトス

三、電信用語ハ英語ヲ用フルモノトス

No.

（第一号）

敬復貴墨拝読御求示ノ趣委細領承仕候御示シノ第一第三両條候何レモ命ノ如ク辨理可致候唯第二條開電式装電ヲ用フルノ一節ハ貴命ニ遵フヘキ筈ナルモ奈何セン敝路全線内用フル所ノ電信均シク莫爾斯機閉電式ヲ装用致居候故ニ若シ開電式ヲ用ヒバ壹ニ機器ヲ別ニ購置スヘキノミナラス且ツ全路電信ト適合セス不都合多々相生シ申候因テ特ニ貴會社ニ御相談申上候閉電式ニ御改用相成リテハ如何ニ左候ハバ雙方共ニ妨碍無之コトト存申候若シ貴會社ニ於テ是非ニ開電式ヲ採用セントセラルヽナラハ本路ハ唯聯絡線車站々房内ニ於テ式ニ照テシテ之ヲ安設シ以テ貴處開電ト直接セシムヘク候即チ又貴

No.

處ニ請求致シ候儀ハ貴處亦閉電式一具ヲ添設セラレ之ニ多ク電線一根ヲ掛ケ以テ敝處閉電ト直接セシメラレ度此ノ如ク融通辦理セハ彼此均シク困難ノ情形ナカラント存候茲ニ敝局電報處ノ呈札ヲ附上シ御参考ニ供シ候謹ンデ御高裁御回答ヲ願上候　敬具

二月初七日

吉長鉄路局

中村総裁殿

ヨ-0022　B列5　28字×10　南満洲鐵道株式會社　（12. 2. 3,000部 光潮納）

No.

第二號

總裁

吉長鉄路局總辦宛

吉長南滿両駅間電信ノ方式ニ関シ二月初七日付ヲ以テ開電式ヲ採用致候事ハ貴局ニ於テ御差支ノ趣御申越ニ付開電式ヲ採用スル事ニ可致候得共右ハ單ニ頭道溝振客取扱所ト貴鉄路長春駅間ノ回線ニ過キス候間將來ノ爲メ豫メ豫備線トシテ此際更ニ電線一條ヲ増架致置度尚ホ明治四十四年一月廿五日付工甲第一六五一號照會中第二項ヲ左記ノ通リ変更致候間御諒知相成度此段得貴意候

敬具

記

No.

二、回線ノ方式ハ電話ハ單線式電信ニ在リテハ閉電式トシ所要電流ヲ一〇「ミリアンペーアル」トシ而シテ南滿ヨリ吉長ニ向ヒ消極電流ヲ送ルモノトス

庶甲第六二号ノ一　総裁

在北京
伊集院公使宛　（親展）

謹啓

吉長南満両鉄道間ニ於ケル電信電話ノ施設ニ関シ左記ノ通吉長鉄路局総辦ニ照会致候處別紙第一号ノ通申出有之更ニ第二号ノ通回答致置候間御承知置被下度此段得貴意候也

記

（李華文杜宛ト同シ）

No.

ヨ-0022　B列5　28字×10　南満洲鐵道株式會社　（12. 2. 3,000冊 光親納）

97

No.

別紙

第一号 （東京支社送リノモノト同シ）

第二号 〃

ヨ-0022 B列5 28字×10 南満洲鐵道株式會社 (12. 2. 3,000册 光製納)

No.

尚ホ右ノ件ハ總裁名ヲ以テ關東都督ヘモ報告セリ

ヨ-0022　B列5　28字×10　南滿洲鐵道株式會社　（12. 2. 3,000冊　光棚納）

No.

明治四十三年九月十一日

於長春

工務課長　堀三之助

副總裁國澤新兵衞殿

吉長、南滿兩鐵道聯絡協定ノ件

九月二日　大連出發

九月三日　長春着午前十時吉長鐵路局ニ傳總辦ヲ訪問シ聯絡協定會議開始方法ニ付諸事打合ヲ為セシガ傳總辦ノ意向トシテ吉長鐵路局事務所ガ狭隘ニシテ會議所ニ適セザルハ總辦ヨリ道台ニ交渉シテ

No.

道岔衙門ノ一部ヲ會議所ニ充ツルコトトシ尚九月四日日曜ニ當ルヲ以テ聯絡線實地踏査ヲ為スコトヲ協議セリ

九月四日　午前十時傅總辦ハ大和ホテルニ本職ヲ訪問セリ

同日午前十一時ヨリ傅總辦ハ同鐵路局總工程師曲尾氏ヲ同行本職ト共ニ聯絡線ヲ視察シタリ

九月五日　午前九時ヨリ第一回會議ヲ道岔衙門内ニ開會シ先ツ當方ヨリ提出ノ案ヲ基礎トシ第六條迄ヲ議了シ午後五時閉會ス曲尾局長總工程師モ共會議ニ列席セリ

ヨ-0022　B列5　28字×10　南滿洲鐵道株式會社　(12, 2, 8,000冊 光潮納)

No.

九月六日　前日同様午前九時ヨリ會議ヲ開キ第十一條迄ヲ議了セリ但未決ニ属シタルモノアリシ午后五時閉會セリ

九月七日　外務部尚書梁敦彦當地通過ノ為メ吉長側ニテ差支アリ本日休會セリ

九月八日　午前九時ヨリ開會、午後五時閉會

九月九日　午前九時ヨリ開會、午後五時閉會、本日ニテ協定要項商議ヲ了シタルニ付来ル十日ヲ期シ調印ヲ為スコトニ略決定セリ

九月十日　午前八双方共協定書ノ清寫ニ従事シ午後四時

ヨ-0022　B列5　28字×10　南滿洲鐵道株式會社　（12, 2, 8,000冊 光明號）

No.

協定書ニ調印ヲ了シタリ

右ノ顛末ニテ昨十日電報及報告置候通リ無事調印済ミ

ニ有之候条別冊協定書日満文各一冊相添ヘ此段及報告候也

ヨ-0022　B列5　28字×10　南滿洲鐵道株式會社　(12.2.6,000冊 光陽號)

No.

監第一五二八號

明治四十三年十二月十四日

鉄道院副総裁事務取扱 野村龍太郎

南満洲鉄道株式會社総裁中村是公殿

九月十九日附庶甲第六三七号ヲ以テ長春南満両鉄道接續協定稟申相成候處右ハ重大ノ事項ト認メラレ認可相成候次第ニ有之候条了知有之度猶今後ニ於テハ右様ノ事項ハ認可申請相成候様致度依命此段及通牒候也

ヨ-0022 B列5 28字×10 南滿洲鐵道株式會社 (12. 2. 3,000冊 光潮納)

No.

監第一五二八号

南滿洲鐵道株式會社

明治四十三年九月十九日附庶甲第六三七號稟申南滿吉長

両鐵道接續協定ヲ認可ス

明治四十三年十二月十四日

内閣總理大臣侯爵　桂　太郎

ヨ-0022　B列5　28字×10　南滿洲鐵道株式會社　(12, 2, 8,000冊 光潮納)

No.

吉長南滿両鉄道接續協定

No. 1

支那鐵道関係條約彙纂

吉長南満両鉄道接續ニ関スル協定

明治四十二年九月十一日

宣統元年八月廿七日

一九〇九年九月十一日

吉長鉄路局（以下吉長ト称ス）ノ代表者吉長鉄路総辦傅良佐及南満洲鉄道株式会社（以下南満ト称ス）ノ代表者会社工務課長堀三之助ハ長春ニ於テ両鉄道ヲ接續スルノ線路ヲ建設シ且ツ之カ輸送ヲ円滑スルノ目的ヲ以テ協約ヲ議定スルコト左ノ如シ

第一條　接續線

一、吉長、長春駅境界ヨリ南満長春駅境界ニ至ル間ニ別紙略図ニ

107

ﾏ-0022　B列5　28字×10　南満洲鐵道株式會社

No. 2

示スガ如キ線路（点線ノ内単線トス）ヲ敷設シ之ヲ接続線ト称

ス。~~（図面ハ之ヲ略ス）~~

二、吉長及南満両駅構内及接続線路ハ共ニ耐重力並建設規定

ニ於テ両鉄道列車運転ニ支障ナキ様建設スルモノトス

三、将来運輸状況ニ依リ必要ト認ムルトキハ双方協議ノ上接続

線ヲ複線ト為スモノトス。

第二條　乗客及貨物

一、吉長鉄道主要駅ト南満鉄道主要駅トノ間ニ直通乗客及貨物

聯絡ノ取扱ヲ為スモノトス。

二、吉長南満両鉄道直通乗客ハ總テ南満長春駅ニ於テ乗リ換ヘ

No. 3

ヲ為スモノトス

但シ手荷物ハ各鉄道ノ慣習ニ依リ取扱フモノトス

三、両鉄道間ニ乗換ヲナスベキ一等乗客数及其ノ所要寝台数ハ吉長ニ於テハ吉林駅ヨリ吉長長春駅長宛南満ニ於テハ奉天駅ヨリ南満長春駅長宛電報シ両駅長ハ相互ニ之ヲ通知スルモノトス

四、吉長南満両鉄道直通ノ貨物ハ吉長長春駅ニ於テ積替ヲ為スモノトス

五、前第四項ノ貨物積替ハ貨主又ハ両停車場内設備ノ都合上便利ト認メタル時ハ両駅長協議ノ上南満長春駅ニ於テ行フコ

ヲ-0022　B列5　28字×10　南満洲鐵道株式會社　(11. 9. 8,000冊 共和印刷)

No. 4

トヲ得

又前第二項旅客乗換ハ貴賓ノ送迎其ノ他車輛ノ都合上便利ト認メタル時両駅長協議ノ上吉長長春駅ニ於テ行フコトヲ得ルモノトス。

六、吉長ハ南満長春駅ニ於テ聯絡ニアラザル旅客及貨物ヲ亦南満ハ吉長長春駅ニ於テ聯絡ニアラザル貨物ヲ各自ノ従事員ヲシテ取扱ハシムルモノトス。

七、吉長長春駅長ハ積換貨物ヲ引渡簿ニ記入シ南満長春駅長ノ調印ヲ受クベシ南満長春駅長モ亦同様ノ手続ヲ為スベキモノトス

第三條　停車場ノ設備

ヨ-0022　B列5　28字×10　南満洲鐵道株式會社

No. 5

一、南満ハ南満長春駅ニ於テ吉長鉄道ノタメ旅客及貨物ノ取扱ヲ為シ得ル様停車場構内ニ於テ充分ナル側線、乗客及貨物「ホーム」信號機其ノ他聯絡輸送ニ必要ナル一切ノ物件ヲ施設シ且ツ之ヲ維持スルモノトス。

二、吉長ハ吉長長春駅ニ於テ南満鉄道ノタメ貨物ノ取扱ヲ為シ得ル様其ノ停車場構内ニ於テ充分ナル側線、貨物「ホーム」信號機其ノ他聯絡輸送ニ必要ナル一切ノ物件ヲ施設シ且ツ之ヲ維持スルモノトス。

三、前二項ノ側線其ノ他ノ設備ハ大畧別紙第一號及第二號圖面ノ如クニシ其ノ詳細ニ付テハ追テ鉄路局及今兆則間ニ於テ

No.

出之決算書由吉長南滿平分担負又吉長長春車站内所有側線及其他諸設備之建設費應由吉長擔負其財產即屬吉長所有南滿車站内所有側線及其他諸設備之建設費應由南滿擔負其財產即屬南滿所有

六、聯絡線工程完竣之後聯絡線之所有權統歸吉長由吉長自行管理但南滿使用該線路不向吉長交納使用金

三、聯絡線保線工程全由吉長辦理其養路費亦由吉長擔負

但凡屬於建設費用則仍由吉長與南滿雙方平分擔負

第七條　運費之計算及裝卸費

一、運費之計算每月舉行一次其期日之決定及長春兩車站間

No. 7.

シルモノトス

二、接續列車運轉ノ保安法ハ雙方協議ノ上其ノ方式ヲ定メ吉長或ハ南滿ニテ其ノ設備ヲ為スモノトス

第六條　建設費及保線費

一、接續線建設ハ総テ吉長ニ於テ之ヲ為シ該費額ハ吉長ヨリ提出ノ精算書ニ基キ吉長南滿ニ於テ半分負擔ス又吉長長春驛構内側線其ノ他諸設備ノ建設費ハ吉長ニ於テ之ヲ負擔シ其ノ財産ハ吉長ニ属ス而シテ南滿長春驛構内側線其ノ他諸設備ノ建設費ハ南滿ニ於テ之ヲ負擔シ其ノ財産ハ南滿ニ属スルモノトス

ヲ-0022　B列5　28字×10　南滿洲鐵道株式會社

No. 8

二、接續線工事完成ノ上ハ其ノ所有權ハ全部局長ニ歸シ局長之ヲ管理ス其ノ線路使用ニ付テハ南滿ハ之カ使用料ヲ支拂ハサルモノトス

三、接續線保線工事ハ局長ニテ全部之ヲ行ヒ保存費モ亦其ノ負擔トス但シ建設費ニ屬スベキモノハ總テ局長南滿雙方ニ於テ平分負擔スルモノトス、

第七條、運賃ノ計算及積替費

一、運賃ノ計算ハ每月一回之ヲ行フ其ノ締切期日ノ決定及長春両停車場間運賃ノ公平ナル徵收方法並ニ聯絡貨物ノ積替ニ要スル費用ハ業務開始ニ先タチ更ニ協議ノ上之ヲ決定ス

No. 9

第八條　責任

一、吉長南滿両鉄道（各鉄道）所属従事員ノ運轉規則ニ反シタル行為及過失ニ付各其ノ責ニ任スルモノトス。

二、吉長南滿両鉄道カ其ノ財産ニ對シ（相互）相互停車場構内及接續線内ニ於テ受ケタル損害ニ對シテハ不可抗力ニ因ル場合ノ外其ノ原因ニ基キ各其ノ賠償ノ責ニ任スルモノトス

三、前項ノ損害ヲ一方ニ於テ発見シタルトキハ其ノ旨直ニ他ノ一方ニ通知シ之カ取調ベニ便ナラシムヘシ

第九條　運轉方法

一、接續線並ニ吉長長春駅構内線路ニ於ケル南滿列車ノ運轉ハ

No. 10

南満列車乗務員ニテ亦接続線並ニ南満長春駅構内線路ニ於ケル吉長列車ノ運転ハ吉長列車乗務員ニテ之ヲ為スモノトス

二、前項ノ場合ニ於テ列車乗務員ハ何レモ其ノ駅ニ於テ実施セル信号及運転規定ヲ熟知シ並其ノ習慣ニ従フベキモノトス、

三、吉長南満両鉄道ニ於ケル機関車ノ駛行ハ必要ノ際相互ニ之ヲ許スモノトス

第十條、工務員ノ派遣

一、吉長南満両鉄道ハ接続線並ニ構内線路視察ノ為メ時々其ノ所要ノ工務員ヲ他鉄道区域内ニ派遣シ得ルモノトス

第十一條、時間及賃金ノ変更

No. 11.

一、両鉄道ニ於ケル時間及賃金ヲ変更セントスルトキハ少クトモ十五日以前相互ニ通知スルモノトス、

第十二條 標準時

一、両鉄道ノ標準時ハ南満ノ標準時ニ一致セシムルモノトス、

第十三條 條文及設計案ノ変更

一、本協約ノ條文並ニ附帯ノ設計案ハ必要ニ際シテハ相互協議ノ上之ヲ変更若クハ改正スルコトヲ得ルモノトス

第十四條 協約ノ文字

一、本協約ハ雙方便利ノ為メ清國文及日本文ヲ以テ作リ各二通ヲ保有ス共ニ文字ノ効力永遠相同シ

No. 12.

明治四十二年九月十日

宣统二年八月初七日

南满洲铁道株式会社代表者　掘三之助（印）

吉长铁路局代表者　傅良佐（印）

ヲ-0022　B列5　28字×10　南滿洲鐵道株式會社　（11.9.5,000冊 共同印刷）

No.

吉長南滿兩鉄道聯絡線之協約

11

ヨ-0022　B列5　28字×10　南滿洲鐵道株式會社　(12, 2, 8,000冊 光耀納)

No.

吉長南滿關於聯絡線協約之議定

吉長鐵路局（以下但稱吉長）代表吉長鐵路總辦傅其佐與南滿洲鐵路公司（以下但稱南滿）代表公司工務課長堀三之助在長春以建設聯絡兩鐵道之線路且用之從事運輸之目的議定協約如左

第一條 聯絡線

一、建築吉長長春車站邊界至南滿長春車站邊界間 如另圖所載之線路現為單線名之為聯絡線

二、建築吉長南滿兩車站內線路及聯絡線其於耐重力及建設定規等務求於兩鐵道列車之運轉毫無妨害之虞

三、依將來運轉狀況認為必要時由彼此協議後可改聯絡線為複線

No.

第二條　乘客及貨物

一、於吉長鐵路之大車站與南滿鐵道大車站之間俱辦理直行乘客及貨物聯絡事件

二、吉長南滿兩鐵道直行乘客均於南滿長春車站换車

但行李則因各鐵道之習慣辦理

三、兩鐵道之乘客其於一鐵道應换車之一等乘客數及其應需之寢臺數在吉長則由吉林車站電告吉長長春站長在南滿則由奉天車站電告南滿長春站長彼此即行通知

四、吉長南滿兩鐵道之直行貨物均於吉長長春車站换車

五、前第四項貨物積卸如依貨主及兩車站內準備之情形認為

ヨ-0022　B列5　28字×10　南滿洲鐵道株式會社　(12. 2. 6,000冊 [illegible])

No.

便利時兩站長協議後得於南滿長春車站積卸又前第二項旅客乘降始依貴客之送迎及其他車輛之情形認為便利時兩站長協議後得於吉長長春車站乘降

六、吉長在南滿長春車站內對於非聯絡線之旅客及貨物由吉長之事務員經理南滿之在吉長長春車站內對於非聯絡之貨物由南滿之事務員經理

七、吉長長春站長將所換車貨物詳細記入貨物發送單遞送南滿長春站長蓋印南滿長春站長對於所換車貨物亦同樣辦理

第三條 車站內之準備

ヨ-0022 B列5 28字×10 南滿洲鐵道株式會社 (12. 2. 8,000冊 [illegible])

No.

一、南滿於南滿長春車站内為吉長鉄路經理旅客及貨物事件建設完全側線乘客及貨物站臺信號機及其他聯絡運搬上一切必要之物件且須擔重維持

二、吉長於吉長長春車站内為南滿鉄路辦理貨物事件建設完全側線及貨物站臺信號機及其他聯絡運搬上一切必要之物件且須擔重維持

三、前二項之側線及其他之準備大略如別紙第一二號圖形所載但其詳細俟後由鉄路局與公司再行協定

第四條　貸借地

一、南滿將其車站内甲地區域（參照圖形）借與吉長建設貨棧

No.

所及經理貨物處以便辦理旅客及貨物之事件

二、吉長將其車站內兩地區域（參照圖形）借與南滿建設經理貨物處以便經理貨物之事件

第五條　通信及保安之準備

一、吉長南滿兩車站之間須架設電話以為通信機關其線路之架設電話機之安置並關於保存通話等事件俟另行規定

二、聯絡列車運轉之保安法須經雙方協議定其方式或由吉長與南滿擔任準備

第六條　建設費及養路費

一、聯絡線全由吉長建築所用去之建築費須按照吉長所提

No.

出之決算書由吉長南滿平分担負又吉長長春車站內所有側線及其他諸設備之建設費應由吉長擔負其財產即屬吉長所有南滿車站內所有側線及其他諸設備之建設費應由南滿擔負其財產即屬南滿所有

二、聯絡線工程完竣之後聯絡線之所有權統歸吉長由吉長自行管理但南滿使用該線路不向吉長交納使用金

三、聯絡線保線工程全由吉長辦理其養路費亦由吉長擔負但凡屬於建設費用則仍由吉長與南滿雙方平分擔負

第七條　運費之計算及積卸費

一、運費之計算每月施行一次其期日之決定及長春兩車站間

No.

之運賃公平徵收辦法並積卸聯絡貨物所需費用須候業務開始時再行協議決定

第八條 責任

一、吉長南滿兩鐵路凡有鐵路事務員有違背運輸章程之行為及過失須各負其責任

二、吉長南滿兩鐵路車站內及聯絡線內對於其財產有受損害之時除由於不可抗力外須按照原因各負其賠償責任

三、如前項之損害發見時即由其一方將其事實通知他一方以便調查

第九條 運轉方法

一、在聯絡線及吉長長春車站内線路之南滿列車運轉時由南滿列車事務員辦理在聯絡線及南滿長春車站内線路之吉長列車運轉時由吉長列車事務員辦理

二、依前項兩鉄路之列車事務員須互相熟悉兩車站之實施信號及運轉章程並宜從其習慣辦理

三、吉長南滿兩鉄道機關車如須吸水之時須互相允許吸取

第十條　工務員之派遣

一、吉長南滿兩鉄道為視察聯絡線並車站内線路之事故時時得以派遣其所要之工務員至他鉄路區域以内視察

第十一條　時間及運金之變更

No.

一、兩鉄路時間及運金変更之時至少須於實行期限十五日以前互相必須先通知

第十二條　標準時

一、兩鉄路之標準時須使與南滿標準時為一致

第十三條　條文及計畫事件之変更

一、本協約之條文並付帶之計畫若有應加修正及須更改之時雙方互相協議可得修正更改

第十四條　協約文字

一、協約文字因圖彼此便利起見兼用漢和二種彼此各執其一而二種文字之効力永遠相同

No.

明治四十二年九月十日

宣统二年八月初七日

清国長春

南満鉄道公司代表者　堀三之助㊞

吉長鉄路局代表者　傅良佐㊞

12

ヨ-0022　B列5　28字×10　南滿洲鐵道株式會社　（12，2，3,000冊 光藤納）

No. 1

吉長南満両鉄道臨時訂約覚書

明治四十三年十二月二十六日
宣統　二　年十一月二十五日

一、吉長鉄路建築列車ノ南満鉄道鉄橋内ニ至ル運輸ニ在リテハ旅客ハ甲站ニ於テ乗降セシメ貨物ハ乙站ニ於テ其積卸ヲ為スベシ（別ニ図面一枚ヲ添フ）

二、南満鉄道ハ頭道溝駅内ニ於テ吉長鉄路建築列車ニ因ル旅客及貨物ノ取扱ニ関シ臨時完全側線ヲ施設シ旅客及貨物上ム及其ノ他運輸上必要ナル一切ノ物件ヲ貸与シ且ツ之ヲ維持スルモノトス、

ヨ-0022　B列5　28字×10　南滿洲鐵道株式會社　(42, 2, 8,000冊 見澤納)

No. 2

三、吉長鉄路建築列車カ南満洲鐵道頭道溝驛構内ニ進入セントスルトキハ必ラズ三十分以前ニ吉長鉄路伊通河東駅長ヨリ頭道溝駅駐在吉長鐵路駅長ニ電達シ該駅長ヨリ南満駅駅長ニ轉達シ南満駅駅長ヨリ更ニ南満駅構内両地點事務員ニ通知シ指導準備ヲ為サシムヘシ

吉長鉄路建築列車ハ南満駅構内両地點ノ外ニ至リテ停止シ南満駅事務員ノ指導ヲ俟チテ再ヒ前進スヘシ此ノ場合ニ於テ両地點ヨリ丁地點ニ至ル間ニ在リテ指導ノ過失ニヨリ危険ヲ生シタルトキハ指導者ノ責任即チ南満鉄路ノ責任タルヘク甲区内ニ在ルモノハ吉長鉄路ノ責任タルヘシ

ヨ-0022　B列5　28字×10　南滿洲鐵道株式會社　(12, 2, 8,000冊 [illegible])

No. 3

但シ電話電信不通ノ場合ハ吉長鉄路建築車ハ両地點ノ處ニ至リテ停止シ車掌ヨリ人ヲ派シテ南満駅構内吉長鉄路駅長ニ報告シ更ニ南満駅長ニ轉達シ其ノ処理ヲ請フヘシ

四、貨物ノ積卸ハ一般鐵道貨物取扱ノ例ニ倣ヒ其ノ取扱ヲナシ吉長鉄路ノ南満駅構内ニ於ケル貨物運送ハ何種貨物ニ限ラス積卸一切ノ事宜ハ均シク吉長鉄路ノ取扱ニ歸シ吉長鉄路駅長ヨリ吉長鉄路ノ人夫ニ命シ其積卸ヲナサシメ其運賃ハ吉長鉄路駅長ヨリ徴收スヘシ

南満洲鉄道貨車ニテ其ノ運送ヲナスモノハ其ノ取扱方法亦七ニ同シ

No. 4.

五、以上各項ハ臨時運輸建築車ニ関シ假ニ締結セル條項ニ係リ吉長鉄路運輸營業開始ニ當リ相互ノ運輸連絡上商議スヘキ各事ニ関シテハ別ニ吉長南満連絡協約ヲ議訂シ其ノ定ムル所ニ據ルヘシ

宣統二年十一月二十五日

明治四十三年十二月二十六日

吉長鉄路総辦代理事務従安 陳炳斎

南満洲鐵路総辦代理運輸課長代理 犬塚信太郎

ヨ-0022　B列5　28字×10　南満洲鐵道株式會社　(12. 2. 3,000冊 …)

汽车与公路编 一

贰拾七册

自動車関係文献及調查立案目録

本館所藏

自動車關係文献目錄

滿鐵

奉天圖書館編

（電話一社內4690）

本 館 所 藏

自動車關係文献目錄

○この目錄は本館所藏の自動車關係邦文圖書及び昭和十三年度發行の自動車關係邦文雜誌記事の主なるものを輯錄したものである。

○排列は次の項目に從ひ、圖書を先きに、雜誌記事を後にした。

滿洲自動車事情
支那及ソ聯自動車事情
歐米自動車事情

自動車運輸
自動車工學
　內燃機關
　材料・電氣裝置其の他
自動車工業及諸型紹介

ガソリン自動車
デイーゼル自動車
木炭自動車
電氣自動車
液化・天然ガス自動車
乘合自動車
貨物自動車
自動車運轉及修理
自動車燃料

○短時日の間に調査したもので尠からぬ不備を感ずるが一應紹介することにして完成は他日の增補に待ちたい。

○項目の採擇に當つて、鐵道總局自動車局技術課、岡　剛氏の懇切なる御教示を仰いだ。玆に有難く感謝の意を表する。

帶 出 方 法

○この目錄に輯錄された圖書或は雜誌の帶出希望の向は次の方法に依られたい。

圖書の場合………圖書記號及び書名｝を明記の上滿鐵奉天圖書館宛
雜誌の場合………所載雜誌名及び卷號數｝文書を以つて申込まれたい。

滿洲自動車事情

			圖書記號或ハ雜誌名卷號數
1	滿洲事情案內所	**滿洲國の交通事情**　昭和10　140頁	M990—MA4013
2	滿洲國交通部	**交通部要覽**　康德3年度　188頁	M990—KO353
3	滿洲國交通部	**交通部要覽**　康德4年度　260頁	M9907—KO714
4	滿洲國交通部	**交通部統計書**　第1回(康德1--3年度)　108頁	M99055—KO353
5	滿鐵經濟調査會	**滿洲交通統計集成**　昭和10　299頁	M99055—MA400
6	交通評論社	**朝鮮滿洲陸運總覽**　昭和8	992—KO703
7	菊池洋四郎	**滿鮮北支の自動車運輸**　昭和12　自動車新聞社	992—KI330
8	奉天鐵路局資料科	**熱河自動車概況**　康德2　17頁	M992—HO717
9	滿洲國交通部	**滿洲帝國自動車鐵路路線圖**　康德4	M992—KO714
10	滿鐵臨時經濟調査委員會	**經濟上より見たる滿蒙の道路**　昭和4　710頁	M992—MA428

11　滿鐵經濟調査會　**奉天哈爾濱間往復自動車走行試驗報告書**
昭和11　318頁　M992—MA318
12　大陸の自動車…(岡部)……………………………………内燃機關(第2卷4—7號)
13　滿洲の求むる自動車…(小川久門)……………………………内燃機關(第2卷1—2號)
14　總局自動車業務の現狀…(田中孝平)…………………………鐵道之研究(第18卷3號)
15　滿洲に於ける乘合自動車經營竝に技術に就て(堤　頼章)………内燃機關(第2卷1—2號)

支那及ソ聯自動車事情

16　馬場鍬太郎　**支那近世道路と自動車運輸**　(支那經濟地理誌交通編ノ内)
大正11　禹域學會　9804—3
17　滿鐵天津事務所　**綏遠省の交通**　昭和11　157頁　99072—MA4078
道路の概況——自動車運行可能範圍と其の運行狀況
18　滿鐵産業部　**ソ聯運輸通信統計集**　昭和12　78頁　99055—MA4095
19　滿鐵調査部　**ソ聯邦に於ける自動車耐寒運轉の研究**　昭和14　35頁　9879—3
20　支那自動車需要最近三年の輸入狀況……………………………自動車界(第13卷12號)
21　北支の自動車運輸……………………………………………乘合と貨物(第6卷3號)
22　支那の軍用自動車…(小野盛次)………………………………乘合と貨物(第6卷6號)
23　中支那戰場の自動車…(水野勝邦)……………………………自動車界(第13卷3號)
24　支那事變に於ける國產自動車の活動…(原乙未生)………………内燃機械(第2卷9號)
25　北京自動車だより…(水野勝邦)………………………………自動車界(第13卷12號)

歐米自動車事情

26　日本交通協會　**東西の陸と空**　昭和12　79頁　9907—NI550
世界の自動車事業と我が日本(隈部一雄)
27　日本鐵道省運輸局　**歐米諸國に於ける鐵道と道路運輸の競爭及協力**
昭和9　102頁　992—TE703
28　東京市電氣局　**伯林交通事業統制資料**　昭和11　278頁　99061—TO392
29　東京市電氣局　**倫敦交通事業統制資料**　昭和11　542頁　99061—TO392
30　日本鐵道省運輸局　**諸外國小運送研究資料**　第2—3輯　昭和12　992—TE703
31　日本商工省工務局　**最近の諸外國に於ける自動車工業の保護政策竝に其の現況に就て**
昭和11　64頁　725—SH68
32　世界自動車統計………………………………………………交通之日本(第10卷5號)
33　歐洲に於ける自動車用ヂーゼル機關の近況(大井上博)…エンヂニヤリング(第26卷9號)
34　世界に於けるヂーゼル自動車の概觀…(大井上博)…………………内燃機關(第2卷9號)
35　歐洲自動車界の現況と吾國の自動車工業…(野間口兼雄)……自動車界(第13卷5—11號)
36　ヨーロッパ大陸の自動車車體の現況に就て…(木村茂雄)……………自動車界(第13卷3號)
37　歐洲輕乘用車の特徵を拾ふ…(菅地誠人)…………………………自動車界(第13卷12號)
38　一九三八年式外國輕乘用自動車諸元表………………………………内燃機關(第2卷9號)

39 ナチ・ドイツ自動車界の現狀…（淺野俊一）……………………内燃機關（第2卷9號）
40 獨逸自動車國策一年產六百萬臺の製造會社を設立……………交通之日本（第10卷8號）
41 獨逸自動車道の國家管理に就て…（尾澤）………………外國鐵道調查資料（第12卷8—9號）
42 獨逸に於ける電氣自動車の現狀…（駒形作次）…………………電氣雜誌OHM（第5卷9號）
43 二千粁の獨逸自動車道……………………………………………朝鮮の自動車（第100號）
44 獨逸自動車道の橋梁三千九百に達す…（尾澤）…………外國鐵道調查資料（第12卷2號）
45 伯林展覽會の乘合自動車…（小林秀雄）……………………………内燃機關（第2卷8號）
46 獨逸の各種ガス燃料——ガス自動車の現狀に就て…（菊池洋四郎）………………………乘合と貨物（第6卷11號）
47 チエツコスロヴアキアに於けるの鐵道と自動車の協力…（尾澤）………………………外國鐵道調查資料（第12卷1號）
48 米國州際自動車運送法…（鐵道省監督局）……………………………朝鮮の自動車（第93—96號）
49 米國の動力燃料稅…（東京市電氣局）…………………………乘合と貨物（第6卷4,11號）
50 獨逸に於ける薪炭自動車…………………………………………………自動車界（第13卷4號）
51 パリー自動車展覽會…（木村茂雄）………………………………自動車界（第13卷4—6號）
52 英國に於ける自動車用ヂーゼル機關に就て…（平山　肇）………内燃機關（第2卷1—2號）

自動車運輸

53 中川正左　**交通原論**（鐵道交通全書　第1卷）昭和11　511頁　春秋社　99021—NA306

54 中川正左　**陸上交通論**　昭和7　博文館　992—NA306

55 增井幸雄　**陸運**（商學全集　第26卷）昭和11　千倉書房　992—MA633

56 島田孝一　**陸運經營論**　昭和10　407頁　東洋出版社　992—SI475

57 日本鐵道省運輸局　**合理的交通組織の原則**　昭和7　86頁　99074—TE703

58 日本交通協會　**交通事業の合理化**　昭和7　296頁　99062—NI550
都市交通の合理化（寬正太郎）——交通事業の合理化（中川正左）——道路運送の合理化（中野金次郎）

59 日本交通協會　**最近の交通諸問題**　昭和7　65頁　99071—NI550
交通機關と軍事輸送（小畑敏四郎）——最近の道路事業（中川吉造）——自動車の鐵道に及ぼす影響（日淺　寬）

60 日本交通協會　**最近の交通事業**　昭和8　291頁　99071—NI550
交通現狀の打開策（下村　宏）——交通事業の統制（中川正左）——小運送の合理化（中山隆吉）——都市の自動車運輸（平塚米次郎）

61 日本交通協會　**交通事業の諸問題**　昭和11　271頁　99071—NI550
交通統制（中川正左）——道路交通（金古久次）——日本自動車工業に就いて（豐田利三郎）

62 日本交通協會　**時局と交通事業**　昭和13　47頁　99023—NI550
戰爭と交通事業——交通事業より時局に直面して

63　日本交通協會　**一九三〇年の交通問題**　昭和5　282頁　99071—NI550
陸上運送（丹羽武朝）——自動車道路（武井郡嗣）——交通政策（増井幸雄）——道路政策（三邊長治）

64　日本交通協會　**自動車事業の經營**　昭和9　992—NI550
自動車と鐵道（中川正左）——自動車と道路（武井郡嗣）——自動車交通政策（島田孝一）——國產自動車（朝倉希一）——特殊自動車及燃料（康原興次）——自動車の進步（相羽　有）——省營バス（山下雅實）——乗合自動車（丹羽武朝）——貨物自動車（中野金次郎）——自動車販賣（柳田諒三）——自動車交通事業法（早川愼一）

65　日本交通協會　**自動車經營の理論と實際**　昭和11　992—NI550
自動車と道路（高西敬義）——自動車專用道路（細野　謌）——自動車の經營と管理（重森文彦）——貨物自動車の經營（笠松愼太郎）——自動車の取締と事故防止（田中義男）——自動車と鐵道（日淺　寛）——小型自動車（宮原雅男）——自動車と水運（橋本信一）——タクシーの經營（山口福則）——乗合自動車の經營（大矢寧明）

66　田中喜一　**自動車交通經濟論**　昭和11　巖松堂　992—TA4001

67　小田元吉　**自動車の經營**（タクシー貨物及乗合自動車經營合理化）　昭和6　200頁　關西書院　992—OD021

68　小田元吉　**自動車運送及經營**　昭和9　關西書院　992—OD021

69　島田孝一　**自動車運送の經濟學的研究**　昭和7　丸善　992—SI475

70　島田孝一　**交通論**（自動車發達の概觀）　昭和12　314頁　千倉書房　99021—SI475

71　國際通運株式會社　**運送現業讀本**　昭和4　113頁　992—KO380

72　後屋敷保啓　**陸上小運送讀本**　昭和13　春秋社　992—SU57

73　中野金次郎　**小運送論**（鐵道交通全書　第14卷）　昭和12　546頁　992—NA3052

74　後屋敷保啓　**小運送業務指針**　昭和13　交通展望社　992—US57

75　喜安健次郎　**運送行政**（道路、道路取締令、自動車、荷物の小運送）　昭和6　526頁　巖松堂　99021—KI9

76　日本交通協會　**交通統計要覽**　昭和13年度　98頁　99055—NI550

77　工業日々新聞社　**自動車年鑑**　昭和11年版　992—KO126

78　日本商工省工務局　**自動車參考資料**　昭和10　8頁　992—SH68

79　日本鐵道省　**小運送參考統計**　昭和11　68頁　992—TE703

80　鐵道書院　**自動車交通事業法**（解說）　昭和8　992—TE704

81　片野直猛　**交通事故判例類集**　昭和12　巖松堂　99053—KA762

82　內田豐治　**水陸交通事故判例**　昭和9　立興社　99053—UT518

83　正岡正延　**過失交通犯實例**　昭和13　310頁　99053—MA672

84　佐瀨昌三　**交通事故と賠償責任**　昭和8　99053—SA611

— 4 —

85 日本鐵道省運輸局 **國有鐵道沿線に於ける自動車に關する調査報告** 昭和2 71頁 992—TE703

86 日本鐵道省運輸局 **省營自動車要覽** 昭和11 69頁 992—TE703

87 門司鐵道局 **省營自動車の栞** 昭和12 34頁 992—MO31

88 淺野泰助 **省營自動車運送施設綱要** 昭和12 992—AS039

89 鐵道同志會 **鐵道講習會講演集** 第16回 昭和10 290頁 99023—TE721
遊覽自動車事業の現狀に就て（早川愼一）——省營自動車に就て（新井堯爾）——バス道路の規格に就て（佐藤利恭）

90 大阪鐵道局 **省營自動車路線圖**（昭和11年9月1日現在） 992—OS017

91 東京市政調査會 **本邦自動車運輸自動車道事業に關する調査** 昭和7 499頁 992—TO334

92 日本交通協會 **大東京に於ける旅客交通機關の價値及統制** 昭和8 20頁 99071—NI550

93 東京市電氣局 **電車自動車乘客調査實績** 昭和8年度 159頁 99055—TO392

94 東京市電氣局 **乘客調査十年史** 昭和11 59頁 99055—TO392

95 東京市電氣局 **東京市都市交通統計資料** 昭和11年度 300頁 99055—TO37

96 朝鮮總督府鐵道局 **朝鮮自動車運輸事業要覽** 昭和12 163頁 992—CH620

97 日本鐵道省運輸局 **省營自動車關係法規令達集** 昭和11 992—TE703

98 小運送法規研究會 **小運送令規集** 昭和13 328頁 交通展望社 992—SH654

99 大槻信治 **鐵道、道路、航空路** 昭和13 243頁 日本交通學會 9907—OT803

100 田中 好 **道路行政**（鐵道交通全書 第15卷） 昭和11 春秋社 992—TA496

101 常盤書房 **道路工學**（高等土木工學 第8卷）昭和6 550頁 71091—TO389
自動車專用道路（牧野雅樂之丞）

102 日本交通協會 **道路と自動車** 昭和13 24頁 日本交通協會 992—NI550

103 島田孝一 **自動車及航空**（鐵道交通全書 第11卷） 昭和12 春秋社 992—SI475

104 野村實三郎 **貨物交通に於ける鐵道と自動車の競爭** 昭和10 24頁 神戸商業大學研究所 99062—NO413

105 昭和十三年度の自動車を語る…（重森文彥）……交通之日本（第10卷1號）

106 一九三八年度の自動車、自動車界の展望…（森田武彥）……內燃機關（第2卷3號）

107 戰時體制の自動車界に及ぼせる影響…（山本鹽村）……モーター（第12卷10號）

108 銃前銃後の自動車…（菊池洋四郎）……乘合と貨物（第6卷6號）

109 自動車今昔物語…（東 岩雄）……自動車界（第13卷1號）

110 日本自動車組合論…（山岡陽介）……交通之日本（第10卷10號）

111 自動車運送事業規則解說…（竹內仁治）……乘合と貨物（第6卷10—11號）

112 自動車運輸事業其の他諸申請手續に就て……朝鮮の自動車（第97號）

113 小型タクシー許可問題……交通之日本（第10卷6號）

114　瓦斯發生爐設置奬勵金交付規則の施行に際して…(西本計三)……朝鮮の自動車(第97號)
115　公認自動車クラブ國際協會々則…(國際觀光局)……………………モーター(第12卷7號)
116　自動車の消却と自動車運輸事業に於ける營業權の評價…(加藤文平)………
…朝鮮の自動車(第95號)
117　轉換期に到達せる我國の自動車政策…(加藤文平)…………………朝鮮の自動車(第93號)
118　我國に一日も早く實行されたき自動車政策に就きて…(山下興家)………
…内燃機關(第2卷9號)
119　小型自動車政策を再檢討せよ…(山本豐村)……………………………モーター(第12卷12號)
120　小型自動車は果して時局報國の價値なきや…(大石三郎)…………モーター(第12卷12號)
121　自動車營業の監督…(高橋金之助)…………………………………鐵道界(第17卷6—7號)
122　戰時體制下の自動車行政論…(井川俊一郎)…………………………自動車界(第13卷8號)
123　自動車運輸事業の行政に就て………………………………………朝鮮の自動車(第97號)
124　自動車運輸事業監督行政に對する鐵道内務兩省對立の眞相……乘合と貨物(第6卷3號)
125　省營自動車の會計制度中「資本勘定」の實際に就て…(淸野泰助)………
…乘合と貨物(第6卷4—7號)
126　省營自動車の會計制度中收益勘定の實際に就て…(淸野泰助)…乘合と貨物(第6卷2號)
127　圖表に依る本邦自動車輸入考……………………………………自動車界(第13卷7號)
128　外人旅行者持込自家用自動車に對する我稅關及警察取扱に關する調査…(國際觀光局)…
…モーター(第12卷7號)
129　自動車關係特許拔萃………………………………………………自動車界(第13卷1—12號)
130　自動車部門座談會…(機械學會)……………………………機械學會誌…(第41卷252—254號)
131　重大時局下に於ける朝鮮自動車交通協會總會…………………朝鮮の自動車(第97號)
132　省營自動車の地位…(平間林七)……………………………………鐵道界(第17卷4號)
133　省營自動車經營成績報告書…(鐵道省自動車課)……………………乘合と貨物(第6卷5號)
134　省營自動車も非常時局に處す…(土屋　功)……………………………乘合と貨物(第6卷10號)
135　省營自動車最近の傾向に就て…(平間林七)……………………………乘合と貨物(第6卷12號)
136　非常時下の省營自動車…(三輪眞吉)…………………………………乘合と貨物(第6卷1號)
137　省營自動車の旅客運送…(土屋　功)…………………………………乘合と貨物(第6卷9號)
138　省營自動車の貨物運送…(土屋　功)…………………………………乘合と貨物(第6卷6號)
139　省營自動車と道路…(蒲河　豐)………………………………………乘合と貨物(第6卷1號)
140　道路の改良と省營自動車…(菅健次郎)………………………………交通之日本(第10卷1—4號)
141　自動車旅行者としての感想を開陳す…(鳥尾敬光)……………………モーター(第12卷10號)

自動車工學

142　上坂正雄　**自動車術語辭典**（圖解註釋）昭和12　253頁　工業調査協會
725—KA4000
143　赤坂正喜　**自動車新精解**（圖形說明）附・自動車取締法規集
昭和12　1228頁　藤谷崇文館　725—AK019
144　淺野清治　**最新自動車教科書**　昭和11　488頁　德文堂　725—AS034
145　橋本　精　**標準自動車教科書**　昭和6　426頁　大京堂　725—HA647

146 橋本 精　自動車の新研究（標準教科書）昭和13 486頁 新進社書房 725—HA647
147 藤本 保　初級自動車學 昭和5 428頁 婧文社 725—HU384
148 國際自動車協會　最新綜合自動車教科書 昭和11 655頁 725—KO359
149 松本明吉　最も新しい自動車の詳解講義 昭和5 444頁 二松堂 725—MA749
150 中原辰二　自動車の知識 大正9 319頁 誠文堂 725—NA339
151 奥泉欽次郎　模範自動車教科書（最新圖解）昭和6 德文堂 725—OK814
152 上坂正雄　新式自動車教本 昭和10 276頁 工業圖書株式會社 725—KA4000
153 上坂正雄　最新自動車講義（圖解說明）昭和11 586頁 崇文館 725—KA4000
154 アルス　機械工學大講座 第11卷 昭和11 118頁 72091—AK7
內燃機關（淺川權八）——自動車（三木吉平）
155 勝碇豐一　自動車（實修機械工學講座 第9卷）昭和13 90頁 共立社 725—KA783
156 菊池五郎　自動車工學 昭和13 884頁 725—KI331
157 三木吉平　實用自動車工學（實用機械工學講座 第3卷）昭和9 159頁 共立社 725—MI321
158 關 秀雄　自動車工學一般 昭和13 112頁 共立社 725—SE339
159 筑波美夫　初級自動車工學 昭和13 374頁 修教社 725—TU313
160 山田英吉　ビウイク自動車學 昭和4 225頁 婧文社 725—YA4087
161 自動車工學講座…(粟山間二)……………………………內燃機關(第2卷 1—12號)
162 自動車はどうして走るか…(武田盧骨)……………………鐵道之研究(第18卷10—12號)
163 小型自動車の性能に就て…(前田利一)……………………內燃機關(第2卷9號)
164 自動車の獨立支持方式に就て…(隈部一雄)………………內燃機關(第2卷9號)
165 自動車性能試驗臺…(小林 明)……………………………內燃機關(第2卷12號)
166 自動車列車の附隨車の設計…(岡剛)………………………內燃機關(第2卷9號)

內燃機關

167 淺川權八　瓦斯エンジン 大正15 386頁 丸善 725—AS021
168 淺川權八　石油エンジン（陸用船用）昭和3 358頁 丸善 725—AS021
169 淺川權八　デイーゼルエンジン 昭和6 335頁 丸善 725—AS021
170 Devillers, R.　內燃機關（林守維譯）昭和13 574頁 コロナ社 725—DE82
171 大日本工業學會　蒸汽原動機及內燃機 昭和13 284頁 725—DA265
172 平井要三　デイーゼル機關 昭和9 438頁 海文堂出版部 725—HI673
173 貫名 基　最新內燃機關 昭和10 288頁 丸善 725—NU30
174 池貝鐵工所　無氣噴油チーゼル機關（陸用）725—IK214
175 池貝鐵工所　高速チーゼル機關 725—IK214
176 池貝鐵工所　池貝デーゼル機關 725—IK214
177 金尾忠義　內燃機關(實修機械工學講座 第6卷)昭和13共立社 725—KA4045
178 加藤八十八　自動車發動機學 昭和3 112頁 東亞自動車學校 725—KA768

179　工業敎育會　**內燃機關**（工業敎育會叢書）昭和10　206頁　725—KO124

180　小茂島豐三郎　**デイーゼル機關**　昭和8　發動機研究社　725—KO433

181　隈部一雄　**內燃機關**　上卷（工學全集　第8卷）昭和5　大同評論社　725—KU422

182　隈部一雄　**內燃機關學**　下卷（工學全集　第9卷）昭和5　大同評論社　725—KU422

183　隈部一雄　**內燃機關學**　昭和11　山海堂　725—KU422

184　共立社　**內燃機關工學講座**　第1卷　昭和11　389頁　725—KY64
內燃機關史（富塚淸）——電氣點火（澤藤忠藏・宮田應禮）

185　共立社　**內燃機關工學講座**　第2卷　昭和11　531頁　725—KY64
熱及熱力學（田中敬吉・栗野誠一）——發動機の力學（中西不二夫）

186　共立社　**內燃機關工學講座**　第3卷　昭和11　725—KY64
燃料噴射及燃料ポンプ（濱部源次郎・長尾不二夫）——燃料燃燒及潤滑油（永井雄三郎・山口文之助）

187　共立社　**內燃機關工學講座**　第4卷　昭和11　454頁　725—KY64
航空發動機（田中敬吉）——陸舶用發動機（佐々木外喜雄）——自動車車輛用發動機（島秀雄）

188　共立社　**內燃機關工學講座**　第5卷　昭和11　725—KY64
航空發動機（東瀰三）——陸、舶、車輛用發動機（永井博）——自動車用發動機（三木吉平）

189　共立社　**內燃機關工學講座**　第6卷　昭和10　725—KY64
發動機用材料（高瀨孝次）

190　共立社　**內燃機關工學講座**　第7卷　昭和11　416頁　725—KY64
航空發動機（東瀰三）——陸、船、車輛用發動機（永井博）——自動車用機關（三木吉平）

191　共立社　**內燃機關工學講座**　第8卷　昭和10　384頁　725—KY64
陸、舶、車輛用發動機（鈴木德藏）——自動車用機關（三木吉平）——航空發動機（東瀰三）——電氣點火（澤藤忠藏）

192　共立社　**內燃機關工學講座**　第9卷　昭和10　504頁
航空發動機（富塚淸）

193　共立社　**內燃機關工學講座**　第10卷　昭和11　725—KY64
自動車用機關（三木吉平・大井上博）——車輛用機關（永井博）

194　共立社　**內燃機關工學講座**　第11卷　昭和11　375頁　725—KY64
舶用機關及陸上用內燃機關（濱部源次郎・長尾不二夫）

195　共立社　**內燃機關工學講座**　第12卷　昭和11　338頁　725—KY64
漁船用發動機（田島遠之輔）——農工用小型發動機（小林正一郎・鈴木德藏）

196　長尾不二夫　**チーゼル機關の燃料噴射及燃燒**　昭和12　養賢堂　725—NA171

197　大山文武　**セミ・デイーゼル機關**　昭和11　399頁　海文堂　725—OY022

198 酒井重藏　高速度發動機　昭和13　725—SA359
199 榊原精一　最新內燃發動車　昭和8　282頁　交友社　725—SA337
200 曾我部竹一　內燃機關設計（實用機械工學講座　第10券）昭和10　77頁　立共社　725—SO18
201 田村民平　デーゼル機關發明の史的考察と我が國に於ける其の動向　昭和7　30頁　桐生高工　725—TA470
202 飛永甚治　內燃機關　昭和12　193頁　工業圖書株式會社　725—TO024
203 粱山閑二　內燃機關　昭和14　374頁　山海堂出版部　733—2
204 內丸最一郎　瓦斯及石油機關　前後2篇　大正5—7　816頁　丸善　725—UT55
205 內丸最一郎　內燃機關　前後2篇　昭和6　1249頁　丸善　725—UT55
206 山形甚吉　デイーゼルエンヂン　昭和10　工業評論社　725—YA4081
207 山下誠太郎　內燃機關　昭和9　240頁　東洋圖書株式會社　725—YA4048
208 國策エンヂンに就て…（菊池洋四郎）……乘合と貨物（第6卷4號）
209 ガソリンと自動車エンヂン…（中元好助）……自動車界（第13卷5—7號）
210 自動車用空冷ヂーゼル發動機…（荒牧寅雄）……內燃機關（第2卷9號）
211 燃料と氣化裝置の知識…（山田春雄）……自動車界（第13卷8—10號）
212 省營自動車氣化器取扱說明書…（鐵道省自動車課）……乘合と貨物（第6卷6號）
213 自動車用點火栓に就て…（太田祐次）……自動車界（第13卷11號）
214 我國に於ける點火栓製作史概要…（伊藤亮）……自動車界（第13卷11號）
215 N. G. K.點火栓の性能其他…（日本特殊陶業株式會社）……自動車界（第13卷11號）
216 自動車用ガソリン機關性能試驗方法告示……モーター（第12卷9號）
217 自動車の原動力機冷却方…（特許拔萃）……機械學會誌（第41卷257號）

材料·電氣裝置·其の他

218 巽清治　最新各種一般自動車電氣裝置詳解　昭和5　オーム社　725—TA709
219 奧泉欽次郎　最新自動車點燈始動點火電氣裝置講義　昭和7　581頁　德文堂　725—OK814
220 自動車用新材料…（田中萬次郎）……機械と電氣（第4卷4—5號）
221 タイヤの費消節約に就て…（横濱護謨製造株式會社）……朝鮮の自動車（第99號）
222 弩級タイヤに就て…（木村茂雄）……自動車界（第13卷2號）
223 ダットサン車用電裝品…（九鬼隆尙）……日立評論（第21卷12號）
224 最近特許のモーター關係品を紹介す……モーター（第12卷1—5號）
225 純國產日黑計器に就て…（山本誠）……自動車界（第13卷3號）
226 自動車用蓄電池に就て…（武藤）……自動車界（第13卷1號）
227 自動車用蓄電池の取扱方に就て…（宮田島止）……朝鮮の自動車（第94號）
228 自動車及びバスの夏季及び冬季空氣調和……內燃機關（第2卷5號）
229 自動車の暖房裝置……機械學會誌（第41卷256號）

自動車工業及諸型紹介

230 自動車の製作…（山本惣治）……………………………………内燃機關（第2卷9號）
231 躍動はつゞく國產自動車工業……………………………………朝鮮の自動車（第94號）
232 躍動はつゞく國產自動車工業…（藤堂俊一郎）……………………自動車界（第13卷3號）
233 總動員下自動車工業論…（井川俊一郎）……………………………自動車界（第13卷7號）
234 自動車工業と規格統一…（宮田應義）………………………………内燃機關（第2卷9—12號）
235 躍進トヨタ擧母新工場建設を見る（國產自動車の巨大なる進步）…モーター（第12卷2號）
236 トヨタ擧母工場建設を觀る…（山岡陽介）…………………………交通之日本（第10卷2號）
237 伸び行くニツサンを解剖する………………………………………交通之日本（第10卷12號）
238 日產自動車從業員養成所…（中野英次郎）…………………………自動車界（第13卷8號）
239 昭和十一年末の小型特殊兩自動車現在を見る…………………………モーター（第12卷4號）
240 燃料國策に躍り出た代燃車のいろいろ…（原正俊）…………………自動車界（第13卷10號）
241 小型タクシー問題…（平田俊文）……………………………………自動車界（第13卷1號）
242 車體の改造を要す…（野寺哲二郎）…………………………………自動車界（第13卷4號）
243 乘用自動車のボデーに就て…（野間口兼矩）………………………内燃機關（第2卷8號）
244 乘用自動車ボデーの設計…（野間口兼矩）…………………………内燃機關（第2卷9—10號）
245 三八年新車の諸特徵を見る…（野田三郎）…………………………自動車界（第13卷1號）
246 一九三九年新車の傾向…（奥山悌）…………………………………自動車界（第13卷8號）
247 輕合金製自動車………………………………………………………機械學會誌（第41卷256號）
248 鐵道省で新製した雪搔自動車に就て…………………………………乘合と貨物（第6卷5號）
249 國產自動車に就て…（宮田應義）……………………………………内燃機關（第2卷4—5號）
250 國產車の改良點…（鐵道省自動車課）………………………………乘合と貨物（第6卷1號）
251 淺野清治　**新V型フオード自動車詳解**　昭和11　234頁　德文堂
725—AS034
252 奥泉欽次郎　**新フオード車取扱講義**（圖解本位）　昭和5　464頁　德文堂
725—OK814
253 フオード三八年型——改良された諸特徵に就て………………………交通之日本（第10卷4號）
254 經濟的に改良した三八年型新フオード………………………………朝鮮の自動車（第96號）
255 フオード自動車サービス講話…（日本フオード自動車株式會社）
…………モーター（第12卷1—4號）
256 一九三八年型新シボレー（注目される其の大改良）……………………朝鮮の自動車（第94號）
257 一九三八年型新シボレーの特徵………………………………………モーター（第12卷2號）
258 劃期的改良の三八年型新シボレー…（濱田正夫）……………………自動車界（第13卷3號）
259 大改良の三八年型新シボレー…………………………………………交通之日本（第10卷2號）
260 一九三九年型新シボレー乘用車の展望………………………………交通之日本（第10卷12號）
261 ダツジ・ブラザース乘用車、貨物車、乘合車サービス講話……モーター（第12卷2—4號）
262 一九三八年式ダツジ各型構造明細を見る……………………………モーター（第12卷7號）
263 待望の一九三八年式新ダツヂに就て…………………………………交通之日本（第10卷3號）

— 10 —

264 二五九八年型一七型新ダットサンに就て……………………………交通之日本(第10卷 4 號)
265 ダイハツ三八年型改良點の種々相…(井川俊一郎)……………………自動車界(第13卷 2 號)
266 一九三八年型ダツジニューモデルの特徵…(闕貞次郎)………………自動車界(第13卷 5 號)
267 三八年型モーリス 8 の特徵…(野田三郎)……………………………自動車界(第13卷 2 號)

ガソリン自動車

268 日本鐵道省車輛課　**最新ガソリン動車詳解**　昭和 8　68頁　鐵道時報局
725—TE703
269 櫓谷一郎　**ガソリン車**　昭和 8　180頁　江島日進堂　725—TA6
270 熊谷直次郎　**ガソリン動車乘務員作業指針**　昭和11　交友社　725—KU427
271 車輛維持費より見たる瓦斯倫自動車と電氣自動車…(山崎孝美)………
……………乘合と貨物(第 6 卷 2 號)
272 ガソリン機關の各シリンダーへの混合氣の配合に就て…(岡本勇象)……
…………機械學會誌(第41卷256號)
273 ガソリン・タクシー・自動車…(奥田雲藏)……………………自動車界(第13卷1—2號)

ディーゼル自動車

274 デイーゼル自動車とその將來…(三輪光義)……………………乘合と貨物(第 6 卷 2 號)
275 池貝鐵工所　**池貝デイーゼル自動車**　725—IK241
276 ヂーゼル自動車と池貝 HSD 型機關……………………………內燃機關(第 2 卷 3 號)
277 井田富太　**輕油動車講義**　昭和 9　248頁　鐵道教養助成會　725—AK80
278 木村知彥　**輕油動車**　昭和6　318頁　725—KI458

木炭自動車

279 加藤文平　**木炭自動車の研究**　(電氣、薪及ヂーゼル並ガソリン自動車の經濟運轉)　昭和13　151頁　交通教育會　725—KA780
280 粱山閏二　**木炭自動車**　昭和14　178頁　共立社　739—1
281 菊池洋四郎　**木炭自動車取扱法**　昭和13　國際自動車協會　725—KI330
282 木炭ガス自動車論…(平田俊夫)……………………………………自動車界(第13卷 4 號)
283 木炭自動車の研究…(加藤文平)……………………………………朝鮮の自動車(第96號)
284 薪炭ガス自動車に就て…(粱山閏二)………………………………內燃機關(第 2 卷3—5號)
285 薪炭自動車に就て…(粱山閏二)……………………………………乘合と貨物(第 6 卷11—12號)
286 薪炭自動車に就て…(松本勝年)……………………………………交通之日本 (第10卷9—10號)
287 薪炭ガス自動車…(田中萬次郎)……………………………………內燃機關(第2卷9—10號)
288 薪炭ガス自動車…(長尾不二夫)……………………………………機械と電氣(第 4 卷1—4號)
289 木炭瓦斯自動車…(野田男宗)………………………………………交通之日本(第10卷 7 號)
290 陸式薪自動車に就て…(蒲生 健)…………………………………自動車界(第13卷 7 號)
291 薪炭自動車の爲に…(福原俊丸)……………………………………自動車界(第13卷 4 號)

292 陸式薪瓦斯自動車に就て…(共和自動車株式會社)……………交通之日本(第10卷11號)
293 木炭自動車界雜記…(橋本再起)……………乘合と貨物(第6卷12號)
294 木炭自動車の報告…(大西信治)……………乘合と貨物(第6卷10號)
295 木炭自動車政策…(菊池洋四郎)……………乘合と貨物(第6卷8號)
296 薪瓦斯發生裝置の構造概略……………朝鮮の自動車(第95號)
297 愛國式木炭瓦斯發生機の構造と取扱法……………モーター(第12卷4—5號)
298 薪炭瓦斯發生器に對する不平と私見…(山本豐村)……………モーター(第12卷2號)
299 薪炭瓦斯發生機及促進の急務……………モーター(第12卷1號)
300 木炭瓦斯發生裝置に就いて…(農林省山林省)……………モーター(第12卷1號)
301 シラト式木炭瓦斯發生機取扱法…(白土允中)……………モーター(第12卷2號)
302 木炭瓦斯發生裝置に就て…(田守敏樹)……………自動車界(第13卷4號)
303 木炭瓦斯發生爐裝置に關する事項…(商工省燃料局)……………乘合と貨物(第6卷5號)
304 自動車用の薪木瓦斯發生裝置に就て…(牧雅子)……………乘合と貨物(第6卷5號)
305 時局下に躍り出た薪炭ガス發生機……………乘合と貨物(第6卷3號)
306 コクサク木片瓦斯發生機……………乘合と貨物(第6卷7號)
307 木炭自動車用木炭に就て…(加藤文平)……………乘合と貨物(第6卷7號)
308 薪炭自動車の運行に就て…(大瀨 勝)……………朝鮮の自動車(第93號)
309 薪炭自動車取扱に就て注意……………朝鮮の自動車(第103號)
310 木炭車の手入によるスピードアップ…(松井健治)……………自動車界(第13卷11號)
311 木炭瓦斯自動車を使用して…(今村次郎)……………自動車界(第13卷4號)
312 木炭自動車の試驗成績を語る…(築山 清)……………自動車界(第13卷4號)
313 木炭自動車使用の實績を語る…(三田三郎)……………自動車界(第13卷4號)
314 薪炭ガス自動車取扱法…(遠藤哲夫)……………自動車界(第13卷8號)
315 薪炭ガス自動車隊と行を共にして…(遠藤哲夫)……………自動車界(第13卷8—9號)
316 木炭自動車運轉手に對する臨時手當支給規定…(東京市電氣局)
……乘合と貨物(第6卷11號)
317 木炭自動車はどの位利益になるか…(大鐵かもつ)……………運送之日本(第16卷5號)
318 木炭自動車は儲かるか……………交通之日本(第10卷12號)

電氣自動車

319 電氣自動車に就て…(多田文秋)……………電氣之友(第79卷843號)
320 我國電氣自動車の現狀…(近藤 孝)……………自動車界(第13卷3號)
321 電氣自動車の現狀と將來…(加藤文平)……………乘合と貨物(第6卷10號)
322 電氣自動車の現狀と之が發展策に就て…(巽 良知)……………電氣協會雜誌(第196卷199號)
323 電氣自動車普及の一方策…(石川芳次郎)……………電氣之友(第79卷844號)
324 電氣自動車に關する座談會……………滿洲電氣協會々報(第7號)
325 電氣自動車座談會……………電氣協會雜誌(第193號)

液化・天然ガス自動車

326 液化ガス自動車…(山形春雄)……………機械と電氣(第4卷4號)

— 12 —

327 液化ガス自動車…(楽山間二)……エンヂニヤリング(第26卷10號)
328 液化ガス自動車…(内外文献抄錄)……内燃機關(第2卷8號)
329 天然ガス自動車の構造…(尾崎定雄)……自動車界(第13卷7號)
330 普及遠からぬ天然瓦斯自動車…(山口武義)……朝鮮の自動車(第94號)

乘合自動車

331 加藤盛次郎 **乘合自動車** 昭和11 工業圖書株式會社 992—KA761
332 乘合自動車運輸統計…(福山 清)……乘合と貨物(第6卷8—10號)
333 バス運賃の現在と將來…(加藤文平)……乘合と貨物(第6卷5—6號)
334 バス營業に對する雜感…(永田鐵三)……交通之日本(第10卷9號)
335 バスの乘客誘致に就て…(福山 清)……乘合と貨物(第6卷1號)
336 東京市バス運轉手心得帳…(東京市電氣局自動車課)……乘合と貨物(第6卷1號)
337 東京バス女子車掌心得帳…(東京市電氣局自動車課)……乘合と貨物(第6卷1號)
338 關東乘合自動車株式會社…(品川靜民)……乘合と貨物(第6卷1號)
339 最近に於けるバス車輛の變遷…(斯波 新)……自動車界(第13卷7號)
340 バスボデーの檢討…(村松健藏)……自動車界(第13卷7號)
341 バス車輛の變遷…(斯波 新)……乘合と貨物(第6卷10號)
342 冷房裝置附乘合自動車…(佐竹達三)……乘合と貨物(第6卷9號)

貨物自動車

343 仙臺鐵道局運輸課 **貨物自動車調査** 附自動車交通事業法 昭和11 434頁 992—SE4
344 貨物自動車事業法…(議會提案)……運送之日本(第16卷12號)
345 近距離輸送と貨物自動車…(阿部牧太郎)……交通時代(第9卷6號)
346 トラックの運賃算出に就て…(大阪貨物自動車營業組合)……乘合と貨物(第6卷2—3號)
347 貨物自動車荷臺規格私案…(松葉盛重)……乘合と貨物(第6卷6號)
348 トラックの木製ボデーの使用提唱—鐵材節約のため……朝鮮の自動車(第95號)
349 二五九八年式T一七型ダツトサントラック……交通之日本(第10卷4號)
350 一九三九年型新シボレートラックの發表迫る……朝鮮の自動車(第104號)
351 一九三九年型新シボレートラックの改良點を觀る……交通之日本(第10卷12號)
352 いよいよ出るシボ・トラック—燃料經濟が主眼の新設計……朝鮮の自動車(第93號)

自動車運轉及修理

353 垣内應治 **自動車の知識及操縱** 昭和4 499頁 大鐙閣 725—KA34
354 齋藤馴三 **自動車運轉者の鍵** 昭和3 製々堂 992—SA231
355 池内伸次 **自動車運轉免許證は斯くして得よ** 昭和10 三省堂 725—IK217
356 國際自動車協會 **最新自動車機關電氣運轉修理精解** 昭和11 580頁 725—KO359
357 上坂翠泉 **小型自動車の機構運轉取扱修理** 昭和14 247頁 725—KA4060
358 軍用自動車研究會 **自動車保存取扱上の參考** 昭和8 448頁 兵書刊行會 725—GU400

359 小山誠一　　自動車故障發見竝修理法（圖解說明）

昭和11　德文堂　725—KO904

360 古市亮藏　　自動車の檢査竝修理　昭和９　200頁　鐵道時報局　725—HU619

361 東學社　　自動車故障點檢法　昭和13　225頁　　725—TO103

362 自動車運轉の祕法…（木村茂雄）……自動車界（第13卷１號）

363 ハドスン車の取扱及び操縱法に就て……交通之日本（第10卷3—4號）

364 ニッサン自動車取扱法…（足立幸太郎）……モーター（第10卷1—2號）

365 極寒地の自動車取扱法…（櫨本再起）……乘合と貨物（第６卷3, 12號）

366 自動車の走行に關する實驗——新しい走行抵抗式に就て…（下山鑛一）……

……內燃機關（第２卷９號）

367 自動車の走行に關する實驗——速度經濟及び燃料經濟に就て…（下山鑛一）……

……內燃機關（第２卷10號）

368 ガソリン節約に伴ふ車輛整備と經濟運轉…（小野盛次）……乘合と貨物（第６卷11號）

369 自動車の酷使を防止せよ…（小林秀雄）……內燃機關（第２卷２號）

370 自動車の酷使を防止せよ…（小林秀雄）……交通之日本（第10卷５號）

371 自動車事故防止…（省營自動車區）……乘合と貨物（第６卷４號）

372 自動車使用と修理讀本…（木村茂雄）……自動車界（第13卷 6—11號）

373 省營自動車車輛修繕限度修繕基準…（鐵道省自動車課）……乘合と貨物（第６卷11號）

374 自動車の車體振動防止に關する實例……機械學會誌（第41卷 256號）

375 自動車の振動防止法に就て…（田中萬次郎）……內燃機關（第２卷12號）

376 トヨタ・オイル・ブレーキの理想的調整法……モーター（第12卷２號）

377 自動車レースの思ひ出…（關根宗次）……自動車界（第13卷5—7號）

378 自動車競爭界を追想して…（藤本軍次）……自動車界（第13卷５號）

379 世界の自動車競爭を語る…（奧山　鼕）……自動車界（第13卷５號）

380 上坂翠泉　　各府縣自動車試驗問題解答集　昭和14　367頁　日本放送出版協會

725—A4060

381 兵庫縣自動車運轉免許學科試驗問題と解答…（中越　勇）……モーター（第12卷 1−12號）

382 最近警視廳自動車關係試驗問題と其の解答…（作田穎正）……モーター（第12卷—12號）

自動車燃料

383 藥山閏二　　內燃機關燃料　昭和13　228頁　　725—TU314

384 日本交通協會　　日本は何處へ行く　昭和12　70頁　　992—NI550

ガソリンの消費節約による燃料國策の樹立——自動車工業の確立上殘された最も重要な問題

385 現下の燃料問題…（笹川　節）……自動車界（第13卷1—2號）

386 自動車燃料に關する現下の諸問題…（飯高信男）……モーター（第12卷９號）

387 代用燃料自動車に就て…（佐竹達二）……乘合と貨物（第６卷11號）

388 自動車用燃料…（藥山閏二）……內燃機關（第２卷9—10號）

389 滴體燃料に就て…（宮川一郎）……內燃機關（第２卷３號）

390 自動車と代用燃料に就いて…(大河內秀昭)…………………………交通時代(第9卷1號)
391 アルコール混合ガソリンの性能…(石井直治郎)…………………内燃機關(第2卷1―2號)
392 アルコール混用燃料の常識…(鐵道省自動車課)……………………乘合と貨物(第6卷11號)
393 アルコールの混合燃料に就て…(堀　久)…………………………朝鮮の自動車(第95號)
394 揮發油及アルコール混用法に就て………………………………………朝鮮の自動車(第95號)
395 ガソリン機關にガソリンと酒精燃料とを使用したる比較實驗成績…(三木吉平)……
……內燃機關(第2卷2號)
396 ガソリンの揮發性に就て…(石井直次郎)……………………………內燃機關(第2卷3―7號)
397 自動車の走行抵抗と燃料消費量に關する實驗…(下山䥺一)…機械學會誌(第41卷249號)
398 業者とガソリン消費問題…(庄司信三郎)……………………………運送之日本(第16卷2號)
399 石油問題と自動車交通事業…(高橋金之助)…………………朝鮮の自動車(第99―100號)
400 第三次石油消費規正に當り政府及自動車運輸事業者に望む…(伊藤)………………
……乘合と貨物(第6卷7號)
401 揮發油及重油の販賣取締令に就て…(西　本)…………………………朝鮮の自動車(第100號)
402 ガソリンの節約方法に就て……………………………………………………朝鮮の自動車(第93號)
403 ガソリン節約の研究…(加藤盛次郎)……………………………………乘合と貨物(第6卷1―2號)
404 燃料節約其の他…(永田鐵三)…………………………………………………自動車界(第13卷9―11號)
405 ガソリン節約に就て…(朝鮮自動車交通協會)…………………………朝鮮の自動車(第95―96號)
406 非常時下の燃料節約――經濟運轉讀本…………………………………交通之日本(第10卷8―10號)
407 ガソリン節約の好資料――日本ゼ社發行の經濟運轉讀本…朝鮮の自動車(第99―100號)
408 運轉取扱技術によるガソリン消費節約法…(安全自動車株式會社)…………………
モーター(第12卷7―9號)
409 ガソリン節約運轉上の注意…(京都府保安課)…………………………交通之日本(第10卷3號)
410 運轉取扱技術によるガソリン消費節約…(木谷仁一郎)………………乘合と貨物(第6卷11號)
411 技術的見地より視たる自動車燃料節約に就て…………………………朝鮮の自動車(第97號)
412 輕負荷に於けるガソリン又は石油機關の燃料節約の研究…(淺川權八)…………
…………內燃機器(第2卷5號)
413 ガソリン節約に關し重大なる見落しと自動車の保有量問題に就て…(井位田七右衛門)
…………朝鮮の自動車(第104號)
414 非常時局とガソリン節約に就て…(横溝仙太郎)…………………………交通之日本(第10卷2號)
415 石油の消費制限と節約…(笹川節)……………………………………………自動車界(第13卷6―7號)
416 四割の燃料節約――ボデーの流線化による…(原正俊)……………自動車界(第13卷6號)
417 我國の石油國策と省營自動車のガソリン消費規正…(三輪眞吉)……………………
乘合と貨物(第6卷10號)
418 省營自動車ガソリン節約指針…(東京鐵道局自動車課)………乘合と貨物(第6卷7―8號)
419 ガソリン規正後に於ける鐵道省の實績調査…(斯波新)…………朝鮮の自動車(第102號)
420 ガソリン節約に關する車輛の整備…(小野盛次)……………………………乘合と貨物(第6卷3號)

―― 以　上 ――

保　　1291
産交自　　29
丙資分　　031
印　　30

昭和十二年八月

調査立案書類目錄（產業部、交通課、自動車係）

滿鐵○產業部

-01-

調査立案書類目錄

目次

（一）自動車……一
（二）荷馬車……八
（三）道路……一〇
（四）航空……一八

以上

昭和十二年八月

産業部、交通課、自動車係

一、自動車

書名	擔當者	刊行年月日	印刷部數	取扱	保管番號
自動車營業統制機關竝審査機關設置	今泉卯吉 上野清	七、七		極秘	二六五
自動車營業管理經營方針	〃	〃		〃	三二七
奉天ニ於ケル交通機關ノ改革案	〃	七、八		〃	五一九
自動車運送營業法	〃	七、一一		〃	一二六
自動車運轉手免許規則	〃	〃		〃	三八一
自動車取締令	〃	〃		〃	四一六
自動車ニ關スル法規ノ制定ニ就テ	〃	〃		〃	六七六
滿洲ニ於ケル特殊自動車網計畫案	〃	七、一二		〃	四三四
自動車運轉營業ニ關スル件（關東軍特務部聯合會議事錄）		八、二		〃	四〇八
特殊自動車營業路線ノ區分ニ關スル件（關東軍特務部聯合研究會議事錄）	新京幹事	〃		〃	一一六

-1-

-2-

特殊自動車會社ニ關スル案ノ說明及參考書	今泉卯吉 上野淸	八、二		極秘	一三六
特殊自動車會社ニ關スル案	〃	〃		〃	一四〇
自動車運輸營業ニ關スル件（關東軍特務部聯合打合會議事錄）	〃	〃		〃	二九七
城子疃安東間自動車營業ノ認可ニ關スル件	〃	〃		〃	四一三
滿洲國人口分布鑛産資源ト自動車網トノ關係圖	〃	八、五		秘	七六三
滿洲國縣別土地面積人口密度圖	今泉卯吉	〃		〃	七九三
奉天市内乘合自動車臨時統制案ニ關スル件	今泉卯吉 上野淸	八、七		極秘	一三九
滿蒙委員會提唱日滿自動車會社設立ニ關スル對案	今泉卯吉	〃		〃	一四八
舊中國政府及遼寧省公布自動車事業關係法集	〃	八、八			三八六
自動車營業ノ免許ニ關スル對策	今泉卯吉 上野淸	〃		極秘	三八五

-3-

自動車關係法規集	今泉卯吉	八、八			三八六
滿洲ニ於ケル自動車及自動車工業ニ關スル考察（附圖一五枚）	今泉卯吉 上野清	八、一〇		極秘	二七一
日満自動車會社設立案對策	〃	〃		〃	三一九
旅順工大自動車試驗乘報告	〃	九、二			四九七
滿洲ニ於ケル自動車交通事業ニ就テ	上野清	九、四		秘	
滿洲ニ於ケル自動車事業ノ概論	〃	九、二		〃	五七六
自動車取締規則（參考内地規定）	〃	〃			五五二
滿洲ニ於ケル自動車交通概要	〃			秘	七九六
新京及近郊自動車運輸業統制ニ關スル件（關東軍交通監督部打合會昭九、九六會決定案）陸交運（一一一七）	今泉卯吉 上野清	九、九		極秘	三五五
新京及近郊自動車運輸統制ニ關スル打合會報告ノ件	新京幹事	〃		秘	八四二
綏芬河以北國境地區特別調査報告書	下田竹雄	九、一〇		〃	一〇〇
鐵路總局自動車交通事業概説	上野清	九、一一		〃	八九六

-4-

滿洲國交通部提案「新京特別市内バス統制要綱」ニ對スル意見書	上野　清	九、一二		極秘	九四七
滿洲自動車協會定款細則（草案）	〃	〃			九四六
自動車性能試驗實行案	〃	一〇、二		秘	一〇二八
奉天醫科大學耐寒自動車運行試驗報告	〃	〃			
内外石油統計	〃	一〇、七			
奉天－哈爾濱間往復自動車實地走行試驗報告書	〃	一〇、一〇		秘	
北支ニ於ケル自動車交通事業及道路現況調査實行案	岡野　美武	一一、六		〃	
滿洲ニ於ケル自動車液體燃料ニ就テ	中村　實	一一、八		〃	一〇九〇
五年後ノ自動車交通ト其ノ免許方策	上野　清	一一、九		極秘	二一二一
滿洲ニ於ケル自動車業ニ就テ		一一、一〇		秘	二四
滿洲國國營自動車交通五箇年計畫年度割（案）	上野　清	一一、一一		極秘	一四〇
日本自動車工業及自動車交通概要	〃	一一、一二			二五九

-5-

冀察地區ニ於ケル特殊自動車會社ニ關スル方針案	岡野美武 中山高 荒木政之助	一一、一二		極秘	二三一
同（改訂）	〃	〃		〃	二三一、四
冀東地區ニ於ケル特殊自動車會社ニ關スル方針案	〃	〃		〃	二三一、一
同（改訂）				〃	二三一、五
冀察自動車會社年度別事業費概算（案）	〃	一二、二		〃	二三一、三
同（改訂案）	〃	〃		〃	二三一、六、一
冀東自動會社年度別事業費概算（案）	〃	〃		〃	二三一、九、一
北支ニ於ケル長途自動車運輸現況一覽表	〃	〃			五一四一
滿洲ニ於ケル民營自動車運輸事業ト經費問題ニ對スル一考察	中村實	〃		秘	四四九
冀東地區自動車交通竝道路實態調査實行案	上野清	一二、四		〃	二三一、一九
冀東政府自動車交通竝道路建設計畫調査立案ニ關スル件	〃	〃		〃	六七五

冀東自動車會社設立案會議議事錄（於産業部會議室昭一二、四、二）	上野　清	一二、四		極秘	六八九
冀東自動車會社借款契約		〃		秘	三三一〇
滿洲國自動車分布圖	上野　清 齊藤孫次郎			〃	
滿洲ニ於ケル自動車及自動自轉車ノ現勢	上野　清 中村　實 渡邊　晋	一二、六		〃	
冀東地區自動車交通事業統制方策（大綱）	上野　清			極秘	
冀東地區自動車交通竝道路實態調査計畫	〃	一二、八		秘	
同　第一輯　自動車交通　第一類	岡野　美武	〃			
第二類	中村　實				
同　第二輯　道路實態	下田　竹雄	〃			
同　第三輯　各縣一般經濟事情	住吉　平治	〃			
同　第四輯　自動車竝道路ニ關スル寫眞説明	齊藤孫次郎	〃			

-7-

滿洲自動車交通路線調査表	上野　淸	一二、八		
山東省營業自動車路線粁程及賃率表	〃	〃		
甘肅公路幹線支線調査	〃	〃		
北支自動車交通計畫要綱案（參考資料）	〃	〃		極秘
北支自動車交通事業及道路現況調査報告	岡野美武 荒木政之助 中山高	一二、四		〃

-8-

二、荷馬車

書名	擔當者	刊行年月日	印刷部數	取扱	保管番號
滿蒙車輛改良委員會第一回委員會議事錄	今泉卯吉	八、一一		秘	六六一
滿蒙車輛改良委員會第一回小委員會會議ニ關スル報告（第二回）	〃	八、一二		〃	四七三
滿蒙車輛改良委員會會議報告（第三回）		九、二		〃	四九八
滿蒙車輛改良委員會議事錄（第四回）	〃	九、三		〃	七二〇
滿蒙車輛第一次實地ノ運行試驗報告書	〃	〃		〃	七二一
滿蒙車輛委員會第二次車輛運行試驗要綱	〃	九、四		〃	五九五
第三次滿蒙車輛實施運行試驗報告書	〃	九、五		〃	六八七
滿蒙車輛改良ニ關スル實地試驗及小委員會議事報告	〃	九、一一		〃	八九五

満蒙車輛ノ研究並試驗成績報告書（準標準型ノ制定ニ至ル迄）	今泉　卯吉	九、一一		秘	九〇七
荷馬車ニ關スル資料	〃	〃		〃	
九〇七附錄一、荷馬車ニ關スル資料	〃	〃		〃	九〇八
九〇七附錄二、輾子入軸承裝置ノ改良支那馬車輿地搬行試驗成績概要	〃	〃		〃	九〇九
満蒙車輛ノ學術的牽引試驗成績概報	〃	九、一二		〃	九三〇
満洲ニ於ケル地方車輛徵收率ニ關スル報告書	住吉　平治	一〇、八		極秘	一二八六、三
〃　〃	〃	〃		〃	一二八六、二
満洲ニ於ケル地方車（荷馬車）徵集ニ關スル調査報告	〃	一一、一一		〃	一一四二

三、道路

書名	擔當者	刊行年月日	印刷部數	取扱	保管番號
道路網各路線說明書	住吉 平治	七、六		秘	一五五
滿洲國道路計畫案	小味淵 肇 今 三郎	七、九		極秘	一五六
滿洲國道路建設計畫案	〃	七、九		〃	一(イ)五六
滿洲國道路計畫路線說明書	住吉 平治	七、九		〃	一(ロ)五六
道路網延長表	今 三郎	七、九		〃	一(ハ)五六
道路法施行令案	小味淵 肇 今 三郎 下田 竹雄	七、一〇		〃	三四二
道路法案	下田 竹雄	七、一〇		〃	三(ロ)四二

道路大綱説明	小味淵肇 今 三郎 下田 竹雄	七一〇		極秘	三(イ)四二
道路維持修繕合案	〃	七一〇		〃	三(ハ)四二
土木委員會設置案	〃	七一〇		〃	三(ニ)四二
暫行道路規則案	〃	七一〇		〃	三(ホ)四二
滿洲既往路政調査書	住吉 平治	七一一		，	三九〇
朝鮮市街地計畫令（昭九、六、二〇制令第八號）		九一〇			八六二
滿洲國各省縣旗面積表	下田 竹雄	一〇、六			一二一五
滿洲國道路現況調査方針立案	上野 清	一〇、八		秘	一三四五
滿洲國道路現況綜合調査第一班（奉天、龍江、熱河、濱江、三江、間島、安東、計八省）	〃	一〇、八			一五八六

-11-

-12-

標題	著者	日付	区分	番号
滿洲國道路現況調査立案	上野 清 下田 竹雄	一〇、八	秘	
初號線ノ經濟的價値	住吉 平治	一〇、一二		一五四八
滿洲國道路現況綜合調査實行案	上野 清	一一、一	秘	一六一〇
滿洲國道路現況綜合調査要綱	〃	一一、一	〃	一六〇、一
滿洲國道路現況綜合調査（事務分擔豫員名簿）滿鐵關係	〃	一一、二		一六一〇、二
滿洲國自動車道路網計畫延長表	下田 竹雄	一一、一		一五五九
滿洲國國道第二次五箇年實施計畫案	上野 清	一一、三	極秘	一七一三
滿洲國燕地調査委員會組織（燕地調査要綱案）（調幹會三六第一號）	〃	一一、四	秘	一七三九
滿洲國燕地調査計畫案	〃	一一、四	極秘	一七三九、二
滿洲國國道第二次五箇年計畫案ニ關スル打合會報告ニ關スル件（新京經調第七二四號）	〃	一一、四	秘	一七一三、二

-13-

國道第二次五箇年計畫（國道局案經調案）ニ對スル意見	上野清 岡野美武	一一、五	秘	一七一三、三
國道經濟調査實行計畫打合會議報告（於鐵道局第二會議至昭和一一、五、一三）	〃	一一、五		一八六八
第二回國道懇談會議題ト調査項目（於新館會議至昭和一一、五、七）	〃	一一、五		一七一四四
綏新自動車道路圖其ノ一、其ノ二（各一枚）	岡野美武	一一、五		一八七三
滿洲國國道經濟調査實行案	上野清 岡野美武	一一、五		一八七五
滿洲國國道第二次五箇年實施計畫追加案	〃	一一、五	極秘	一七一三、五
呼倫貝爾地方ニ於ケル土地河川ノ凍結	上野清	一一、七		一九七九
海拉爾附近土地凍結ニ關スル研究	〃	一一、七		一九七九、一
凍地調査參考資料「凍地ノ狀態及偵察」	〃	一一、七		一九七九、二

題名	作成者	年月		区分	番号
滿鐵濕地調査小委員會濕地調査打合會議報告	上野 清	一一、八		秘	一九七九三
關東州廳ト滿鐵トノ合同第二次濕地下打合會議報告	〃	一一、八		〃	一九七九五
關東軍主催濕地特別調査打合會議報告	〃	一一、八		〃	一九七九四
熱河ノ氣象	〃	一一、八			一九七九六
滿洲國交通一覧資料	下田 竹雄	一一、九			
滿洲北部地方濕地調査參考資料（第一輯）	上野 清 長田 忠	一一、一一		極秘	一五〇
〃（第二輯）	〃	〃		〃	一五〇、一
〃（第三輯）	〃	〃		〃	一五〇、二
〃（第四輯）	〃	〃		〃	一五〇、三
群落生態ヨリ見タル石狩國洮向泥炭地（濕地調査參考資料）	下田 竹雄	一一、一一			一一五
滿洲國既成國道ノ縱斷調査ニ關スル編輯上ノ技術的統一案	上野 清	一一、九			

-15-

綏濱、蘿北兩縣ニ於ケル耕地開拓ニ就テ	住吉　平次	一二、一一		秘	一二九
昭和十一年度北滿殖地第一次及第二次現地調査出張者調（滿鐵關係）	上野　清 下田　竹雄	一一、一二		〃	一五〇、四
滿鐵殖地調査小委員會主査會議報告	下田　竹雄	一二、一		〃	三二七
石狩幌向原野植物（殖地調査參考資料）	〃	〃			一二五、一
滿洲國國道第二次五箇年建設工事所要勞力人員調	上野　清 下田　竹雄	一二、一		秘	二八七
北支自動車道路一覽表	岡野　美武	一二、二			五一四
滿洲國國道第二次五箇年建設工事所要技術者人員數調査	下田　竹雄	一二、三			二七八、一
安東建設法規集刊	岡野　美武	一二、四			七五二
滿洲國既成國道經濟調査	上野　清	一二、七			一一三四
〃　第一輯　安東－城子疃	住吉　平治 齋藤　採次郎	一二、四			七六五、一
〃　第二輯　通遼－開魯	中村　實 齋藤　採次郎	〃			七六五、二

〃 第三輯 奉天－撫順	中村貫 齋藤孫次郎	一二、四			七六五三
〃 第四輯 新京－吉林	齋藤孫次郎	〃			七六五四
滿洲國國道構造規準	下田竹雄	〃			七二〇
新京－大連間道路踏査報告	坂田亘夫	一二、五			八〇六
奉天－撫順間國道舗装化ニ對スル一考察	〃	〃		秘	八六九
滿洲國交通圖	上野清 下田竹雄			極秘	
地質、土壤、水利學上ヨリ觀タル北滿ノ濕地圖	上野清 下田竹雄 新帯國太郎 山島貞雄 石井淳一 遠藤隆次 吳水一枝 渡邊政治 小原博一 五十嵐大輔			極秘	

-17-

	野鶴秀八 栗原忠三 若林正 渡邊毅			
満洲國國道建設康德二、三年度計畫略線調	下田竹雄			祕
三河ー賓低間、大口屯ー大唐店間道略現況調査報告	〃			〃

四、航空

書名	擔當者	刊行年月日	印刷部數	取扱	
滿洲航空輸送會社ト滿鐵トノ契約事項	森田 進	七、九		極秘	三三〇
滿洲航空股份有限公司（章程草案）	〃	〃		〃	三三五
滿洲航空株式會社定款	〃	七、一一		〃	四一四
滿洲航空網ト鐵道トノ速度及賃金比較	上野 清 下田 竹雄	一〇、九			一三七五
支那航空事業概説	上野 清	一〇、一〇			一四四一
北支投資研究小委員會北支投資豫想表別表北支航空事業投資額調	〃	一一、四			一七二三、三
滿洲ニ於ケル民間航空事業ニ就テ	岡野 美武	一一、五		秘	一八二五
中國歐亞惠通三航空公司ノ比較	上野 清				

昭和十四年六月

調査立案書類目録（鐵道總局調査局調査課第三技術係）

鐵道總局調査局

調査立案書類目録

目次

一 自動車……一

二 荷馬車……一〇

三 道路……一二

四 航空……一九

五 北満交通調査……二〇

以上

昭和十四年六月

調査局調査課第三技術係

本書ハ昭和七年一月ヨリ昭和十四年六月迄經濟調査會第三部道路班（自動車道路）產業部交通課自動車係、調査部調査役附自動車係、鐵道總局調査局調査課第三技術係ニ於テ調査立案シタル自動車交通道路建設計畫及航空ニ關スル調査、研究資料目錄テアル

一 自動車

書名	擔當者	刊行年月日	印刷部數	取扱	保管番號
自動車營業統制機關竝審査機關設置	今泉卯吉 上野清	七、七		極祕	三六五
自動車營業管理經營方針	〃	七、七		〃	三二七
奉天ニ於ケル交通機關ノ改革案	〃	七、八		〃	五一九
自動車運送營業法	〃	七、一一		〃	一二六
自動車運轉手免許規則	〃	七、一一		〃	三八一
自動車取締令	〃	七、一一		〃	四一六
自動車ニ關スル法規ノ制定ニ就テ	〃	七、一一		〃	六七六
滿洲ニ於ケル特殊自動車網計畫案	〃	七、一二		〃	四三四
自動車運轉營業ニ關スル件（關東軍特務部聯合會議事錄）		八、二		〃	四〇八
特殊自動車營業路線ノ區分ニ關スル件（關東軍特務部聯合研究會議事錄）	新京幹事	八、二		〃	一一六
特殊自動車會社ニ關スル案ノ説明及參考書	今泉卯吉 上野清	八、二		〃	一三六

題名	作成者	年月		区分	番号
特殊自動車會社ニ關スル案	今泉卯吉 上野清	八、二		極秘	一四〇
自動車運輸營業ニ關スル件（關東軍特務部聯合打合會議事錄）	〃	〃		〃	二九七
城子疃安東間自動車營業ノ認可ニ關スル件	〃	〃		〃	四一三
滿洲國人口分布鑛產資源ト自動車網ト關係圖	〃	八、五		秘	七六三
朝鮮ニ於ケル自動車運送事業ニ就テ	上野清	八、四		〃	
滿洲國縣別土地面積人口密度圖	今泉卯吉	〃		〃	七九三
奉天市內乘合自動車臨時統制案ニ關スル件	今泉卯吉 上野清	八、七		極秘	一三九
滿蒙委員會提唱日滿自動車會社設立ニ關スル對案	今泉卯吉	〃		〃	一四八
舊中國政府及遼寧省公布自動車事業關係集	〃	八、八			三八六
自動車營業ノ免許ニ關スル對策	今泉卯吉 上野清	〃		極秘	三八五

自動車關係法規集	今泉　卯吉	八、八			三八六
滿洲ニ於ケル自動車及自動車工業ニ關スル考察（附圖一五枚）	今泉　卯吉	八、一〇		極祕	二七一
日滿自動車會社設立案對策	〃	〃		〃	三一九
旅順工大自動車試驗乘報告	〃	九、二			四九七
滿洲ニ於ケル自動車交通事業ニ就テ	上野　清	九、四		祕	
滿洲ニ於ケル自動車事業ノ概論	〃	九、二		〃	五七六
自動車取締規則（參考內地規定）	〃	〃			五五二
滿洲ニ於ケル自動車交通概要	〃			〃	七九六
新京及近郊自動車運輸業統制ニ關スル件（關東軍交通監督部打合會昭九、九六會決定案）關交運（一一七）	今泉　卯吉 上野　清	九、九		極祕	三五五
新京及近郊自動車運輸統制ニ關スル打合會報告ノ件	新京幹事	〃		祕	八四二
綏芬河以北國境地區特別調查報告書	下田　竹雄	九、一〇		〃	一〇〇
鐵路總局自動車交通事業概說	上野　清	九、一一		〃	八九六

滿洲國交通部提案「新京特別市内バス統制要綱」ニ對スル意見書	上野　清	九、一二		極秘	九四七
滿洲自動車協會定款細則（草案）	〃	〃			九四六
自動車性能試驗實行案	〃	一〇、二		秘	一〇二八
奉天醫科大學耐寒自動車運行試驗報告	〃	〃			
内外石油統計	〃	一〇、七			
奉天ー哈爾濱間往復自動車實地走行試驗報告書	〃	一〇、一〇		秘	
北支ニ於ケル自動車交通事業及道路現況調査實行案	岡野　美武	一一、六		〃	
滿洲ニ於ケル自動車液體燃料ニ就テ	中村　實	一一、八		〃	一〇九〇
五年後ノ自動車交通ト其ノ免許方策	上野　清	一一、九		極秘	二一二一
滿洲ニ於ケル自動車業ニ就テ	〃	一一、一〇		秘	二四
滿洲國國營自動車交通五箇年計畫年度割（案）	〃	一一、一一		極秘	一四〇
日本自動車工業及自動車交通概要	〃	一一、一二			二五九

冀察地區ニ於ケル特殊自動車會社ニ關スル方針案	岡野英武 中山高 荒木政之助	一六、一二	[illegible]部	二三一
〃（改訂）	〃	〃	〃	二三一、四
冀東地區ニ於ケル特殊自動車會社ニ關スル方針案	〃	〃	〃	二三一、一
〃（改訂）			〃	二三一、五
冀察自動車會社年度別營業費概算（案）	〃	一六、二	〃	二三一、二一
〃（改訂案）	〃	〃	〃	二三一、六一
冀東自動車會社年度別營業[illegible]算（案）	〃	〃	〃	二三一、六一
北支自動車業[illegible]一覽表	〃	〃	〃	三一、四
北支ニ於ケル長途自動車運輸現況一覽表	〃	〃		三一四一
滿洲ニ於ケル民營自動車[illegible]輸事業ト經營要[illegible]ニ對スル一考察	中村實	〃	[illegible]部	三四九

冀東地區自動車交通竝道路實態調査實行案	上野　清	一二、四		秘	二三一九
冀東政府自動車交通竝道路建設計畫調査立案ニ關スル件	〃	〃		〃	六七五
冀東自動車會社設立案會議議事錄（於產業部會議室昭一二、四、二）	〃	〃		極秘	六八九
冀東自動車會社借款契約	資料室調査班	〃		秘	二三一〇
滿洲ニ於ケル自動車及自動自轉車ノ現勢	上野　清 中村　實 渡邊　晋	一二、六		〃	產業調査資料第二八編
冀東地區自動車交通事業統制方策（大綱）	上野　清			極秘	二三二〇
冀東地區自動車交通竝道路實態調査計畫	〃	一二、八		〃	二三二一
〃　第一輯　自動車交通　第一類　第二類	岡野　美武 中村　實	〃		〃	二三二五
〃　第二輯　道路實態	下田　竹雄	〃		〃	二三二三

冀東地區自動車交通竝道路實態調査[illegible] 第三輯 各縣一般經濟事情	住吉平治	一三、八		極秘	三三二四
〃 第四輯 自動車竝道路ニ關スル寫眞說明	齋藤孫次郎	〃		〃	三三二三
滿洲自動車交通路線調査表	上野清	〃	四〇		一一七三
山東省營業自動車路線粁程及賃率表	〃	一三、七	三〇		一〇九六
甘肅公路幹線支線調査	〃	〃	三〇		一〇九八
北支自動車交通計畫要綱案（參考資料）	〃	〃	三〇	極秘	一二五九
北支自動車交通事業及道路現況調査報告	岡野美武、荒木政之助、中山高	一三、四		〃	
軍用材自動車輸送（天津－通州－豐台）計畫收支計算書	上野、齋藤、中村、東條、岡野	一三、一〇	三〇	〃	一四四四
冀東地區自動車交通五箇年計畫竝其ノ營業收支概算書	上野、齋藤、中村、東條、岡野	一三、一〇	八〇	〃	三九一、二

北支自動車交通及道路調査概要	上野　清				
北支經濟總覽交通部門　自動車交通	〃				
五個年後ノ自動車交通ト其ノ免許方策	〃	一三、一一	一〇〇〇	極秘	一五[illegible]
日本ニ於ケル自動車工業ノ現狀	中村　實	一三、一一			一六七
「滿洲經濟要覧」　滿洲國自動車交通	上野　清 齋藤孫次郎 冷川　年雄				
「滿洲經濟要覧」　滿洲國國道建設	上野　清 下田　竹雄 齋藤孫次郎				
滿洲自動車交通路線經濟調査　第一次自動車運行試驗報告	上野　清 中村　實	一三、四	六〇		一〇
滿洲自動車交通路線經濟調査　第二次自動車運行試驗報告	上野　清 中村　實	一三、四	六〇		一一
自動車路線交通經濟調査報告（大平川、魯北地方ノ部）	住吉　平治	一三、七	六〇		一一四

二　荷馬車

書名	擔當者	刊行年月日	印刷部數	取扱	保管番號
滿蒙車輛改良委員會第一回委員會議事録	今泉卯吉	八、一一		秘	六六一
滿蒙車輛改良委員會第一回小委員會會議ニ關スル報告（第二回）	〃	八、一二		秘	四七三
滿蒙車輛改良委員會會議報告（第三回）	〃	九、二		〃	五九八
滿蒙車輛改良委員會議事録（第四回）	〃	九、三		〃	七二〇
滿蒙車輛第一次實地ノ運行試驗報告書	〃	九、三		〃	七二一
滿蒙車輛委員會第二次車輛運行試驗報告	〃	九、四		〃	五九五
第三次滿蒙車輛實地運行試驗報告書	〃	九、五		〃	六八七
滿蒙車輛改良ニ關スル實地試驗及小委員會議事報告	〃	九、一一		〃	八九五
滿蒙車輛ノ研究竝試驗成績報告書（標準型ノ制定ニ至ル迄）	〃	九、一一		〃	九〇七

荷馬車ニ關スル資料	今泉　卯吉	九、一一		祕	
九〇七附錄一、荷馬車ニ關スル資料	〃	〃		〃	九〇八
九〇七附錄二、輾子入軸承裝置ノ改良 支那馬車輿地搬行試驗成績概要	〃	〃		〃	九〇九
滿蒙車輛ノ學術的牽引試驗成績概報	〃	九、一二		〃	九三〇
滿洲ニ於ケル地方車輛徵收率ニ關スル報告書	住吉　平治	一〇、八		極祕	一三八六ノ三
〃	〃	〃		〃	一三八六ノ二
滿洲ニ於ケル地方車（荷馬車）徵集ニ關スル調查報告	〃	一一、一一		〃	一四二

三　道路

著名	擔當者	刊行年月日	印刷部數	取扱	保管番號
道路網各路線說明書	住吉平治	七、六		祕	一五五
滿洲國道路計畫案	小味淵肇・今三郎	七、九		極祕	一五六
滿洲國道路建設計畫案	〃	七、九		〃	(イ)一五六
滿洲國道路計畫路線說明書	住吉平治	七、九		〃	(ロ)一五六
道路網延長表	今三郎	七、九		〃	(ハ)一五六
道路法施行令案	小味淵肇 今三郎 下田竹雄	七、一〇		〃	三四二
道路法案	下田竹雄	七、一〇		〃	(ロ)三四二
道路大綱說明	小味淵肇 今三郎 下田竹雄	七、一〇		〃	(イ)三四二

道路維持修繕合案	小味淵肇 今三郎 下田竹雄	七、一〇		極秘	三四二（ハ）
土木委員會設置案	〃	七、一〇		〃	三四二（ニ）
暫行道路規則案	〃	七、一〇		〃	三四二（ホ）
滿洲既往路政調查書	住吉平治	七、一一			三九〇
朝鮮市街地計畫令（昭九、六、二〇制令第八號）		九、一〇			八六二
滿洲國各省縣旗面積表	下田竹雄	一〇、六			一二一五
滿洲國道路現況調查方針立案	上野清	一〇、八		秘	一三四五
滿洲國道路現況綜合調查第一班（奉天、龍江、熱河、濱江、三江、間島、安東、計八省）	〃	一〇、八			一五八六
滿洲國道路現況調查立案	上野清 下田竹雄	一〇、八		秘	
勃饒線ノ經濟的價値	住吉平治	一〇、一二			一五四八
滿洲國道路現況綜合調查實行案	上野清	一一、一		秘	一六一〇

滿洲國道路現況綜合調査要綱	上野　清	一一、一		祕	一六〇一
滿洲國道路現況綜合調査（事務分擔員名簿）滿鐵關係	〃	一一、二			一六〇二
滿洲國自動車道路網計畫延長表	下田　竹雄	一一、一			一五五九
滿洲國國道第二次五箇年實施計畫案	上野　清	一一、三		極祕	一七一三
滿洲國濕地調査委員會組織（濕地調査要綱案）（調幹會三六第一號）	〃	一一、四		祕	一七三九
滿洲國濕地調査計畫案	〃	一一、四		極祕	一七三九、二
滿洲國國道第二次五箇年計畫案ニ關スル打合會報告ニ關スル件（新京經調第七二四號）	〃	一一、四		祕	一七三、二

件名	作成者	年月	區分	番號
國道第二次五箇年計畫(國道局案經調案)ニ對スル意見	上野清 岡野美武	一一、五	秘	一七一三、三
國道經濟調查實行計畫打合會議報告(於鐵道局第二會議室昭和一一、五一三)	〃	一一、五		一八六八
第二回國道懇談會議題ト調查項目(於新館會議室昭和一一、五七)	〃	一一、五		一七一四、四
新自動車道路圖其ノ一、其ノ二(各一枚)	岡野美武	一一、五		一八七三
滿洲國國道經濟調查實行案	上野清 岡野美武	一一、五		一八七五
滿洲國國道第二次五箇年實施計畫追加案	〃	一一、五	極秘	一七一三、五
呼倫貝爾地方ニ於ケル土地河川ノ凍結	上野清	一一、七		一[illegible]
海拉爾附近土地凍結ニ關スル研究	〃	一一、七		一九七九、一
濕地調查參考資料「濕地ノ狀態及偵察」	〃	一一、七		一九七九、二
滿鐵濕地調查小委員會濕地調查打合會議報告	〃	一一、八	秘	一九七九、三

滿鐵濕地調査小委員會主査會議報告	下田　竹雄	一二、一		祕	三二七
石狩幌向原野植物（濕地調査參考資料）	〃	一二、一			一一五一
滿洲國國道第二次五箇年建設工事所要勞力人員調	上野　清 下田　竹雄	一二、一		祕	二八七
北支自動車道路一覽表	岡野　美武	一二、二			五一四
滿洲國國道第二次五箇年建設工事所要技術者人員數調査	下田　竹雄	一二、三		祕	二七八、一
冀東建設法規彙刊	岡野　美武	一二、四			七五二
滿洲國既成國道經濟調査	上野　清	一二、七		祕	一一三四
〃　第一輯　安東－城子疃	住吉　平治 齋藤　孫次郎	一二、四			七六五
〃　第二輯　通遼－開魯	中村　貢 齋藤　孫次郎	一二、四			七六五一
〃　第三輯　奉天－撫順	〃	一二、四			七六五
〃　第四輯　新京－吉林	齋藤　孫次郎	〃			七六五三
滿洲國國道構造規準	下田　竹雄	〃	四〇	祕	七二〇
新京－大連間道路踏査報告書	坂田　恒夫	一二、四	三五	祕	八〇六

關東州廳ト滿鐵トノ合同第二次濕地下打合會議報告	上野　清	一一、八	祕	一九七九、五
關東軍主催濕地特別調査打合會議報告	〃	一一、八	〃	一九七九、四
滿洲ノ氣象	〃	一一、八		一九七九、六
滿洲國交通一覽資料	下田　竹雄	一一、九		
滿洲北部地方濕地調査參考資料（第一輯）	上野　清 長田　忠	一一、一一	極祕	一五〇
〃（第二輯）	〃	一一、一一	〃	一五〇、一
〃（第三輯）	〃	一一、一一	〃	一五〇、二
〃（第四輯）	〃	一一、一一	〃	一五〇、三
群落生態ヨリ見タル石狩國幌向泥炭地（濕地調査參考資料）	下田　竹雄	一一、一一		一一五
滿洲國既成國道ノ經濟調査ニ關スル編輯上ノ技術的統一案	上野　清	一一、九		
綏濱、蘿北兩縣ニ於ケル耕地開拓ニ就テ	住吉　平次	一一、一一	祕	一二九
昭和一一年度北滿濕地第一次及第二次現地調査出張者調（滿鐵關係）	上野　清 下田　竹雄	一一、一二	〃	一五〇、四

奉天―撫順間國道鋪裝化ニ對スル一考察	坂田恒夫	一二四		祕	八六九
地質、土壤、水利學上ヨリ觀タル北滿ノ爲地論	上野清 下田竹雄 新帶國太郎 山島貞雄 岩井淳一 遠藤隆次 突永一枝 渡邊政治 小原博一 五十嵐大輔 野鶴秀人 栗原忠三 若林正 渡邊駿	一三八	三〇	極祕	一一〇〇・一 一一〇〇・二 一一〇〇・三
滿洲國國道建設康德二、三年度計畫路線調	下田竹雄	一二六		祕	九四六
三河―賚低間、大口屯―大唐店間道路現況調查報告	〃	一二六	一五	〃	一〇二三
奉撫間道路鋪裝化カ滿鐵ニ及ホス影響	坂田恒夫	一二六	一五	極祕	八六九・一

甘肅公路幹線支線調査	上野　清	一二、七	三〇		一〇九・八
奉天撫順間道路舗装化ニ就テ	〃	一二、八	四〇	極秘	八六九・二
セメントマカダム舗装ニ就テ	〃	一二、八	四〇		一一五〇
調査立案書類目錄（産業部、交通課自動車關係）	上野　清 齋藤孫次郎	一二、八	三〇	秘	一二九
シベリアノ濕地ニ就テ 第一輯第二輯第三輯第四輯第五輯	編纂 上野　清	一二、一二	三〇〇		
北支道路建設方策	坂田恒夫	一二、一二	二〇	秘	一六八九
北支道路法制定方策暫行道路規則案	〃	一二、一二	二〇	〃	一六八九・一
道路維持修繕暫行規程	〃	一二、一二	二〇	〃	一六八九・二
滿洲國國道第二次五箇年實施計劃案		一二、一一	五〇	極秘	一五五四・一
北支五省ノ道路ニ就テ	下田竹雄	一三、一一	五〇	〃	一七四〇
勅令案道路法（草案）	滿洲國	一三、一一	八		

四 航空

書名	擔當者	刊行年月日	印刷部數	取扱	
滿洲航空輸送會社ト滿鐵トノ契約事項	森田進	七、九		極祕	三三〇
滿洲航空股份有限公司（章程草案）	〃	〃		〃	三三五
滿洲航空株式會社定款	〃	七、一一		〃	四一四
滿洲航空網ト鐵道トノ速度及賃銀比較	上野清 下田竹雄	一〇、九			一三七五
支那航空事業概説	上野清	一〇、一〇			一四四一
北支投資研究小委員會北支投資豫想表別表北支航空事業投資額調	〃	一一、四			一七二三、三
滿洲ニ於ケル民間航空事業ニ就テ	尚野美武	一一、五		祕	一八二五
中國歐亞惠通三航空公司ノ比較	上野清	一二、七	三〇	普	一〇九、

五　北滿交通調査

書名	擔當者	刊行年月日	印刷部數	取扱	保管番號
北滿交通調査計畫案	上野清	一三、二	七〇	極祕	一七九一、一
北滿交通調査實行豫算書	〃	一三、三	二五	〃	
北滿交通調査第一回委員會議報告	〃	一三、四	八〇	〃	一
北滿交通調査第一回調査員會議報告	〃	一三、四	八〇	〃	二
北滿交通調査計畫案（改訂）	〃	一三、五	七〇	〃	一
北滿交通調査要項及方針	〃	一三、三	七〇	〃	一七三一、三
北滿交通調査第一回主査會議報告	〃	一三、三	一〇〇		九六
北滿交通調査第二回調査員會議報告	〃	一三、三	一〇〇	〃	九五
北滿交通調査關係資料露文文獻邦譯目錄	〃	一三、三	一〇		
自動車路線第一次（夏季）調査順序	〃	一三、七	八〇	〃	
北滿交通調査計畫案（再改訂）	〃	一三、七	八〇	〃	
北滿交通調査委員會名簿	下田竹雄	一三、七	一〇〇	祕	
軍用車輛第一次（夏季）試驗參加名簿	〃	一三、七	八〇	〃	
北滿交通調査執筆ニ關スル統制案	〃上野清	一三、七	一二〇	〃	
不整地運行用自動車及其ノ施設	中村實	一三、八	一二〇	〃	一四五
北滿交通調査第二回委員會議	上野清	一三、一〇	一二〇	〃	二三二

標題	著者	年月	頁數	區分	番號
北満交通調査第三回調査員會議	上野清	一三、一〇	六〇	祕	二二八
北満交通調査委員會名簿	下田竹雄	一三、一〇	一二〇	〃	
軍用貨輛第二次（冬季）牽引運行試驗實行計畫	上野清	一三、一一	一〇〇	〃	
自動車路線第二次（冬季）調査實行計畫	〃	一三、一一	一〇〇	〃	
軍用車輛試驗打合會議報告	〃	一三、一一	八〇	〃	
ソ聯ノ交通運輸施設ト其ノ能力	上野清　濱口芳雄	一三、一一	一一〇		二一七
北満交通調査第二回委員會議報告	上野清	一三、一一	八〇	極祕	二三二
北満交通調査第三回調査員會議報告	〃	一三、一一	八〇	〃	二二八
自動車及車馬道路ノ冬季維持	〃	一三、一一	一一〇	〃	二一九
氣候ト道路	〃	一三、一一	一〇〇	〃	[illegible]
凍土地帶ニ於ケル建設工事	〃	一四、三	一〇〇	〃	
北満交通調査委員會名簿	下田竹雄	一四、六	一二〇		
軍資料第一編　氣象	上野清、冷川年雄、濱口芳吉、兒玉昌三、國井幸治、阿部德馬、高井正一、益田禪、川上忠洲	一三、一一	一〇〇〇	〃	一〇〇

軍資料第二編　地質　第一部、二部、三部	一三、一一	一一〇〃	一〇一
軍資料第三編　鐵道	一三、九	一〇〇〃	一〇二
軍資料第四編　水運　第一部、二部、其ノ一、二	一三、一一	一一〇〃	一〇三
軍資料第五編　自動車　第一部、二部、三部	一三、一一	一一〇〃	一〇四

交通年鑑　民24年　国書館　K104-8

満洲自動車営業ニ関スル私見　B乙K33-14

満洲電業株式会社設立ノ経緯　B13-37

税関読本　J05-69

歴史上ヨリ観タル西北ルート　K1-88

鉄道統計年報　6編自動車　14號 K203-5; 15號 K203-5-10-6

日満自動車会社設立要綱　[illegible]　B乙H453-8

日満自動車会社設立要綱案ニ関スル[illegible]研究会　B乙H453-7

日満自動車会社設立案計画　B乙H453-5

国営自動車使用契約ニ関スル件　B乙H453-6

冀東地区自動車交通並道路実態調査　K304-1

満洲国自動車[illegible]　[illegible]　昭16.3[illegible]　BrK383-1

大東京[illegible]工業　[illegible]　昭9.3　K90-2

満鉄[illegible]　工[illegible]　大15.3　BrK248-1

満洲[illegible]　[illegible]　昭8.2　BrA103-6

満洲交通統計　[illegible]　昭5.12　MtK103-1

[illegible]　[illegible]　MtD20-1

満[illegible]　上海[illegible]　昭14-4　MtZ50-14

満鉄[illegible]　昭16-6　BtB103-6

北支[illegible]　[illegible]　〃16-3　B104-1

満洲[illegible]　[illegible]　〃9-3　MtD90-1

長春[illegible]　[illegible]　昭6-12　MtS10-1

ソ連[illegible]　[illegible]　〃14-2　MtT105-4

[illegible]　[illegible]　MtK203-12

寿夫史話　岡田一亀　昭9-6　S103-9

満洲事変後ニ於ケル満洲事情概要　[illegible]　〃8-4　MA210-1

道路計画ノ三次的工作　[illegible]　MAK30-3

熱河省内[illegible]契字集　[illegible]　昭12-10　MAL41-1

満蒙の鉄権益　大阪[illegible]　〃7-2　A403-3

重慶　小田.古山沢　T1042-3

アフガニスタン　[illegible]　〃16-4　BKT106-2

満洲国境問題　増田忠雄　16-8　N3035-1

第二次欧州大戦史要　16-9　N400-10

東宮鉄雄　森[illegible]助　16-9　U202-5

最近の南印道路交通ニ就テ　[illegible]　16-8　MAK306-5

満洲快覧　BKH103-15

長春[illegible]　大6.13.　K61-3

南滿洲鐵道株式會社

書名	著者・発行	年月	番号
満鉄自動車運営ニ関スル私見	3班 経済部 不要ト認ム	15.5	BzK33-14
満鉄ニ於ケル自動車運輸事業概況	自動車局		K33-11
事変前後ノ満鉄社業概況（K203）			BzA103-32
洮南満州里間蒙古調査報告	調査課	大正15.	T1037-4
北満業務日誌	哈爾	自 大正15.4 至 昭和6.7	U103-1
交通諸問題ノ展望ト現下ノ動向	企画院交通部	16.9	BzK102-2
洮南地方開墾候補方案調査報告書	調査課	大正14.5	BzC21-4
自動車工業の確立	岩崎松義	昭13.2	H45-1
黒龍江	竹森一	16-10	V602-3
朝鮮満洲陸運概覧	交通評論社		K302-1
奉天市要覧	奉天市公署	康七	T1031-1
大奉天市事情便覧	奉天市公署	康三	S13-23

満州ニ於ケル狩猟ノ沿革及現在ニ於ケル猟場制度　封筒　9-4　BrD 93-1

交通調査事務所庶務事項録　調査局　14.7　K103-3

(満鉄) 自動車要覧　鉄路局　12.10　K33-7

満州ニ於ケル自動車運輸事業ノ現状ト其ノ統制方策ニ関スル意見ニ就テ (鈴木一雄稿(満文書)40.7 13号10.7 ノ批判)　調査部[illegible]　16-1　BrK33-2

事変前ニ於ケル満洲と満鉄　全集　(K203)　A 103-32

満洲産業五ヶ年計画本年度交通及車輛工業部門実績状況　弘報課　13-2　BrK103-3

(満鉄) 鉄道統計年報　第6編 自動車　昭15年度 (K33)　(総局)　16.10　K203-5

満洲五ヶ年計画立案書類　第二編第七巻 自動車工業関係資料　H 453-1

第一編第三巻 液体燃料関係資料　H 43-2

自動車工業対策要綱案　外四件　封筒　BrH453-3

満鉄鉄道総局自動車営業路線図　昭16年　BrK303-1

[illegible]道実地踏査状況　[illegible]　15　BrK31-5

満洲国ニ於ケル民営自動車運輸事業ニ対スル問題ニ就テノ一考察　産業[illegible]　12.2　BrK33-16

南満洲鐵道株式會社

	書名	著者・発行	年月	番号
資	フイリッピン自動車道路	亜経済		MtK ~~29-1~~ 30-6
	日本・自動車工業及自動車交通概況（K33）	ゴ交通課		H452-1
	満洲交通調査状況	全調		K103-1
	満洲ニ於ケル民営自動車運輸事業ト其営業問題ニ就テノ一考察	交通課	10.10　12-2	K33-3
	（吉林鉄・局・資）鉄交通（鉄道自動車）関係資料目録	吉鉄	16-1	K03-1
	南満踏行	[illegible]	16.9	T50-11
	ビルマの歴史と現状	[illegible]嘉平次訳	16.12	U106-7
	征韓論の真想と其の影響	東日社	16.12	U102-14
	セイロン島交通調査	東亜[illegible]	17.3	K108-1
	東亜満洲撮影旅行	大木[illegible]		H1032-7
資	援蒋ルート ビルマを衝く	南條武夫		T1069-4

社外秘

大連都市交通
[大連都市交通] 業務調査案綴 ハイ交通 15年度、ハイ 資料課 K33-10 16年度 K33-10

撫順ニ於ケル自動車交通ヲ主トシテ 昭9年4月 主.調 K33-4

奉天省自動車運輸営業ヲ主トシテ調査 13-6月 弘報課 K33-14

鞍山交通会社営業状況 15-3. 資料課 Bn K33-19

奉天ニ於ケル交通通信機関ノ概況 (K17·3) 調査課 mK103-5

錦州省産業開発ト交通状況 13.5 A103-1

[満洲ヨリ蒙古ヘ開発ヲ中心トシテ」ニ於ケル補足 主調 11.8月 BRA103-2

奉天北京間旅客直通列車運行ト経緯ト之ニ関スル (K204) 資料課 9.7 mK-203-25

錦州ヨリ承徳ニ至ル経由ノ件並ニ附帯事業ニ就テ 主調 11.1 mK203-33

承徳交通関係文献目録 ササキ 12.9 mK104-5

[錦州] 交通部門関係資料 ヲサ 12.12 K103-7

大陸交通一元経営問題 文書課 14.2 mK101-2

南滿洲鐵道株式會社

ヨ-0003 B列5 (14.8. 20,000冊 満日納)

文書課保管　錦織　勝田氏

産協調査部

甲
七、二五　経調部　内　総記類　金鐵其他目　八、一二
北満ニ於ケル鉄道調査統計ノ件　政治類　財政目
一九、　満州国ニ於ケル通貨制度関係書類ニ関スル件　産協類　鉱業目
二六、四　北支産調　七五　鉄山部発　一四〇七　与　満州國ノ代用燃料ニ関スル諸調査　交通類　陸上運輸目　八、八二
〃
卅　中國ノ鉄道建設

南滿洲鐵道株式會社

ョ-0003　B列5

（書類彙集番号）

文書類彙集目録（甲種）

経済調査部、　門　交通類　陸上運輸目

番号	件名	完結年月日
四一	満洲国道路建設ニ関スル件	七、一〇、一二
〃	満洲国道路第二次五箇年計画ニ関スル件	二、五、六
〃	自動車交通事業統制ニ関スル件	八、七、二〇
四ノ一	満洲国自動車会社ニ関スル件	一〇、七、二三
〃	特殊自動車営業路線ノ区分ニ関スル特務部研究会ノ件	八、二、二三
〃	自動車運輸事業ニ関スル特務部打合ノ件	八、二、二三
	（乙種文書番号　件　九）	〃
三	乙種 総記 特務部関係目	
三	13 特務部説明概要	
三ノ一	特務部関係文書	九、

南満洲鉄道株式会社

文書類纂目録（乙）

経調部　門　交通類　陸上運輸　目

四一	経調 特三三	道路事業ニ関スル資料提出ノ件	九、三、二
〃	調特道 二五ノ八	満洲国道路現況調査資料ニ関スル件	一〇、二、二六
四一		満洲国自動車工業対策ニ関スル件	八、一一、一八
〃		満洲ニ於ケル自動車ノ採用標準選定ニ関スル資料調査依頼ノ件	一一、一、九
〃		自動車路線選定ニ関スル資料調査依頼ノ件	〃
〃	経調三 一乙〇	自動車ニ関スル調査依頼ノ件回答	七、四、三
		新京自動車運輸事業統制	九、一一、六
一ノ二	奉調特三三 二〇ノ九九	「満洲ニ於ケル交通政策」送付ノ件	一〇、六、二七
〃	奉特特三五 三四	満洲ニ於ケル自動車及自動車（兵器工業ニ関スル考案ノ件	一一、五、一四
〃	奉庶文三五 二〇九	自動車路線調査報告書借覧ノ件	一〇、八、二四
	奉庶務三三	自動車営業用参考資料送附ノ件	八、五、三

南満洲鉄道株式会社

丙種

番号	件名	日付
ノ四、委務三三	道路交通取締規則ニ関スル件	九、一、一〇、
〃	道路図面送附依頼ノ件	九、一〇、四
委調三四ノ三一	全道路資料寄贈方依頼ノ件	一〇、一〇、二二
委務亜二五	第六回道路会議ニ於ケル採集依頼ノ件	一〇、二、二二
〃　三五	満洲主要道路概況記録ニ関スル件	一一、七、一一
〃　三六	自動車技術ニ関スル調査文献ニ関スル件	一一、九、九
調務一二六	自動車調達ニ関スル件	七、四、二六
七ノ一、委調六四　二	自動車工業ニ関スル調査依頼ノ件	七、四、八
委調　二　三	自動車ニ関スル調査依頼ノ件	七
〃　二	〃	七
委調務二九　三三　八		七
九		七
一〇		

七ノ一　奉満三四　三三ノ四　奉開通三五　一一〃三〃七〃一五　思產自動車ノ日協統制摂中策ノ件　九、一一、二一

丙種

總括類・雜自

八　奉開雜　二〇ノ三三　自動車関係一派　七年ー十年　二、九、一〇

南満洲鐵道株式會社

ヨ—0003　B列5　（16. 1. 10,000著　光明）

乙、

産業部、 産業门 産務類、 雑件目

二二、 総人給 三六・三 農産自動車事業研究委員会役員会ニ関スル件 一一、一二、一一

乙 〃 交通 土地類 農業一般其他目

二七、 〃 特殊自動車運輸事業統制要綱案 一二、一、一三

雑類 雑目

五九 デーゼル自動車ニ関スル件 一一、一一、一二

関、経調起案会議事録

南満洲鉄道株式会社

ロ-0003 B列5 (15.1.12,800冊 笠原納)

資、三編、住吉氏

貸シテ下サルコト

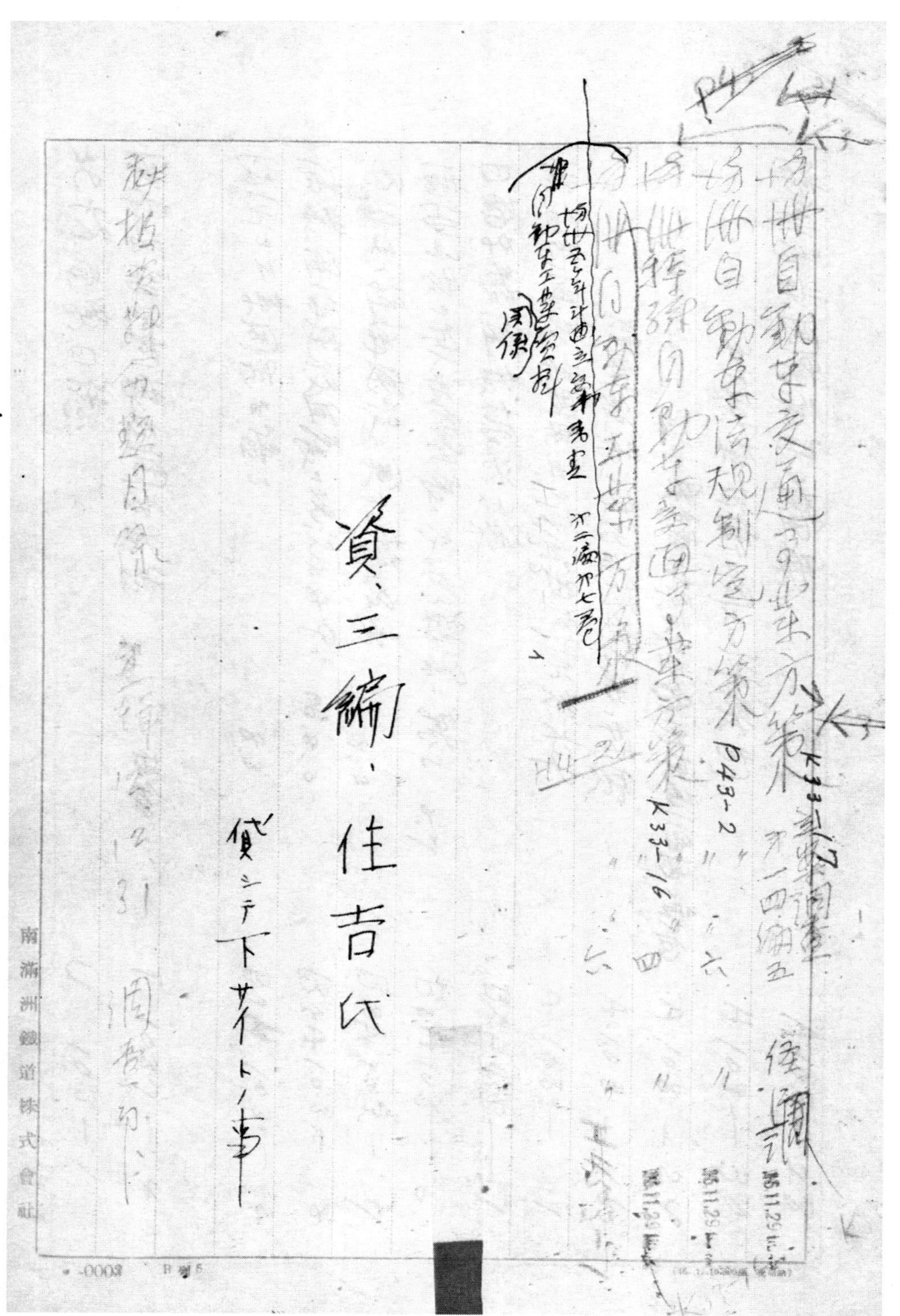

満洲産業開発永年計画案 極秘		A103—28
〃 五ケ年計画折衝ニ関スル件(報告)		H103—30
〃 〃 ノ実績ノ検討並戦時統制経済ノ動向		A103—24
〃 統制政策ノ変化並特殊会社ノ特質		A103—15
修正満洲産業開発五ケ年計画関係資料		A103—1
自動車製造業振興方策		B2H453—1
満洲事変ノ邦人私的経済ニ及ホシタル影響ニ就テ	8.7	B2A103—6
満洲ニ於ケル経済建設ニ関スル声明書	8.2	B2A103—7
満蒙経済建設進展ノ現況ト日本	昭.8.3	B2A103—8
満洲ノ工業開発ヲ語ル	8.3	B2A103—2
洮南満洲里間蒙古調査報告 資料 極秘		T1037—4
北満重要日誌		U103—1

道

道路

張家口、庫倫間の交通機関	支那	大九年七月号	
国道委員会章程	政府公報	民九年十月	一六八三
修治道路条例施行細則	仝	民九年十月	一六八三
全国道路建築協会宣言書	黒龍報	民十年十一月	三二一九
奉天省梨樹県修道の計画並施行細則制定の件	奉天公報	十二年十一月	三八四七
瀋陽県修道計画	奉天公報	十二年十二月	三八六五
安東	〃	十一年十二月	三八五九
昌図	〃		三八六五
岫巌	〃		三八六七
遼源	〃	十二月	三八七四
奉天山海関間四季道路概況	通商公報	大三年七月	一二七
吉長地方に於ける運輸	通商公報	大七年一月 大十一年六月	四八六 九五四
長洮間馬車輸送完了	〃	大十二年四月	一〇四六

題目	出典	年月	頁
北満地方主要道路	北満洲の政治経済的価値	大正十二年九月	
〃	資料彙存	大二年五月	六
奉天城各路里程	〃	大四年二月	十一
吉林 〃	〃	〃月	十一
吉林省東部道路修築件	吉林公報	民十年一月	一七七六
満洲の交通政策	満蒙	昭七、十二月号	三六
長春周辺主要道路の調査に就て	満洲技術協会誌	〃四、九月号	六三三
満洲国道路計画案	拓務時報	〃七、九月号	十八
沿線背後地道路計画	大連商工月報	〃七、三月号	一九九
満洲国道路測量に関する事項	満洲土木建築業協会報	〃八、三月号	二六二
国道計画と其の意義	実業公論	〃八、六	一九七
満洲に於ける道路及道路運送	満洲公論	〃八、八	十二

電車
鐵
資料

哈爾濱市電車問題

露亜時報　大十四年七月　六九

調査時報　大十五．五月　六ノ五

哈爾濱電車米支共同経営　Q三二九

重要記事集録　昭二．六

哈爾濱電車復契約　露亜時報　大十年十一月号

瀋陽電車鉄公司定款　撫順に於ける日支合弁会社定款　大六年九月

E1

資料

支那全国自動車数價格統計　交通公報　民十三、四月　五三二

通商公報　大十三、四月　一一四八

支那の自動車道路網　支那時事　十三年四月ノ四

局子街琿春間冬季自動車開通　海外要報　十四年二月　四九

黒省内自動車運輸開始　通商公報　大十三年十一月　一一二四　昭三年三月　九六

支那側に於ける營業自動車會社　奉天商議月報　大十四年五月　一四九

吉林省自動車運行法案　調査時報　大十四年十一月五ノ二

東支鉄道沿線地方に於ける自動車運輸　外国鉄道彙報　十四年十二月　一

マンチュリー及ハイラルに於ける自動車交通　哈爾賓調査時報　十五年九月　七

ハルビンと呼蘭平野との自動車交通　哈爾賓調査彙報　十五年九月　四ノ二

1/9-1-4

大連に於けるバス運輸　調査時報　昭二、六、　七／六　Y16-1-1
支那に於ける自動車路　北支鉄道調査資料　二、六、　一／三　〃
〃　二／八、一／五　〃
〃　二／十一／七　〃
張家口自動車運輸　通商公報　七六、十一月　四六五
七二　十一月　五六八　〃
鄭洮間自動車開通計画　〃　八年十二月　六七八　〃
長春間　開通　〃　十年十一月　八九八
十一年一月　〃
支那の道路と自動車　上海週報　十一年十一月　五二〇　〃
上海の自動車及タイヤーに就て　〃　〃　五月　五三四　〃
奉天市政公署乗合バス運輸中止　調査時報　昭三年六月　八／六　Y16-3-7
奉天起点とする自動車営業路調査　調査月報　八年十二月　十三／三　〃
北満の自動車運輸概況　日支時報　五年五月　一三七　〃
大連自動車展望　満鉄協和　七年二月　西／二五　〃

No.

總積保存書　四号ノ冊

特産と「トラック」輸送に就て

短距離区間に於ける貨物輸送用小型自動車の採用に就て

解氷期に於ける「ハルピン」長春間自動車道路偵察

長春「ハルピン」間馬車輸送道路調査報告書

長春「ハルピン」間道路修築計画踏査報告書

敦化寧古塔間軍用道路築造報告書

満蒙に於ける自動車交通の現況

鞍山製鉄所産自動車用モーターベンゾール

自動車用ガソリン代用燃料に就て

トラクターに関スル調査報告

No.

満蒙に於ける自動車輸送状況　五号广柵

満蒙に於ける自動車輸送機関の現状及其将来

国民政府交通事業革新方案

国有鉄道沿線に於ける自動車に関する調査報告書

ヨー0022　B列5　28字×10　南満洲鐵道株式會社　(16.6.5,000冊 納川納)

調査月報　C 37 20

昭和七年　一月　六月　一冊完
　　　　　七月　十二月　一冊完
八〃　一月　六月　一冊完
　　　七月　十二月　一冊完
九〃　十月　十二月
　　　七月　九月　完
十月

昭和九年

南滿洲鐵道株式會社

ヨ-0003　(14.9.20,000冊)

満洲交通大系ノ変遷 P507（満洲発達史 稲葉君山 07311 9

統計月報自動車編 總局編

南満洲電気株式会社沿革史 0 7713 3 図書館

鉄道自動車旅客運輸ノ営業経営論（三橋清郎）14年 9813 1 2

ソ聯自動車ノ生産価格及経営ノ研究 テサブ 14年 739 8

聯邦ニ於ケル鉄道網ノ公布上ノ輸送動態 テサブ 14年 98804 33 1 1

南満洲鐵道株式會社

ヨ-0003　B列5　（14.9.20,000冊 [illegible]）

満鉄

259
259
259
259
259
259
259
259
259
259

月報

○満洲ニ於ケル自動車輸送機関ノ現状及其将来　満調　七一

○満洲ニ於ケル自動車輸送状況　一三八

○満洲ニ於ケル自動車交通事業ニ就テ　注調　七〇

○奉天哈爾賓間往復自動車実施走行試験報告　一〇七

○満洲ニ於ケル自動車並自動自転車ノ現勢調査　産調　七二

ソ聯自動車ノ現勢　三六

交通部要覧　（交通部大臣官房資料科）　資K1 40.2

満蒙交通機関発達史　大連満蒙情報社　長岩川良之助　一九一　資K1 61

満洲年鑑　康六　満日　資X03 8 51

自動車年鑑　日刊自動車新聞　資K0 22 60

満洲国法令輯覧　交通、郵政部　資P043 6 8

〃　基本法、帝室、官制、官規　〃P043 6 1

南満洲鉄道株式会社

ヲ-0003　B5　（14. 8. 20.000冊　[illegible]）

産業調査資料第四九
内外経済統制関係重要法令集　調査部

中華民国現行法規大全　PC 44 8 1

満洲経済法令集　自一～六輯 至一八〃　P43 21 2

仝　自一一輯 至一五〃　P43 21 1

申報年鑑　民32 22 25　X04 3-1

自動車　大同二年末現在 第二回満洲年報　X03 3 2エ

国道　第一回満洲年報　X03 3-1-ラ

満鉄統計月報　自動車局各種交通統計　14年8月

ソ聯機械工業一九二九年—年頃の実績（自動車）第四卜区部　調査ブ 10年4月 10号 2号

満東匯紀二十年史　満洲運紀概要　K7 17

南満洲鐵道株式會社

（14. 3. 20,000冊）

内燃機関　満洲十三年十二月号　満洲ニ於ケル最近ノ内燃機関ニ就テ

三三、調査立案書類目録（交、自係）　上の　四三一　一三、八　一三九一

三二、満洲自動車交通路線調査表　上の　五四三　一三、八　一一七三

三二、北満ニ於ケル道路建設計画（二、三年度）ニ就テ並調査路線調　下田　三九四、三　一三、六　九九

満洲ニ於ケル重要作物収穫高ト自動車利用ニ関スル概況ニ就テ　横田彬一　三六三五　一二、一二　五六

満洲ニ於ケル自動車業ニ就テ　下田　三九四、三　一二、一〇　二四

満洲自動車工業ニ就テ一考察　根橋禎二　三九四、三　一三、一　四二三

民国二十年（一九三一年）全国汽车约数

申报年鉴二十二年度 X04 3.1

满鲜北支ノ自動车運輸

田吾牧

M92 13

満蒙交通機関発達史

交通ノ意義ト目的　満蒙交通発達史　三頁

交通路ノ種別　四頁

交通機関ノ種類　五頁

満洲ノ道路沿革　七頁

満蒙道路ノ特徴　一三頁

満洲ニ於ケル道路政策　二〇頁

自動車時代出現　四六頁

満洲ニ於ケル自動車政策　四六頁

總局自動車路線一覧　四八頁

満洲交通要件並鉄道建設年代表　三八二頁

K1
61

1-0003　B列5　(14. 3. 20,000冊 ……)

满洲国法令辑览（交通、通信、水运、）　P0436.8.1

第二类　自动车取缔规则　二八〇页

自动车取缔规则施行细则　吉林　四五

三江　奉天

间岛　锦州

安东　热河

滨江　首都警察

八九七

〃

（官制、官规）　P0436.1

国务院总务厅分科规程

国务院各部通则

N 83 1

自動車の将来と其の動力資源ニ就テ　内燃機関一三年一巻一号四〇頁

過去ノ実績カラ見タル将来ノ自動車台数　仝

本邦自動車数累年表　仝　一巻二号十一頁

仝　最近十ケ年内ニ於ケル各種車輛数　仝　〃　二二頁

各国自動車總数図表　仝　〃　二三頁

本邦最近十ケ年間ニ於ケル自動車輛数　仝　二四頁

外国保有自動車輛数図表　仝　〃　二五頁

自動車ノ普及ト国民所得トノ関係　〃　〃　三号　三八頁

米国各州別自動車台数及国民所得　〃　〃　〃

昭和十一年ニ於ケル国産自動車總覧　〃　二巻一号

満洲ニ於ケル自動車経営ニ就テ　〃　二巻一号　一九頁

南満洲鐵道株式會社

ヨ 0003　B列5　(14. 8. 20,000冊 [illegible])

満洲ニ於ケル乗合自動車事業概況　内燃機関二巻一号一八頁
満洲ノ永キ自動車　〃　二巻一号三七頁
悪路満洲　〃　二巻二号一四頁
悪路走破　〃　〃　一五頁
自動車車輛償却並償却費　〃　〃　二二頁
国産自動車ニ就テ　二巻四号七頁
自動車ノ濫觴　〃　〃
本邦ニ於ケル自動車使用状況　〃　〃
世界各国ノ自動車保有高及一輛当人口数　〃　八頁
国産自動車ノ出現　〃　八頁
軍用自動車補助法　〃　九頁
国産車ノ出現　〃　一〇頁
標準形式自動車ノ制定　〃　一一頁

大陸ノ自動車	内燃機関二巻四号一九頁
自動車工学講座	〃　二巻四号
世界各国ニ於ケル自動車輛数概況	〃　〃　五〇頁
世界各国自動車製造台数	〃　〃
本邦自動車工業ノ趨勢	〃　〃　五一頁
本邦主要自動車製造所一覧表	〃　〃　五二頁
満洲ニ於ケル自動車列車ニ就テ	〃　〃　八一頁
国産自動車ノ躍出	〃　〃　五号一四頁
薪炭自動車	〃　〃　一八頁
自動車輸出、輸入状況	〃　〃　一九頁
薪炭ガス自動車ニ就テ	〃　〃　二六頁

13.6 [illegible]月追了

南滿洲鐵道株式會社

0003　B列5　(14. 8.-20,000冊 [illegible])

No.

政府公報

○印決算報告及会計図表

V印自卸字法例

法令年報　差三完送納

年	月	月	年	月	月
大同一年	1	2	康德二年	○1	○2
	3	4		○3	○4
	5	6		○5	○6
	7	8		○7	○8
	9	10		○9	○10
	11	12		○11	○12
大同二年	○1	○2	三年	○1	○2
	○3	○4		○3	○4
	○5	○6		○5	○6
	○7	○8		○7	○8
	○9	○10		○9	○10
	○11	○12		○11	○12
大同三年	○1	2	四年	○1	○2
	○3	4		○3	○4
	○5	6		○5	○6
	○7	8		○7	○8
	○9	10		○9	○10
	○11	12		○11	○12

ヨ—0022　B列5　28字×10　南滿洲鐵道株式會社　(13.9.5.000)

No.

五年			六年		
	01	02		1	2
	03	04		3	4
	5	6		5	6
	7	08		7	8
	09	010		9	10
	011	012		11	12

ヨ—0022 B列5 28字×10 南满洲鐵道株式會社 (13. 9. 5.000冊)

东三省政府公報　索引目録　自宣〔三〕至民國〔一〕

政府公報

盤石縣道路修築章程	奉天官報	宣統三年十一月	51項
梨樹縣道路修治施行細則	奉天公報	民國十一年十一月	二四七號
鐵嶺縣道路開築情況	〃	十一、〓、	三九四四
遼陽縣村道修築及渡船辦法	〃	十二、五、	四〇五
各縣道路設役ニ関スル布告	-	十二、五、	四〇二二
長途自動車公司規則		十五、二、	四九七七
自動車速力取締ノ件	〃	十六、三、	五三七六
道路用設補助辦法	〃	十六（十七）、三	五七五二
納河海倫間道路修築ノ件	吉林官報	民國一、	四
達爾漢旗道路開築ノ件	〃	一	六
官道修築ニ関スル諮議局ノ決議及批示	〃	二	三二
吉林全省路政進行研究会章程	〃	九、十一、	一六〇二

件名	出典	年月	頁
吉林省東部方面道路修築の件	吉林公報	康徳(民国)十八、	一七六
濱江護衛自動車取締規則	〃	十八	七八
中華全国道路建設協会分会組織大綱	〃	十一、六	三〇六
中華全国道路建設協会執行董事会議規則	〃	十七、十一、	三二八
中華全国道路建設協会組織大綱	〃	十一、十一、	三二八
依蘭県実業局自動車取締暫行簡章	〃	十五、一、	二〇九九
東支支部線烏珠河五常間道路改築に関する件	〃	十六、二、	二四一
修治道路條例	黒龍江公報	民 九、十二、	二〇四九
修治道路條例施行細則	〃	〃	〃
修治道路土地収用暫行章程	〃	〃	〃
長途自動車公司條例	〃	十九、七	二八五
長途自動車運転手試験規則	遼寧公報	十九、六	七八
遼寧省建設庁自動車道路土地収買辦法大綱修訂草案		〃	〃

遼寧自動車行車暫行規則　遼公號　五、二六　一七八

遼寧省建設廳實行自動車管理規則　〃　〃　〃

國道條例　軍令號　二〇、七、六三〇

No.　タイプライター原稿用紙

名称	出处	日期	页
自動車從業員口述試驗日休業辦法ニ関スル件	黑龍政府公報	二〇、二	五五五
交通部路政司辦事細則	吉林公報	民二、六、	二三八
修正交通部官制	〃	〃二、十二	四三〇
修正鉄道部組織法	〃	〃八、一二	二五五
鉄道部官制			
遼寧省管理營運營業汽車暫行章程	遼寧政府公報	一八年一〇	二五二
〃領発營運營業汽車執照規則	〃		〃
〃公共汽車暫行規則	〃		〃
〃汽車行車暫行規則	〃		〃
自動車道路土地使用規則	〃	一八、三	三六
土地徵收法	〃	一八、三	四四

南滿洲鐵道株式會社

ヨ—0024　B列5　32×15　●分割打字ヲ要スル原稿ハ五、六頁乃至一〇頁ニテ區切ルコト　(15. 5. 5.000冊　[illegible])

No.　　タイプライター原稿用紙

公司條例	吉林公報	民三、一	三四三
公司條例施行細則	〃	三、七	四三五
〃	奉天公報	三、七	八四五
公司註冊規則	〃	三、七	八四五　九〇八
修正公司條例		三、九	九〇七
公司條例及細則ニ関スル件		四、三	一〇六九
〃		四、九	一三四七
〃		五、二	一四〇四
〃		五、二	一四一九
吉林省驛站改廃ニ関スル件	吉林官報	宣統一、七	
国民政府発給護照規則	吉林政務公報	一八、七	一二〇
鉄道ト自動車平行線業禁止ニ関スル件	建設公報	二〇、七	一六七一
長春周家屯間軽便鉄路承租契約ニ関スル件	吉林公報	一〇、六	一七二七
石家莊(?)軽便鉄道敷設ニ関スル件	〃	一二、七	二三四五
穆稜煤鉱公司鉄道敷設事務所簡章及土地収用事務所簡章	〃	一三、一	二七五四

南満洲鐵道株式會社

ヨ—0024　B列5. 32×15　●分割打字ヲ要スル原稿ハ五、六頁乃至一〇頁ニテ区切ルコト　(15. 5. 5,000冊 共和謄錄)

No. タイプライター原稿用紙

件名	出典	年月	頁
各縣道路委員ニ關スル布告	奉天公報	民一二、五	四〇二二
長途汽車公司規則	〃	民一五、一	四九七七
汽車速力取締ノ件	〃	民一六、三	五三七六
道路用役補充辦法	〃	〃一七、三	五七三二
官道修築ニ關スル議案及批示	吉林官報	二	三二
吉林全省路政進行研究會章程	〃	五、六	七七二
道路修築辦法及同施行細則	〃	九、一二	一六〇二
吉林省東部方面道路修築ノ件	〃	一〇、八	一七七六
濱江警察自動車取締規則	〃	一〇、八	一七八六
中華全國道路建設協會分會組織大綱	〃	一一、六	二〇一六
〃　董事會議規則	〃	一一、一一	二一三八
〃　建設協會組織大綱	〃	一一、一一	二一三八
吉林省市道路修築簡章	〃	一三、七	二六五二
德惠汽車取締ノ件	〃	一五、一	三〇九九
烏珠河ー五常間道路路線ニ關スル件	〃	一六、二	三四一一

南滿洲鐵道株式會社

ヨー0024 B列5．32×15 ●分割打字ヲ要スル原稿ハ五、六頁乃至一〇頁ニテ區切ルコト （15．5．3.000冊）

修治道路條例	黑龍	一九、一二	二〇四九
〃施行細則	〃	〃	〃
〃土地收用法	〃	〃	〃
奉辦道路規則	〃	一一、二	二三九二
遼寧省自動車行車規則	遼寧	一九、六	一七八
開豐長車公司土地收用	〃	一九、九	二四四
國道條例	黑龍	二〇、七	六八〇
長途自動車郵件[illegible]代運規則	吉林公署	一九、一	二九二

No.　タイプライター原稿用紙

工廠法　遼寧公報　一九、二　四七

土盗匪犯逮捕ニ関スル訓令　奉天公報　一四、八　四八二

外人ニ土地抵當禁止ニ関スル訓令　奉天公報　九、四　一四一三

日中人ニ土地ヲ租給シタル事件ニ関スル通緝令　奉公　一八、二　六〇三六

遼寧省懲治盗匪土暫行條例ニ関スル件　遼公　一八、七　一七五

外人ノ土地永租禁止ニ関スル咨文　黒公　一八、一二　二三八

南滿洲鐵道株式會社

ヨ—0024　B列5　32×15　●分割打字ヲ要スル原稿ハ五、六頁乃至一〇頁ニテ區切ルコト　(15. 5. 8,000冊 共和鋼版)

No.　タイプライター原稿用紙

関東州法規提要　下

軍事　関東州軍用自動車検査令　一〇二六

〃　〃　検査法

〃　検査施行法

南滿洲鐵道株式會社

ヨー0024　B列5　32×15　●分割打字ヲ要スル原稿ハ五、六頁乃至一〇頁ニテ区切ルコト

No.

社報原稿用紙

遼寧省建設庁管特許長途自動車取締暫行章程

十九、六、三〇

遼寧省普通営業自動車取締暫行章程

遼寧省普通営業自動車免許証発給規則

一八、一〇、一五

遼寧省公共自動車暫行規則

遼寧省自動車運行暫行規則

南滿洲鐵道株式會社

No.

北京政府

土地~~收用~~徴收法

1 長途自動車公司條例 一九七 二七、一九二九

~~1 長途自動車公司行車[illegible]規則~~

2 長途自動車公司營業規則 一九七 九七 五二九

民營公共事業監督條例 及 一九二八、一二、二七

第二章 建設

第一節 事業統制

第二項 電氣事業に關する法規

ヨ—0022　B列5　20字×10　南滿洲鐵道株式會社　（13. 9. 5.000冊）

関山[illegible]

自動車取締規則

関東庁　大正九年四月十日 庁令第二三号　九、六、一日施行

内務省　大正八年一月十一日 省令第一号　八、二、一五日施行

自動車交通事業法

昭和六年四月一日 法律第五二号

施行細則

八年十月一日施行

昭和36年八二〇 関東州自動車営業取締規則ヲ制定シ[illegible]一般[illegible]

[illegible]自動車取締規則ハ満[illegible]トシテイル。関山十二月

警視庁令第九号 昭和40年四月

関東州に於ける発達

資料

大正 12　　143
昭 2　　279
4　　193

本社 白節子 江崎、山崎　20.2104

関東州 資料 法規 社 5288
公 24370

科学工業 北島
宍蓮　2.8785

技術協会　2.3530
2.6883

交通会社 社長　2.2139
代表 2-3181
安東、堀田

弘報部 小野　20.2423

工事 安藤　3.1801 (1801)

国際 2-1141　2-1143

協和建物 2-3805

中村

明

42、10　大連初輸入

大1、　ハルビン市内バス試運[illegible]

2、　満鉄ビック一台

3、　遼東ホテル　タクシー兼業

4、　大連松園　市内バス

5　寧古塔、海林間バス

7、　公司條例　営業規則公布

営口フランス系バス

大連市内タクシー

8　黒河　ハルビン間バス

8　奉天市内バス　長春営業　長春市内バス

大連ツバメ

9　奉天タクシー　吉林ハルビン　伯都訥　自動車路

関東庁自動車取締

大10年　吉林タクシーバス

11年　四平街、鄭家屯

12、　通遼開魯　公一線
ヒシカ停止

大正十三年十月 旅大バス 1.50

大連賃銀

大正十年　昼　4.50—3.00　市内 2.50
　　　　　夜　5.00　3.50　　　1.50

十一年
十四年　市内 1.00

~~十四年十二月 五十米~~
~~六月~~

昭和四年四月から　市内 1.50 2.30
　　　　　　　　　500米毎一

自動車
大連登録数

大正三	自 6 至 3		大正四	5
五	〃 8	〃 3	六〃	24 13
七	〃 45	〃 28		

自動車取締ニ付

大正八年 満鉄 8台 ニレバ ホテル専用カ

⑤ 第一回 当時三井 ボックク ニ 4八百円

アセチリン ガス

ハンドル ドライブ（[illegible]式）

[illegible]式

大正三年 来上、不安 一万円

赤塚ニ 1,800円

三原 フォード 箱形 計三台ニアッタ

坂東[illegible]

大正四五年頃 自動車ハ三本社ニ居

⑥ ハルビン 大正七年 正金 銀行

何年頃カ [illegible] ウラジオ 十一台 （松居） 購入ト云フ 五万八千円

大正八年迄 十八円/一万円 払フタ

十一年以前 250

十一年一十四年迄 100

十四年 大競争 50円 大失敗

ホテル、倶楽部 何年頃カラカ

馬車ハヤメテ、ハイヤーニシタノハ何年頃カ

タクシー ナガシハ何年頃カラカ

南滿洲鐵道株式會社

—0003 B列5

松岡 花明 自動車用揮発油 何年頃カ　　大正三年初輸入 何處カ何ノ自動車

③ 自[illegible]テナ ラフパ式
現在ノ平林[illegible]ノ店舗[illegible]

当時 一万円　キカンブン附属品
部品全部輸入

上海ニテ到着 陸　上海ニ十
18億120

冬ニキタノデ
目[illegible]ニフチ[illegible]約64円　[illegible] 旅モ持
試用　冬ニ凍ツテ[illegible]ヨリ[illegible]ニオー八[illegible]
冷却水ニシ グリスリニアルコール ③
カレテヤッタ　　　ロ下15度　水ノ⑥
ニレニ困ツタ　　門[illegible]

④ 坂本義吉　　45年頃
[illegible]ハサイ[illegible]

[illegible]大正九年四月　[illegible]

一 第一号 大正七年三月十三日　[illegible]
20 第一号 [illegible]一号二七号　大正七年[illegible]
12 第一号 〃 大正二年八月二十一日 クロム4一
3 第一号 昭和四年六月十日 一 [illegible] ロールス.ロイス 192[illegible]

[illegible]
マグネット 側ニアツタノデ[illegible]
接待用キャブレター [illegible] マグネット
兵火[illegible]キカーブ[illegible]
一時[illegible]　[illegible]マグネット
[illegible]　[illegible]

南満洲鉄道株式會社

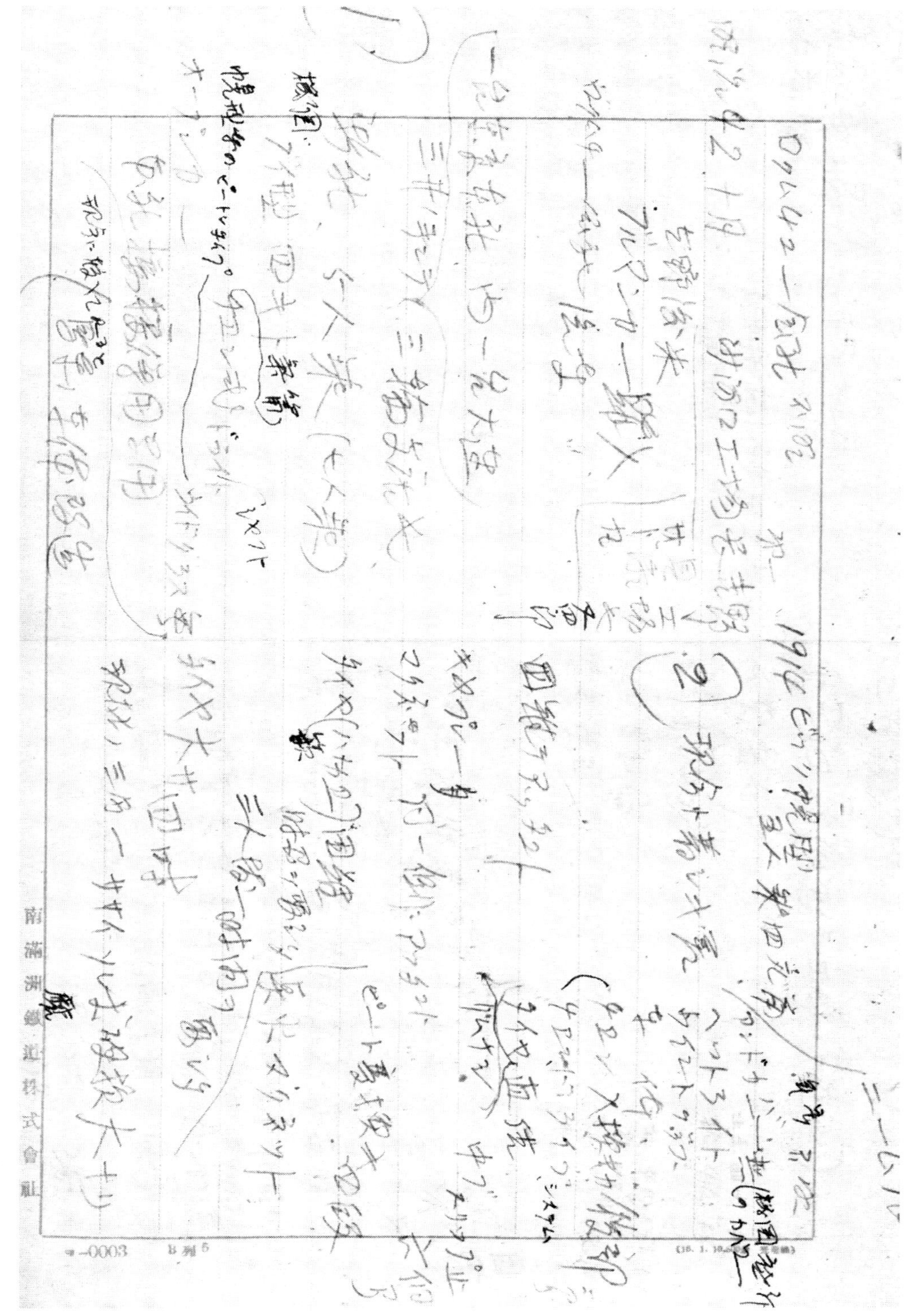

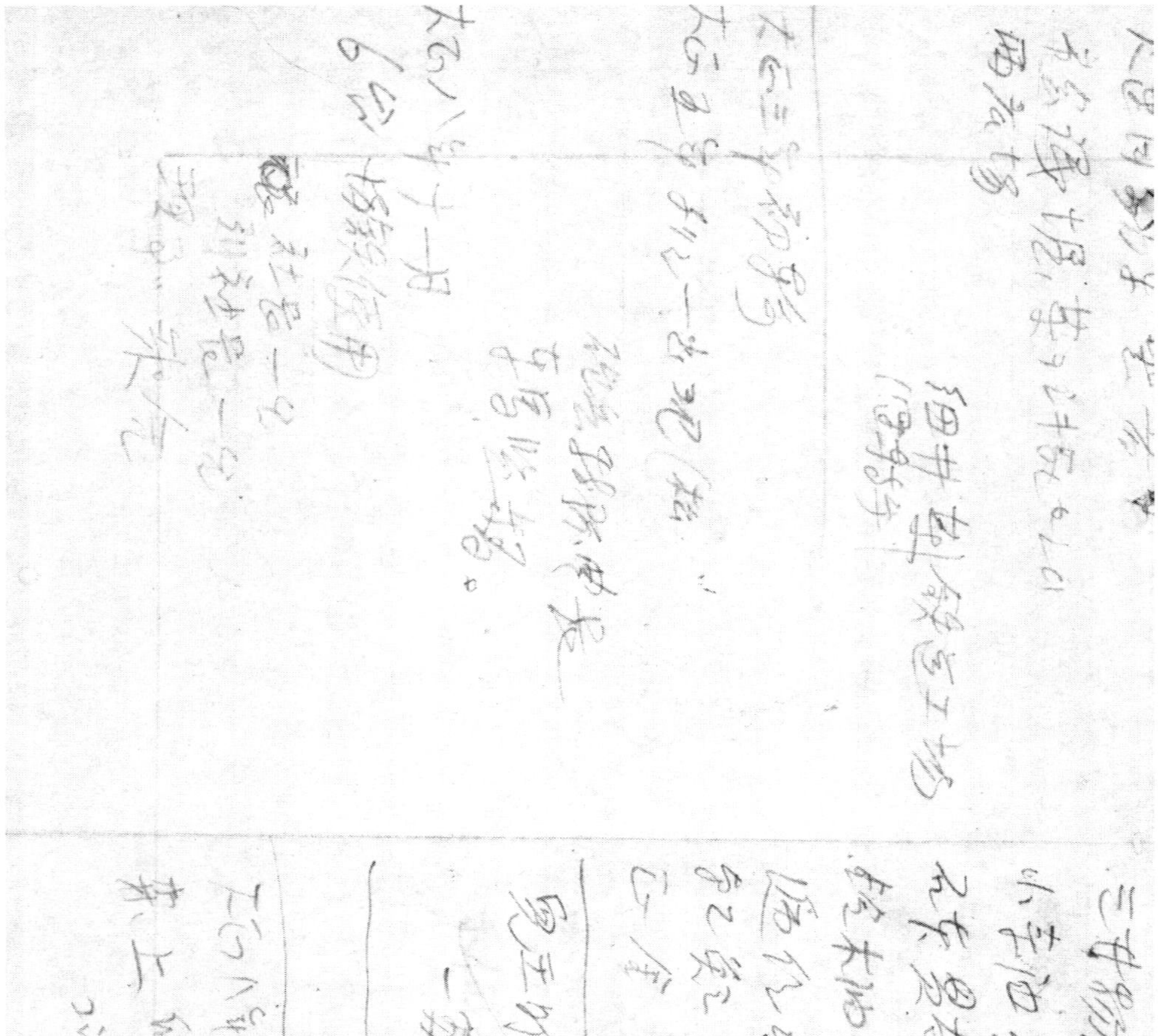

ロールス、ロイス（上海初輸入カ）
実斎 和気商行ウイニング輸入
貴賓車 リットン
廃車15年
~~ボイドルス~~
27式 購入 31,314,—
昭和四年六月十日
山東修…

）上海入手後
満鉄カ自動車ヲ購入 ムツ型 ……
ホテル専使用 …… 用度、文書……
皇族方ノ使用……ニ……入 小修理入
張作霖ノ使用
防弾車購入
現在の車の購入手続
ロハムタニ会社自動車写真
オイルカップ 現在修理場ニ残存ス

工作局ガ担当シテイル：

ハ、プモモル型ニテ曹

鉄道工場ニテ大正七年頃ヨリ製造

ニ着手シ九年迄工場内ニテ製造シタ

森工場長時代　倫委により

大正八年頃大連自動車講習所

架設所（[illegible]）

13年小川氏[illegible]バス

49101

大　野口倫三　4215

主　4280

大正六年四月　工場長　森来彦三

九年二月二十五　橋井実郎

十三年十二月二十日　浅林清

山崎氏談

後藤総裁ノトキハ已ニ解体セリ

見取図別総裁ノ分ハ工場ニ在リ（現在ハ解体

状態ニ在リ型ハバス型ナリ）学術研究用ト

手沢

面

圧サリガス　長興ノ自動車
カーバイト　各種多数　前照 ヘットライト
上海ヨリ輸入シ
之レガ四個アリテ文件ニ入レ[illegible]

明治42年頃米国[illegible]
カラ同鉄作試ニ[illegible]
蒸気ヲ動力トシタル自動車
模写

ハンコツクス
24－ロワゴン
1827年

鉄道協会　大正十年[illegible]
協会員ニ提供ノ為メ市内外ノ[illegible]
用ヨリ全部供鉄ヨリ借
30台位　[illegible]空気[illegible]
不便ノ為メ[illegible]
[illegible]ナス
研究ナシ

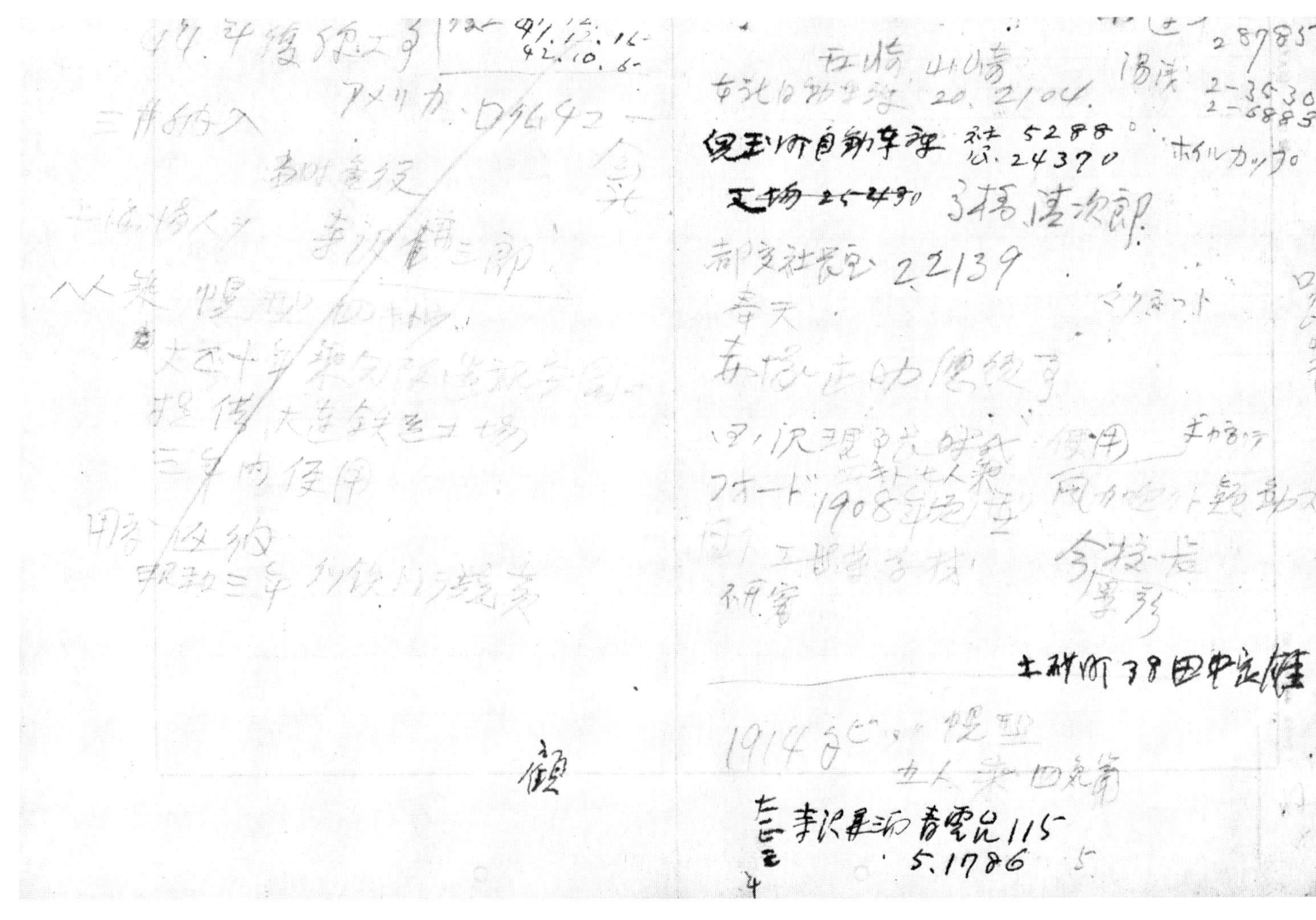

[illegible]

ロクムセ— 72m

ホテル[illegible]一営業

馬車ヲ止メテバスニシタ年月 大正十年

自動車[illegible]

大連バス

馬車部情況

[illegible]

購入

ブンドリ[illegible]

馬車 [illegible]

[illegible]

佐ツ分ニ分

ハルビンヨリ [illegible]

吉林[illegible] ロシヤ式

[illegible]

—0003 B列5

タイプライター原稿用紙

南滿洲鐵道株式會社

No.　タイプライター原稿用紙

H22　7.8年4(?)　大正2.8.9.10.11.13

H38　大正12年

H

H45　大正14年

H55　昭和元年

H62　昭和2年

H72　昭和5年　昭和5年 (奉天旧市)

H81　昭和8年　昭和8年九月

南満洲鐵道株式會社

ヨ－0024　B列5　32×15　●分割打字ヲ要スル原稿ハ五、六頁乃至一〇頁ニテ區切ルコト

~~満洲に於ける自動車輸送機関の現状及其の将来　(秘)　昭2　181.　K3-16.~~

満洲既往路政調査書　昭7　105　K3-18

~~北満洲に於ける自動車交通及運輸の現状　昭5.　Br K3-12~~

満洲に於ける自動車交通概論　(秘)　22　BrK3-26

鉄路総局自動車交通事業概説　(極秘)　昭9　15.　BrK3-39

~~満洲国運輸交通史　(康徳三年)　昭10.　435　M9-8~~

~~満洲国に於ける交通事情　140　M9-9~~

交通法規類纂　康徳元年5月10現在　M9-11

第3巻　鉄道.自動車.航空 編

〔満洲国〕交通　大同3.　52.　M9-P15

自動車営業要件書　道路　国道の現況

満洲国の交通に就て　昭10.　30.　M9-P15.

~~満洲の交通政策~~	昭.7	19	079-P3
満蒙を中心とする國際運輸の事業	昭2	(20)	BrK6-8
~~小運送問題解決の要諦~~	大.14	(14)	BrK6-9
~~満洲各地自動車調査表~~			BrK3-14
~~遼寧省公路局自動車番号簿~~			BrK3-10
~~黒龍江省自動車営業に関する調査~~			BrK3-13

南満洲鐵道株式會社

ヨ-0008 B列5 (15.8.10,000冊 ...)

旅大及瓦房店間自動車運送旅客統計　昭8.　BA10 23-3

満洲交通事業概況　昭12.　(66)　イ1-78

満洲の交通状勢（奉天事務所編）　昭7　(19)　BH41-8

哈爾濱市電気鉄道株式会社　浜洲事　(20)　T23-42

満蒙に於ける自動車輸送の状況　(秘)　昭和4.　(318)　T3-11

満洲に於ける自動車輸送に関する法規の現状及其将来　(秘)　昭2.　(181)　T3-16

満洲国に於ける将来自動車運輸事業と経営問題に対する一考察　昭和12.　(29)　BH43-4

哈爾濱省に於ける交通機関としての乗合自動車　大正11　(5)　BH43-8

北満洲に於ける自動車交通及運輸の現状　昭5　BH43-12

黒龍江省自動車運輸事業調査　〃　〃　13

奉天省に於ける自動車事業の調査　(秘)　昭7.　(19)　〃　17

吉林省に於ける長途自動車事業調査　(秘)　昭6　(33)　22

南満洲鉄道株式会社

ヲ-0003.　B列5

○~~奉天省ニ於ける長途自動車運輸状況（秘）~~	~~昭8~~	~~(45)~~	~~F1-6-3-~~	~~23~~
錦州ニ於ける自動車交通概論（秘）		(22)	〃	26
○~~新京及近郊自動車運輸業統制ニ関する打合会報告の件（極秘）~~	~~昭9~~	~~(18)~~	~~〃~~	~~42~~

在満日本諸会社調　大正15年　(311)　B13-5

在満法人現状調査書　昭和6年8月　5冊　1
合名会社　上下
株式会社　上中下　B13-1

~~満洲国内日本会社一覧表~~　昭和9年11月　(2冊)　B13-2

満洲国重要特殊会社要覧　〃　(25)　B13-3

撫順—奉天間電車及自動車路線調査書　大正10年　F23-127

~~主要都市ニ於ケル交通機関整備並調査資料~~　昭和14年　F13-15

~~哈爾浜市内外自動車営業状況~~　昭和9年

~~錦州長春汽車開始経過~~　交通部月刊　大同2年12月

邦人自動車営業満洲国内開業経過　満洲経済時報　昭和9年3月

南満洲鉄道株式会社

調査部秘扱資料速報　（資料室）

満鉄産業部交通課

○日本自動車工業及自動車交通概説　昭和11年12月　(57) 極秘　H452-1

満鉄経済調査会

○満洲交通調査報告 正・續　昭和10年11月　秘　K103-1

満鉄経済調査会 第三部道路班

○満洲国国道路線図　（第一次五ヶ年計画）　極秘　K31-1

満鉄経調 第三部道路班

○満洲国自動車交通網図　昭和11年9月　極秘　K33-2

満鉄産業部交通課編

○満洲国ニ於ケル民営自動車運輸事業ノ経営問題ニ対スル一考察　秘　K33-3

昭和12年2月　(29)

書名	年月	頁数	区分	番号
在満日本諸會社調	大正15年	(311)	秘	B13—5
在満法人現状調査書 ｛合名会社 上.下 / 株式会社 上.中.下｝	昭和4年6月	(5冊)	秘	B13—1
満洲國内主要會社一覧表	昭和9年11月	(122)	秘	B13—2
満洲事変後設立会社業態	昭和9年11月	(226)	秘	B13—3
満洲新設会社概覧	昭和10年10月	(203)		B13—8
満洲主要新設会社企業目論見書集	昭.10.11.	(157)		B13—12
満洲新設会社概覧	昭.9.12	(68)	BR	B13—21
満洲に於ける合弁の概念に就て	昭.8.9	(34)	BR	B13—4
満洲國に於ける股份有限公司一覧表	昭11.9	(12)	BR	B13—25
満洲電業株式会社の内容	昭11.7	(24)	BR	B13—24

大石橋附属地沿革史　大正六年現在　ＭＴ／14－32

〃　十四年〃　〃

昭和五年現在　〃

〃　九年　〃　〃

〃　十一年〃　〃

満洲に於ける道路建設と自動車運輸　[illegible]時報　昭9.6

満洲に於ける自動車事業の展望（大村卓一）　鉄道時報　昭9.5

南満洲鐵道株式會社

¥-0003　B列5

"図書館在中"

{Y16-2}　　1

北満洲の交通	満蒙	昭和8年7月	14-7
哈尔濱に市制が布かれてより今日迄	露亜時報	〃3年11月	109
長春、開原及奉天附属地主要道路の交通調査に就て	満洲技術協会誌	〃4年9月	6-33
南満洲電気株式会社大連電鉄概要	交通と電気	〃3年10月	9-10
奉天市政公所乗合自動車運轉廃止	満鉄調査時報	〃3年6月上	8-6
奉天を起点とする自動車営業資料調査	満鉄調査月報	〃8年3月上	13-3
快速及び線路自動車	業務研究資料	〃3年5月	
乗合自動車の冬季運轉の問題に就て	〃	〃	
長春、奉天間運轉自動車数	東洋貿易時報	8年3月	
北満の自動車運輸状態	ロシヤ事情	〃5年5月	
大連に於ける自動車界の展望	満洲経済時報	〃7年3月	
奉天に於ける自動車	奉天商工月報	〃7年6月	

（図書館にナシ　昭和12年以降）

題目	出典	年月
熱河省自動車交通	支那時報	昭和8年7月
東三省之汽車交通情形	中東半月刊	民国19年9月
奉天自動車運行計画書	実業部月刊	大同2年2月
自動車営業取締規則	鉄道之研究	昭和8年6月
【Y16－1】		
錦州縣交通	錦州縣事情	大正15年3月
北満の陸路交通	哈爾浜日本商業會所報	〃 15年1月
哈爾浜市営電車問題	露亜時報	〃 14年3月
哈爾浜乗合自動車ト交通問題（哈爾浜日日）	満蒙記事集録	昭和2年6月
哈爾浜旅客自動車問題	満蒙時報	大正15年5月
支那人経営自動車会社制度（新民府）	通商公報	〃 13年2月
奉天、営口、開原自動車交通問題	〃	〃 13年11月

3

扇子街、樺春間冬期自動車開通	満州商報	大正14年2月
華北汽車運轉公司設立計画	〃	〃 3月
黒斉間自動車運轉開始	〃	〃 13年12月
? 中陽長途汽車公司設立　（遼陽）?	〃	〃 14年6月 上下
吉林省自動車運行法案	調査時報	〃 14年11月
鉄法汽車公司運轉開始	鉄嶺商議月報	〃 14年11月
? 蒙古及西部支那の輸送路と自動車輸送	同表題	14年10月
満洲及西伯利に於ける自動車交通	哈爾浜調査時報	〃 15年9月
哈爾浜と呼蘭平野との自動車交通	〃 貴服	〃
大連に於けるバス運轉	調査時報	昭和2年6月 上
○ 支那側に於ける貨物自動車会社	奉天商議月報	大正14年5月
○ 訓令為哈嵩間長途汽車営業有無在前浜江縣署或市政籌備處立案者飭査明具復由	哈爾浜特別市公報	大同2年12月

盛京商報

満洲日日

南満洲鉄道株式会社

(Y16-1 2)　　　　　　　　　　　　　　　　　　　　　　　　　　　　　4

赤峰領事館管内交通及通信状態		赤峰領事館管内事情	×	大正10年5月
~~[illegible]~~ 長春 領事館内附近ノ交通	(外務省通商局編)	満洲事情 第3輯	×	明治42年7月
鉄嶺	〃	〃 〃	×	〃
哈尔浜	〃	〃 4	×	43年11月
遼陽州	〃	〃 3	×	〃 1月
牛荘	〃	2	×	〃 12月
安東	〃	〃	×	〃
奉天	〃	〃 1	×	44年3月
新民府	〃	〃	×	〃
吉林	〃	〃 4	×	〃 7月
間島	〃	〃	×	〃
海龍	〃	〃 3	×	10年 40? 2月
鉄嶺	〃	〃	×	〃

完 3

南満洲鉄道株式会社

B列5　　ヨ-0003

5

営口地方	〃 中ノ町	〃 8月
営口ニ於ケル陸運	営口事情	大正9年5月
間島ニ於ケル交通及運輸（満洲、蒙古）	青島事情	〃 7年3月
営口ヲ中心トセル交通	内外商工彙報	〃 9年2月
長春ニ於ケル交通運輸	長春沿革史	〃 12年11月
松花江の水運	鉄嶺経済時報	〃 9年9月
~~哈爾浜電車開業契約~~	~~露亜時報（露亜時報 1970）~~	~~〃 10年11月~~
奉天瀋陽馬車鉄道有限股份公司章程	（南満洲鉄道株式会社交渉局編）	
	南満洲ニ於ケル日支合弁事業	〃 14年9月
馬鉄公司営業成績	奉天商業会議所月報	〃 7年7月
哈爾浜ニ於ケル電車開通	大陸之報	7年12月

南満洲鉄道株式会社

B列5

(大21) 6

齊々哈爾.黑河間自動車運工営業開始	通商公報	3年3月
張家口.庫倫間自動車運轉 (蒙疆[illegible])	〃	6年11月
運工開始 (〃)	〃	7年11月
鄭家屯.洮南間自動車開通計画	〃	8年11月
老爺嶺.伯都間乘合自動車運轉	〃	9年2月
農安.長春間乘合自動車開通	〃	10年12月
長春.農安間乘合自動車狀況	〃	11年1月
不 農庫汽車公司 (學宏謀)	最新蒙古鑑	8年9月
不 張家口.庫倫間自動車経営狀況報告書	鉄路協会々報	7年5月
長春運工株式会社設立 (長春貿易協会)	月報	6年11月

南滿洲鐵道株式會社

満洲関係資料集成　Y19-37

書名		発行所	年度
満洲都市交通機関ノ趨勢	東亜商工経済	大連商工会議所	昭13年9月
~~奉天ニ於ケル交通文通工ニ就テ~~	奉天商工公会月報(103)	奉天商工公会	康5年9月
新京市内バス運轉系統	同表題	新京交通会社	〃 7月
大連市ノ乗合自動車	東亜商工経済(102)	大連商工会議所	昭和12年7月
賀阪子電車利権問題（外務省）	露国政府ノ権利交換関係文書(外一巻)	外務省調査部	昭10.1月
満洲自動車関係法規集	同表題	大学書房	康5.5
自動車運ニ営業者心得	満洲国警察概要	治安部	〃
満洲国ニ於ケル自動車問題	改造		昭13.5
民営自動車運送事業一覧表	同表題	交通部自動車科	康5年4月
満洲国ニ於ケル事業者別電気鉄道（素案）	中国側満洲国電気事業要覧	満洲電気協会	〃 5月
満洲ニ於ケル自動車道ノ交	大連商工月報		昭11.1月

㊙「大連都市交通会社」乗客数調査実績　　大連都市交通会社 経理部計画係編

昭和十六年度　　電車　101頁　附図　大連　K32-1

乗合自動車　136頁　大連　K33-10

㊐ 調査部取扱資料速報　　昭和16年度 第29号　（16年12月26日）ニ依ル

朝鮮 満洲 陸運総覧　　㊐　930-5.

No.　タイプライター原稿用紙

政府公報

康徳九年一月十四日　奉天省令第五号　電車取締規則

〃　第五六号　電車取締規則執行心得

康徳九年一月十六日　治安部訓令　警第110号　自動車交通事業取締規則執行心得

康徳九年三月三日　交通部布告　第10号　営業自動車運送事業統合設定ニ関スル件

（昭和17年改正）

〃　三月五日　〃　第27号　新京特別市自動車運送事業統合ニ関スル件

南満洲鉄道株式会社

No.　タイプライター原稿用紙

○昭和11年以前ノ関係雑誌ハ次ノ通リデアル

哈爾濱商品陳列館々報　大正8年創刊

東亜時報

満蒙時報

調査時報（M05—12）→満蒙事情（昭和2年—11年）→満鉄調査月報

満蒙之鉄道（大正3年—5年）→満蒙経済事情（大正1年6月10日）→満蒙経済時報

南満洲鐵道株式會社

— 0024　B列5　32×15

No.　タイプライター原稿用紙

北満貨物　正、續　南満鉄調査課　明治43年7月　MT2-17

満蒙全書　大正11年　MT12-2-6

南満洲鐵道株式會社

0024　B列5　32×15　●分離打字ヲ要スル原稿ハ五、六頁乃至一〇頁ニテ區切ルコト　(15. 5. 8,000冊 [illegible])

No.　タイプライター原稿用紙

奉天市政公報　大同元年　17.3.26　MD5-1112

〃　〃　大同2年　17.3.26　〃

〃　〃　康徳元年　17.3.26　〃

〃　奉天市政公署要覧　康徳4年　17　M4131-5

〃　奉天省公署要覧　大同2年

〃　大奉天市公署情報覧

〃　海城県政府公報　大同2年1月—康徳元年12月　MD5-135

南満洲鐵道株式會社

拾六冊

関東廳直営自動車

國際運輸株式會社

资料目録

一、國際運輸株式會社定款（日本普通法人）
二、國際運輸株式會社定款（満洲國普通法人）
三、國際運輸株式會社
四、國際運輸株式會社の自動車運輸事業
五、馬車輸送
六、國際運輸株式會社の自動車事業
七、長春哈尔浜間の馬車輸送
八、関東廳経営自動車運輸事業

南満洲鐵道株式會社

資料目録

一、貔子窩、普蘭店間自動車運輸

二、普蘭店貔子窩間関東廳乘合自動車の現況

整備項目			
索引番號		文書番號	

備考

件名

國際運輸株式會社

B列5　　(12. 7. 5,000枚 松浦屋納)

No.

國際運輸株式會社定款（日本普通法人）

第一章　總則

第一條　當會社ハ國際運輸株式會社ト稱ス

第二條　當會社ハ左ノ業務ヲ營ムヲ以テ目的トス

一、海陸運送及運送取扱營業

二、倉庫營業

三、代辨及保險代行店

四、勞力請負

五、委託販賣業

六、直接又ハ間接ニ運送ニ關係アル資金ノ供給

No.

七、前各号ニ関聯スル一切ノ業務

第三条　当会社ノ資本金ヲ金五千万円トス

第四条　当会社ハ本社ヲ大連市ニ置キ支店ヲ左ノ各地ニ置ク但

関東州　大連市

ヨー0022　B列5　28字×10　南满洲鐵道株式會社　（15.7.8.400册)

No.

中華民國

天津　石門　青島

北京　濟南　上海

大原　徐州

朝鮮

新義州府

雄基府

清津府

ソビエート聯邦

浦塩斯徳

第五條　當會社ノ公告ハ大連市ニ於テ發行スル大連日日新聞ニ掲ケテ之ヲ為ス

No.

第二章 株式

第六條 當會社ノ株式總数ヲ三十万株トシ壹株ノ金額ヲ金五拾圓トス

第七條 當會社ノ株券ハ記名式トシ共有ヲ許サス

第八條 當會社ノ株券ハ壹株券、五株券、拾株券、百株券、千株券ノ五種トス

第九條 株式ノ拂込金額及期日ハ取締役會ノ決議ヲ以テ之ヲ定ム

第十條 株金ノ拂込ヲ怠リタル株主ハ拂込期日ノ翌日ヨリ其ノ滞納金額ニ對シ金百圓ニ付一日金四錢ノ割合ヲ以テ遅滞利息、及遅滞ノ為生シタル費用ヲ當會社ニ支拂フモノトス

No.

第十一條　株主ハ住所及印鑑ヲ當會社ニ届ケ置クモノトス

氏名住所又ハ印鑑変更ノ場合亦同ジ

壱週間以内ニ郵便物ノ到達セザル処ニ住所ヲ有スル株主ハ壱週間以内ニ郵便物ノ到達スヘキ処ニ假住所又ハ代理人ヲ定メ當會社ニ届出ツヘシ其ノ変更アリタル時亦同ジ

第十二條　當會社ノ株式ハ會社ノ承諾ヲ得ルニ非サレハ之ヲ他人ニ賣買譲渡スルコトヲ得ス

株式ノ取得者ハ株券ノ裏面ニ記名捺印シ當會社所定ノ書式ニ依リタル請求書ヲ株券ニ添附シテ名儀書換ノ請求ヲ為スモノトス但シ相續遺贈又ハ法律上ノ手續ニ依ル取得者ハ其ノ事実

ヨ—0022　B列5　28字×10　南満洲鐵道株式會社　(15.7.5.400冊)

No.

ヲ證明スベキ書類ヲ添附スヘキモノトス

當会社ノ株式ハ裏書ニ依リ譲渡シ又ハ質權ノ目的ト為スコトヲ得サルモノトス

第十三條　株券ヲ毀損シ又ハ種類ヲ變更スル為株券ノ交付ヲ受ケムトスルトキハ當會社所定ノ書式ニ依リタル請求書ニ株券ヲ添附シ當会社ニ提出スルモノトス

第十四條　株券ノ紛失又ハ滅失ニ依リ株券ノ再交付ヲ受ケムトスルトキハ當會社所定ノ書式ニ依ル請求書ニ除權判決ノ謄本ヲ添ヘ當会社ニ提出スルモノトス

前項ノ請求アリタルトキハ當會社ハ請求者ノ費用ヲ以テ其ノ旨ヲ公告シ公告ノ日ヨリ三十日ヲ經ルモ異議ヲ申立ツル者ナキトキハ新株券ヲ交付ス

ヨ—0022　B列5　28字×10　南滿洲鐵道株式會社　(15.7.5.400冊)

No.

第十五條　株式ノ名義書換及前貳條ノ場合ニ於ケル新株券ノ交付ニ付テハ左ノ手數料ヲ徵收ス

株式名義書換　株券一枚ニ付　金貳拾錢

新株券發行　〃　金四拾錢

第十六條　當會社ハ毎年六月一日ヨリ定時總會終了ノ當日迄株式ノ名義書換ヲ停止ス但シ臨時總會ノトキハ總會當日ノ貳週間前ヨリ之ヲ停止ス

第三章　株主總会

第十七條　當會社ノ定時總會ハ毎年六月之ヲ招集ス

ヨ－0022　B列5　28字×10　南滿洲鐵道株式會社　(15.7.3.400冊 納川納)

No.

第十八條　總會ノ議長ハ取締役ノ内壱名之ニ當ル取締役差支アルトキハ出席株主中ヨリ之ヲ選挙ス

第十九條　總會ノ議事ハ商法ニ別段ノ定メアル場合ヲ除ク外出席株主議決權ノ過半數ヲ以テ之ヲ決ス可否同數ナルトキハ議長ノ決スル處ニ依ルモノトス

第二十條　株主ハ代理人ヲ以テ議決權ヲ行使スルコトヲ得但シ此ノ場合ニ於テハ其ノ委任狀ヲ當會社ニ提出スルモノトス

第二十一條　總會ノ議事ハ其ノ經過ノ要領及結果ヲ決議録ニ記載シ議

ヌ－0022　B列5　28字×10　南滿洲鐵道株式會社　(15. 7. 8.400冊 鈴川納)

No.

長及出席ノ取締役監査役之ニ記名捺印ノ上当会社ニ保存スル
モノトス

第四章　役員

第二十二条　総会ニ於テ取締役十一名以内、監査役三名以内ヲ選挙ス

第二十三条　総会ニ於テ取締役中ヨリ社長一名、専務取締役二名以内及常務取締役
四名以内ヲ選定ス

第二十四条　社長ハ会社ヲ代表シ其ノ業務ヲ総理ス
専務取締役ハ社長ヲ補佐シ会社ノ業務ヲ補佐シ社長事故アルトキ其ノ職務ヲ
代理シ社長欠員ノトキ其ノ職務ヲ行フ
常務取締役ハ社長及専務取締役ヲ補佐シ会社ノ業務ヲ掌理シ社長及専務取
締役事故アルトキ又ハ欠員トナリタルトキハ其ノ内ノ一名之ニ代ル

ヨ—0022　B列5　28字×10　南満洲鉄道株式会社　(15. 10. 7,500冊)

No.

第二十五條　取締役ハ取締役會ヲ組織シ重要ナル案件ヲ議決ス取締役會ノ議事ハ總取締役ノ半数以上出席シ其ノ過半数ヲ以テ之ヲ決ス

第二十六條　取締役~~監査役~~法定ノ員数ヲ缺キ監査役缺員トナリタルトキハ臨時總會ヲ開キ補缺選挙ヲ行フモノトス但シ補欠員ノ任期ハ前任者ノ残任期間トス~~但シ法定ノ員数ヲ缺カサルトキハ次回ノ定時總會迄其ノ選挙ヲ延期スルコトヲ得~~

第二十七條　取締役ノ任期ハ三箇年監査役ノ任期ハ二箇年トス但シ任期中ノ最終ノ決算期ニ関スル定時總會終結ニ至ル迄其ノ任期ヲ伸長スルコトヲ得~~期中ニ於テ……總會ノ……迄其ノ任期ヲ伸長スル……~~トス

ヨ—0022　B列5　28字×10　南滿洲鐵道株式會社　(15.7.5.400冊　…)

第二十八條　取締役及監査役ノ受クヘキ報酬ハ株主總会ノ決議ヲ以テ之ヲ定ム

第五章　計算

第二十九條　當会社ノ決算期ハ毎年三月三十一日トス

第三十條　當会社ノ損益計算ハ毎決算期ニ於テ總收入金ヨリ一切ノ経費及損失ヲ控除シタルモノヲ其ノ期ノ利益金トシ之ニ前期繰越金ヲ加ヘ左ノ如ク處分ス

第一　法定積立金　利益金ノ百分ノ五以上

第二　別途積立金　若干

ヨ—0002　B列5　28字×10　南満洲鐵道株式會社　(15. 10. 7.500冊　一岩屋印)

第三 役員賞與金 若干

第四 社員退職手當基金 若干

第五 株主配當金 若干

第六 後期繰越金 若干

第三十一條 株主配當金ハ株主總会終了ノ日ヨリ三箇年ヲ經過スルモ請求ナキトキハ其ノ請求權ヲ拋棄シタルモノト看做シ當會社ノ收得トス

第三十二條 株主配當金ハ毎年六月一日現在株主名簿ニ依リ之ヲ拂渡スモノトス

No.

國際運輸株式會社（満洲国ノ普通法人 国際運輸直系）

國際運輸株式會社定款

第一章　總則

第一條　本会社ハ國際運輸株式会社ト稱ス

第二條　本会社ハ左ノ業務ヲ營ムヲ以テ目的トス

一、海陸運送及運送取扱營業

二、倉庫營業

三、代辦及保證行爲

四、勞力請負

五、委託販賣業

ヨ—0022　B列5　28字×10　南滿洲鐵道株式會社　(15. 10. 7.500冊 [illegible])

No.

六、直接又ハ間接ニ運送ニ関係アル資金ノ供給

七、前各号ニ関聯スル一切ノ業務

第三條　本会社ノ資本総額ヲ金四百万円トス

第四條　本会社ノ本店ヲ奉天市ニ置キ支店ヲ左ノ各地ニ置ク

奉天

營口

錦州

安東

四平街

新京

ヲ—0022　B列5　28字×10　南滿洲鐵道株式會社　(15. 10. 7.500冊 一番舘納)

No.

吉林

図們

哈爾濱

牡丹江

齊々哈爾

佳木斯

第五條　本會社ノ公告ハ奉天市ニ於テ發行スル滿洲日日新聞ニ
掲ケテ之ヲ為ス

第二章　總則

第六條　本會社ノ株式總數ヲ八万株トシ一株ノ金額ヲ金五十円

No.

第七條　本会社ノ株券ハ總テ記名式トシ一株券　十株券　百株券　千株券ノ四種トス

第八條　株金ノ拂込ハ一株ニ付第一回金三十七円五十銭トシ第二回以後ノ拂込金額及期日ハ取締役会ノ決議ニ依リ之ヲ定ム

第九條　株金ノ拂込ヲ怠リタル株主ハ拂込期日ノ翌日ヨリ拂込完了ノ日迄其ノ拂込ムヘキ金額ニ対シ百円ニ付日歩四銭ノ割合ヲ以テ遅延利息ヲ支拂フヘシ

第十條　株主及其ノ法定代理人ハ其ノ氏名、住所及印鑑ヲ本会社ニ届出ツヘシ其ノ変更アリタル場合亦同シ

No.

第十一條　株式ノ名義書換ヲ為サムトスルトキハ本会社所定ノ名義書換請求書ニ株券ヲ添附シ之ヲ本会社ニ提出スヘシ

相續、遺贈其ノ他當然名義書替ヲ要スル事由アル者ハ別ニ其ノ事實ヲ證明スヘキ書類ヲ添附スヘシ

當会社ノ株式ハ裏書ニヨリ譲渡シ又ハ質權ノ目的ト為スコトヲ得ズ

第十二條　株券ノ毀損又ハ種類変更ノ為新株券ノ交附ヲ受ケントスルトキハ本会社所定ノ書式ニ依ル請求書ニ株券ヲ添附シ之ヲ本会社ニ提出スヘシ

第十三條　株券ノ亡失ニ因リ株券ノ再交附ヲ受ケントスルトキ

ヨー0022　B列5　28字×10　　南満洲鐵道株式會社　　(15. 10. 7.500冊 [illegible])

No.

ハ本会社所定ノ書式ニ依ル請求書ニ除権判決ノ謄本ヲ添ヘ本会社ニ提出スヘシ

第十四條　株式ノ名義書換及前二條ノ場合ニ於ケル新株券ノ交付ニ付テハ左ノ手數料ヲ徴收ス

株券名義書換　株券一枚ニ付　金十銭

新株券ノ発行　株券一枚ニ付　金四十銭

第十五條　本会社ハ毎年六月一日ヨリ定時株主總会終了ノ日迄株式ノ名義書換ヲ停止ス

臨時株主總会ノ場合ハ招集ノ通知ヲ発シタル日ヨリ其ノ總会終了ノ日迄之ヲ停止ス

No.

第三章　株主総会

第十六條　本会社ノ定時株主総会ハ毎年六月之ヲ招集シ臨時株主総会ハ必要ニ應シテ之ヲ招集ス

第十七條　総会ノ議長ハ社長之ニ當ル　社長事故アルトキハ他ノ取締役之ニ當ル

第十八條　総会ノ決議ハ法令ニ別段ノ定アル場合ヲ除ク外出席株主ノ議決権ノ過半数ヲ以テ之ヲ為ス可否同数ナルトキハ議長ノ決スル所ニ依ル

第十九條　株主ハ代理人ヲ以テ議決権ヲ行使スルコトヲ得但シ此ノ場合ニ於テハ其ノ委任状ヲ本会社ニ提出スルコトヲ要ス

ヨー0022　B列5　28字×10　南滿洲鐵道株式會社　(15. 10. 7,500冊 一置編網)

No.

第二十條　總会ノ議事ハ其ノ経過ノ要領及結果ヲ議事録ニ記載シ議長及出席ノ取締役、監査役之ニ記名捺印ノ上本会社ニ保存ス

第四章　役員

第二十一條　總会ニ於テ取締役十一名以内、監査役三名以内ヲ選任ス

第二十二條　取締役ノ任期ハ三箇年、監査役ノ任期ハ二箇年トス但シ任期中ノ最終決算期ニ関スル定時株主總会終了ニ至ル迄之ヲ伸長スルコトヲ得

第二十三條　取締役法定ノ員数ヲ欠キ監査役欠員トナリタルト

ヨ－0022　B列5　28字×10　南満洲鐵道株式會社　(15. 10. 7.500册　一覽印刷)

No.

キハ臨時株主総会ヲ招集シテ補缺選挙ヲ行フモノトス但シ補缺員ノ任期ハ前任者ノ残任期間トス

第二十四條　総会ニ於テ取締役中ヨリ社長一名、専務取締役二名以内及常務取締役四名以内ヲ選任ス

社長ハ会社ヲ代表シ其ノ業務ヲ総理ス

専務取締役ハ社長ヲ補佐シ会社ノ業務ヲ掌理ス社長事故アルトキ其ノ職務ヲ代理シ社長缺員ノ時其ノ職務ヲ行フ

常務取締役ハ社長及専務取締役ヲ補佐シ会社ノ業務ヲ掌理シ社長及専務取締役事故アルトキ又ハ缺員トナリタルトキハ其ノ内ノ一名之ニ代ル

ヨ—0022　B列5　28字×10　南満洲鐵道株式會社　(15.10.7,500冊 一審編纂)

No.

第二十五條　取締役ハ取締役会ヲ組織シ重要ナル社務ヲ議決ス
取締役会ノ議事ハ出席取締役ノ過半數ヲ以テ之ヲ決ス可否同
數ナルトキハ会長之ヲ決ス
取締役会ノ会長ハ社長之ニ任ス
第二十六條　取締役及監査役ノ受クヘキ報酬ハ株主總会ノ決議
ヲ以テ之ヲ定ム

第五章　計算

第二十七條　本会社ノ決算期ハ毎年三月三十一日トス
第二十八條　本会社ノ損益計算ハ毎決算期ニ於テ總收入金ヨリ
一切ノ経費及損失ヲ控除シタルモノヲ其ノ期ノ利益金トシ之

No.

二前期繰越金ヲ加ヘ左ノ如ク處分ス

一、法定積立金　利益金ノ百分ノ五以上

二、別途積立金　若干

三、役員賞與金　若干

四、社員退職手當基金　若干

五、株主配當金　若干

六、後期繰越金　若干

第二十九條　株主配當金ハ毎年六月一日現在ノ株主名簿ニ依リ之ヲ株主ニ支拂フ

第三十條　株主配當金ハ其ノ支拂期日後滿三箇年ヲ經過スルモ

No.

支拂ノ請求ナキトキハ之ヲ本会社ノ收得トス

No.

國際運輸株式會社

一、沿革

欧洲大戰當時盛に南下せる北満輸出貨物は、浦塩の治安恢復と東支鐵道の東行政策とに因り、大正十年初より次第に東行旺盛となりたるを以て満鐵は之が對策として運賃の大低減を断行し、或は東支鐵道と運賃協定を為す等の方策を講じたるも、東支及烏鐵の實権が漸次ソ聯の勢力下に移るに従ひ運賃協定の将来に對しても多大の脅威を感じ茲に根本的對抗策を確立するの必要を認めらるゝに至れり。而して之が實施に就ては満鉄が直接表面に立つことを不便とするを以て、政策遂行機關として

No.

別に一運送會社を設立し、馬車輸送に依り東支南部線の不當運賃に對抗し或は倉庫證券に對する金融を圓滑ならしむる等の方法に依り、北満貨物を吸收する方針を定めたり。右実行方法として我國二大運送業者の一たる日本運送株式會社と提携し之と合同するを前提として、大正十二年二月先づ資本金七百万円（第一回拂込二百八十万円）を以て奉天に東亜運送株式會社成立し、次で大正十二年六月両社を合併して、資本金一千万圓（内四百八十万円拂込）の國際運送株式會社成立せり。其の後同社は内地及満洲に營業を有する山口運輸株式會社其の他既設の在満小運送會社を買收し、内鮮満各地に於て相當の成績を以て營業を爲し来れ

No.

る所、大正十五年六月鐵道省は内地に分立する運送業者永年確執闘争に因る弊害除却の為、運送業者の大合同断行の意向を示し之が実現を見ることゝなりたるを以て、従来満鐵が國際運送に對し出資関係上持ちたる絶對的地位は合同に因り失はるゝことゝなり、北満政策遂行上支障を来すことあるべきを慮り同社大連支社の管轄に属したる満洲、蒙古、支那及露領沿海州に於ける営業を分離して之を営業区域とする一會社を設立することとなり、大正十五年八月一日満洲側六十五万円計三百四十万円を払込額とし資本金一千万円を以て大連に本會社の成立を見たり。

ヨー0022　B列5　28字×10　南満洲鐵道株式會社　(15. 7. 5.400冊 [illegible])

No.

二、本會社の内容

一、法人格

日本普通法人

二、設立年月日

大正十五年八月一日

三、営業目的

1.海陸運送及運送取扱営業

2.倉庫営業

3.代辦及保證行為

4.労力請負

5.委託販賣業

6.直接又は間接に運送に関係ある資金の供給

7.前各号に関聯する一切の業務

ヨー0022 B列5 28字×10 南満洲鐵道株式會社 (15.7.5.400冊 [illegible])

No.

四、營業所

本店　大連市大山通六六番地

支店　大連、羅津、清津、雄基、徐州、石家莊、濟南、北京、天津、太原

上海、青島

五、資本金及株式

1、現狀

公稱資本金　五、〇〇〇、〇〇〇圓

拂込資本金　五、〇〇〇、〇〇〇〃

總株數　一〇〇、〇〇〇株

一株の額面金額　五〇圓

一株の拂込金額　五〇〃

乙、出資關係

資本全額滿洲鐵出資

ヨ—0022　B列5　28字×10　南滿洲鐵道株式會社　(15. 7. 5.400冊 ...)

No.

3. 資本の変遷

摘要	年月日	公称資本金	払込資本金	一株払込額	払込總額
創立	大正五、八、一	一〇、〇〇〇、〇〇〇円	三、四〇〇、〇〇〇円	一七・〇〇円	三、四〇〇、〇〇〇円
減資	昭和七、三、三一	五、〇〇〇、〇〇〇	一、七〇〇、〇〇〇	—	—
第二回払込	同 十二、十一、二五	五、〇〇〇、〇〇〇	三、四〇〇、〇〇〇	一七・〇〇	一、七〇〇、〇〇〇
第三回払込	同 十四、十一、十六	五、〇〇〇、〇〇〇	五、〇〇〇、〇〇〇	一六・〇〇	一、六〇〇、〇〇〇

（注）右減資は不良資産の整理と事業経営の合理化を目的として昭和七年一月三十日開催の臨時株主総会決議に基き断行せられたるものにして其の方法左の如し

（1）株式二〇万株中一〇万株を一般株主中より無償にて消却を申出づる者あるときは申込順に依り其の株式を消却す

（2）無償にて消却に応ずる株数が一〇万株に達せざるときは取締役は其の不足株数に付連帯して本決議当時其の有する株式の無償消却に応ずるものとす

六、社債

	発行額	発行年月日	償還年月日
第一回	一、七〇〇、〇〇〇	昭和八年十一月三十日	昭和十四年十一月三十日
第二回	三、三〇〇、〇〇〇	昭和十四年十一月三十日	昭和二十四年十一月三十日

No.

七、決算期

年一回　三月

八、役員（全員満鐵推薦）

社長	酒井清兵衛
常務取締役	白井喜一
〃	小川亮一
〃	松本正平
〃	森永不二夫
〃	津村精太郎
取締役	村上義一
〃	田島政雄
〃	川村龍雄
〃	片桐愼八
監査役	大津徹
〃	立川巖（リ）

ヨ―0022　B列5　28字×10　南滿洲鐵道株式會社　（15.7.5.400冊 ）

No.

九　職制

社長

常務取締役

取締役

監査役

- 社長
  - 庶務課
  - 經理課
  - 陸運課
  - 海運課
  - 附業課
  - 労務課
  - 監察課
  - 北支支社（支社長常務取締役兼務）
    - 庶務課
    - 經理課
    - 陸運課
    - 水運課
    - 労務課
    - 商事課
    - 監察課
  - 北[illegible]支社（支社長常務取締役兼務）
    - 首席
      - 總務班
      - 陸運班
      - 航運班
  - 新京公用部（部長常務取締役兼務）
    - 首席
      - 公用係
      - 特產係
      - 軍用係
      - 專賣係

ヨ—0022　B列5　28字×10　南滿洲鐵道株式會社　(15. 7. 8.400冊 [illegible])

No.

三、営業概況

一、概説

本会社成立初期は前営業を継続して北満貨物南下策の実施、船車連絡海運等其の使命を果所期の成績を収め大正十五年度一割昭和二、三年度八分の配当を持続したり、殊に昭和三年には傭船に依る欧洲配船沿海州材輸送等を開始し海運界に力を注ぎ又昭和四年初、露支紛争に因る南下貨物の激増等の好材料に恵まれ次第に業務の発展を示したるも昭和四年下期東行の復活と銀価崩落に加へて世界的不況の影響を受け相当の打撃を被るの余儀なきに至り創立以来の好調に乗じたる放漫なる経営も禍し昭

ヨー0022　B列5　28字×10　南満洲鐵道株式會社　(15.7.8.400冊)

No.

和四・五年の頃より根本的に整理緊縮断行の必要を生じたり．茲に於て當社は昭和四年上期の配當を中止すると共に漸次満洲以外の営業を拋棄するの方針を採り先づ臺灣に於ける営業所を閉鎖し又海運業に於ても半期四十余万噸に上りたる傭船取扱を漸減することゝしたり。

然るに昭和六年九月に勃発したる満洲事変を契機として満蒙の情勢著しく変化したるを以て當社業態は一変し之に處する爲業務の大擴張を爲す機運に際會せり依て内には減資を断行し以て不良資産を整理し事業経営の合理化に依り其の業績及信用の増進を図ると共に外には大いに積極策に轉換を爲したり即ち

ヨ－0022　B列5　28字×10　南滿洲鐵道株式會社　(15. 7. 5.400部 [illegible])

No.

事変後當會社本来の営業たる特産の取扱は出廻不振に災され一時扱量著しく減退せるも軍事輸送、新線建設材料輸送及人夫供給並輸送経路の変革に對する中継輸送等繁忙を極め軍事及建設工作の進展に伴ひ該方面に於ける営業地域著しく擴大せるを以て國内須要の方面に支店、出張所等を増設し社員数も著しく増加を来せるが而も営業成績は次第に好轉し七年度より再び八分配當を開始するに至れり次で満鐵の北鮮進出の國策に順應し北鮮三港に於ける海陸運輸の統制を図らむが為同地進出を企図し昭和九年二月には國際通運、朝鮮運送、北鮮運輸三社の北鮮に於ける営業一切を継承して営業を開始せり斯くて國線鐵道網の充

No.

実に依り北鮮、南満海港輸出入貨物は共に激増し之に伴ふ本會社の營業たる一般海陸運送取扱又殷盛を極めつゝあり昭和十一年度に入り北支の新情勢に鑑み同方面業務の充実を図り天津東興洋行の營業及施設を継承せる外天津塘沽運輸公司の設立に参加し北支進出の歩を進めつゝあり。

當社は右の如く満洲事変を契機として營業地域擴大し業務も亦著しく擴大せるが為之に備ふるに昭和十二年十一月拂込未済株金の内第二回拂込を断行し在来の拂込資本金百七〇万円を三百四〇万円に増額し同時に治外法権撤廃に伴ふ満洲國外國法人法の制定に準拠し新に奉天に同名称たる國際運輸株式會社する

No.

子會社を創立し之に満洲國内に於ける営業及諸財産の一切を移譲せり。然而して國策に順應して北中支方面に営業区域を擴大する等、當社は近年劃期的の飛躍を遂し未曾有の好成績を挙げつつあり。

二、最近の営業状況

1、事業規模

(1) 施設の大要

○土地　七三五、二〇七、三〇圓

○諸施設

事務所　五四一、一三七、七二圓

倉庫　一〇九、七七五、一五〃

人夫宿舎　四〇、四五五、〇〇〃

雑建物　三〇〇、六一六、四五〃

計　一、〇七二、九八四、三二〃

No.

○船舶

小蒸気船 二二、六六五、七四圓
艀船 七四、九五六、三九〃
雑船 二、〇八〇、二一〃
計 九九、七〇二、三四〃

○機器

什器 二七八、七一九、九四圓
営業用自動車 五四一、七七九、九二〃
牛馬匹 一、八〇〇〃
計 八二〇、五二七、八六〃

(ロ) 従事員

親子會社合計

資格	人員	本俸月額	在勤手當月額
職員	九六八人	七八、三三六・〇〇円	五九、〇四八・八七円
雇員	一、二六二	五九、九七三・七〇	四五、九七五・三四
傭員	一、〇〇八	三九、七四四・六〇	二一、七八八・〇七
嘱託	五五	七、五四〇・〇〇	一
准社員	四、〇七六	一四四、九三九・〇〇	一〇五、八三三・六九
計	七、三三九	三三二、六四四・八七	二三二、六四四・八七

No.

２、最近の主要業務量

○運送取扱高

	昭和十三年	昭和十二年
陸運発送	四一六九、八五〇瓲	三、〇〇九、六六九瓲
陸運到着	四三六五、〇〇七〃	二、一〇四、八〇三〃
海運輸出	一、二六三、九五六〃	一、一九六、四三六〃
海運輸入	五〇四、五八九〃	一八三、二三三〃

○保険取扱高

	昭和十三年	昭和十二年
	八〇、九七六件	六九、五四七件
	一、五七一、四二六、六〇七圓	一、九九二、五四七、四八六圓
海上契約件数	一五、八四四件	一八、九〇〇件
海上保険金額	八九、三三二、二二四圓	九九、一三二、六七一圓
運送契約件数	二〇、八九一件	一〇、九六九件
運送保険金額	一九〇、〇五四、二四五圓	一〇七、三八三、一五九圓
火災契約件数	四四、〇六八件	三九、四六七件
火災保険金額	一、三九一、四五三、一三八円	一、七八五、三六七、六八八円
自動車契約件数	一七三件	二一一件
自動車保険金額	五八八、〇〇〇円	六六三、九六八円

ヨ―0022　B列5　28字×10　南満洲鐵道株式會社　(15. 7. 8.400冊 [illegible])

No.

○倉庫取扱高

倉庫保管	前期繰越	七七、三四一瓩	八九、一七四瓩
〃	入庫	三六九、六八一〃	三一七、七六六〃
〃	出庫	三五三、六八七〃	三二九、五九九〃
〃	残高	九三、三三五〃	七七、三四一〃
〃	一日平均在庫高	六八、二四三〃	五四、二六三〃
出保管	前期繰越	四〇、五〇六〃	五二、五三五〃
〃	入庫	六八、三六一〃	一七四、七八四〃
〃	出庫	九七、二二五〃	一八六、八一三〃
〃	残高	一一、六四二〃	四〇、五〇六〃
〃	一日平均在庫高	一〇、九九七〃	三七、六六四〃

○委託販賣取扱高

石炭取扱高	一三、五九七瓩	六六、八七六瓩
石炭販賣高	一〇八、九八四円	一、〇一三、〇三九円
穀類取扱高	二八一、八八六瓩 一、三二四瓩	八四、四九一瓩
穀類販賣高	三三、一六三、九八八円	六、五八四、八二四円
木材類取扱高	一〇五、三三三本 四六瓩	二七三、九六七本 一七九瓩
木材類販賣高	二六五、八六〇円	八〇〇、三二四円

No.

○金融取扱高

圓勘定	前期繰越	五、三六六、八一五圓	八、九七五、四六五圓
〃	貸付	六一、一〇四、九三七〃	四四、九一三、六一三〃
〃	回收	五七、四三八、四三一〃	四八、六三一、三六三〃
〃	殘高	八、九四三、三三一〃	五、三六六、八一五〃
〃	一日平均貸付高	五、三五七、五一五〃	四、九六〇、三六二〃
弗勘定	前期繰越	一一、一八〇〃	六二、〇〇六〃
〃	貸付	—	二六八、三五四〃
〃	回收	五、七九七〃	三一九、一八〇〃
〃	殘高	五、三八三〃	一一、一八〇〃
〃	一日平均貸付高	五、五六七〃	二八、四八七〃

○通関代理取扱高

滿鐵	一、一三三、五八八件	七五四、六四四件
鮮鐵	二二、九八〇〃	二〇、一二〇〃
合計	一、一五六、五六八〃	七七四、七六四〃

ヨー0022　B列5　28字×10　南滿洲鐵道株式會社　(15. 7. 5.400冊 [illegible])

3，最近一箇年の営業収支の内訳

親、子会社合計

（自昭和十三年四月一日 至昭和十四年三月三十一日）

科目		収入（円）
営業収入		四三,四〇四,一七五・五〇
内訳	発送収入	一,九七六,四八九・三五
	到着収入	三,四六二,五六五・九四
	輸出収入	三六八,八〇五・〇五
	輸入収入	四四六,七九二・〇四
	傭船収入	一,一五四・五二
	車馬収入	一〇,五四二,八七二・四七
	艀船収入	九〇七,八七七・〇九
	特殊輸送収入	一,六八八,三六五・八六
	満鉄駅積卸収入	一,七七八,九八二・〇八
	北鮮駅積卸収入	九七〇,五三五・七九
	国鉄駅積卸収入	三,〇一〇,八六五・二四
	北支駅積卸収入	七四三,三四一・〇八
	労務収入	八,六三四,六五三・九一
	艀船作業収入	一,五三五,一七七・三二
	艀船代理収入	一,〇〇三,七四八・三六
	保険代理収入	五一一,四六八・三三
	通関代弁収入	五三三,四六七・五四
	集配収入	一九〇,二七九・三四
	倉庫収入	七三六,〇四四・〇九
	金融収入	五三四,八三三・四一
	委託販売収入	三六五,五九八・三五
	雑営業収入	二,四三四,七八〇・五〇
利息収入		三七八,三六九・三五
雑益		四五三,五三一・六一
総計		四四,二四六,〇七六・四六

科目		支出（円）
営業直接費		二九,七四三,八七四・三四
内訳	発送費	一,二六七,二五二・三五
	到着費	一,六六四,九五五・四四
	輸出費	八〇,七六六・二一
	輸入費	二四一,四〇三・五二
	車馬費	九,一二五,六二二・三八
	艀船費	八六二,二七九・六〇
	特殊輸送費	一,三二二,六九〇・一六
	満鉄駅積卸費	一,五五一,三五八・五二
	北鮮駅積卸費	七七七,五一七・三七
	国鉄駅積卸費	二,四二九,一四四・〇二
	北支駅積卸費	四七四,〇九六・八〇
	労務費	七,二五八,三七九・三六
	艀船作業費	一,一三一,七一二・三三
	艀船代理費	一八八,四七三・一一
	保険代理費	一一三,三七五・四六
	通関代弁費	九五,四六七・七六
	集配費	一,三二五,九八七・四七
	倉庫費	三三七,一三五・六〇
	金融費	二,八五二・六五
	委託販売費	五二,一四三・五八
	雑営業費	七〇〇,四四一・五二
利息支出		一〇七,八五七・三五
雑損		六四九,七三八・九六
償却費		一七八,三四〇・九八
総係費		二,四七二,三七三・一八
内訳	人件費	一,九七三,二三六・四五
	其他経費	四九九,一三六・七三
本年度利益		一,三九四,八九一・四三
総計		四四,二四六,〇七六・四六

4. 最近十期間損益状況

区間	収入	支出	損益(△)
第九期（半期決算）	三、二九五、八六一円	三、四五〇、二三一円	△一五四、三七〇円
第一〇期（〃）	二、四五二、七六四	二、三八三、六〇〇	六九、一六四
第一一期（一年決算）	五、五六七、〇一六	五、四九一、四六一	七五、五五五
第一二期（〃）	六、三〇九、〇四六	五、九七九、九七九	三二九、〇六九
第一三期（〃）	一一、〇六二、六二四	一〇、六五九、六一二	四〇三、〇一二
第一四期（〃）	一五、九八八、八五九	一五、五四四、七四〇	四四四、一一九
第一五期（〃）	一七、〇〇〇、五七七	一六、五四七、五六二	四五三、〇一五
第一六期（〃）	一八、五一五、〇三五	一八、〇六四、三三一	四五〇、七〇四
第一七期（〃）	一九、四一一、八四六	一八、七五八、四〇〇	六五三、四四六
第一八期（〃）	一五、四七九、二三七	一四、六五九、一三七	八二〇、一〇〇

5. 最近十期間利益金処分一覧表（単位圓）

期間	法定積立金	別途積立金	償却費	賞与及職員手当金	役員賞与金	株主配当金	配当率
第九期	—	—	—	—	—	—	—
第一〇期	—	—	—	—	—	—	—
第一一期	—	—	—	—	—	—	—
第一二期	一六、五〇〇	八〇、〇〇〇	—	五〇、〇〇〇	三、八〇〇	一三六、〇〇〇	年八分
第一三期	二一、〇〇〇	一五〇、〇〇〇	—	五〇、〇〇〇	二五、七〇〇	一三六、〇〇〇	〃
第一四期	二三、〇〇〇	一七〇、〇〇〇	—	八〇、〇〇〇	三四、〇〇〇	一三六、〇〇〇	〃
第一五期	二三、〇〇〇	一七〇、〇〇〇	—	八〇、〇〇〇	三一、三〇〇	一三六、〇〇〇	〃
第一六期	二三、〇〇〇	一七〇、〇〇〇	—	一〇〇、〇〇〇	二〇、〇〇〇	一三六、〇〇〇	〃
第一七期	三三、〇〇〇	二三〇、〇〇〇	—	一五〇、〇〇〇	五〇、〇〇〇	一八四、〇〇〇	〃
第一八期	四二、〇〇〇	一〇〇、〇〇〇	一六〇、〇〇〇	一五〇、〇〇〇	—	三七二、〇〇〇	〃

四、本會社と滿鐵との關係

同社は滿鉄運輸事業の延長として、又北滿に於ける我が經濟の進出並貨物南下政策実行上滿鉄が絶對的地位を獲得する意味に於て、當社の直系會社として設立せられたるものにして、滿洲事変前に於ける複雑なる政情下に於て克く其の使命を達成し来り、又新國家建國後に於ては急激に擴張し来りたる當社鐵道事業と密接なる有機的關聯の下に當社の側面的役割を果しつゝあり。

一、滿鐵の投資額

持株数　一〇〇,〇〇〇株（一〇〇％）

引受金額　五,〇〇〇,〇〇〇圓

払込金額　五,〇〇〇,〇〇〇 〃

一

No.

二、推薦役員
　全役員満鐵推薦
三、満鐵との業務連絡
　本會社と當社との業務連絡は第一種協定に基きて行はる
四、同社に對する貸付金及債務保證
　貸付金（昭和十五年二月末）　四八二、一三二圓
　社債保證（〃）
　　保證金額　五、〇〇〇、〇〇〇圓
　　保證期限　昭和二十四年十一月
　保證狀（昭和十五年二月末）
　　保證金額　二、三二四、四九七圓
　　借入先　中央銀行
　　保證期限　昭和十五年三月三十一日

ヨ―0022　B列5　28字×10　南滿洲鐵道株式會社　(15. 7. 5.400冊 [illegible])

No.

「國際運輸株式会社十年史」

國際運輸株式會社の自動車運輸事業

貨物自動車營業

ヨ－0022　B列5　28字×10　南滿洲鐵道株式會社

No.

國際運輸株式會社の自動車運輸事業

貨物自動車營業

一、吾社貨物自動車營業の濫觴

大正七年西比利亜戰乱に際し白軍の需要を見越し某商が同車に賣込むべく　三十三臺の貨物自動車（セルデン號）を哈尔賓に輸送せしが當時既に白軍の勢威已に地に墜ち同志四散せるを以て其の賣込は畫餅に帰し處置に困惑しつゝある折柄大正十二年九月一日の京濱地方の大震火災の為め貨物自動車の需要頓に旺盛となりしに依り之れを横濱迄輸送方吾社哈尔賓支店に申込みたり。

ヨ－0022　B列5　28字×10　南滿洲鐵道株式會社　(15.7.8.4002)

No.

此依頼に依り大正十二年十月哈爾賓支店は之を横濱迄輸送せしが荷受人に於て運賃諸掛の支払能力なく為に其の処置に窮し結局運賃諸掛の代償として内二十七臺を吾社（當地國際運送株式會社）に於て引受け其内十台を賣却処分し残十七台は夫々左記の通り配属し使用することゝなれり。

公用課　二台　上海支店　一二台　奉天支店　一台

天津出張所　一台　青島出張所　一台

是れ吾社の貨物自動車営業開始の第一歩として正に特筆記せらるべきものなり。

二、各店所営業の過程

No.

1. 平壌支店

昭和三年六月鴨緑江上流中江鎮附近に於ける吉林陸軍中尉虐殺事件に端を發し軍部の来往に依り同支店の貨物自動車頓に活況を呈し之を機會として昭和三年七月に至り价川、江界間五十六邦里の長途運行営業權を獲得し更に満浦鎮、厚昌迄路線を延長し北鮮地方産業の開發並經濟界の進展に寄與したること洵に尠しとせず而して當時十五臺の貨物自動車を擁して地方貨物運送に絶大の信用を博し將来の發展刮目に値するものありしが昭和六年三月朝鮮運送株式會社へ其の權利一切を讓渡して朝鮮の貨物自動車界と絶縁するに至れり。

No.

ロ．新京支店

昭和三年十月レパブリツク二臺ＴＧＥ軍用保護自動車一台を以て長春、寛城子間及長春附屬地内荷物運搬に付準備を進めたるも附屬地外の運行に關し支那官憲の排日感情に禍せられて中止の已むなきに立ち到れるが昭和六年九月勃發の滿洲事變以来頓に貨物自動車の需要を来し一方郵便物の遞送請負に自動車を使用し大に其の機能を發揮するに至り現在八臺の貨物自動車を以て大車輪の活動を爲しつつある。

ハ．開原出張所

昭和三年九月故菊地所長の熱心なる唱道計畫に基き主として

No.

開豊鐵道石家臺驛と開原附属地間及満鐵開原驛間並市内運搬を目的とし新フォード（一噸半積）二台及フォードソントラクター一臺トレーラー二臺を配備し開始したるが日ならずして支那官憲の無理解のため石家台驛に出入禁止の厄に遭ひ折角の企劃も空しく水泡に帰し附属地内のみの運行に止まりしが昭和七年満洲國の建設に伴ひ前記排日空気一掃せられたるを以て鋭意満洲國人と提携して今後の進展を企圖しつゝあり。

二、奉天支店

大正十三年配属せられたるセルデン號一台を使用し貨物自動車運送を開始したるも中古品とて充分其の機能を發揮し得ざる

No.

は勿論故障續出し業務上支障不尠に付フォード・レボレー各一臺を加へ小口雜貨の運搬に從事したるが滿洲事變勃發以来軍需品の運搬増加せるを以て更に新フォード一台を増備したるも小口雜貨類の輸入激増しつゝある現狀に鑑み更に増配の準備中なり。

ホ、安東沙河鎮營業所

昭和三年八月同地に於ける貨物自動車運行の特許的權利を獲得し將来の活躍大に期待されたるに依りGMC號二台を以て營業を開始したるが幾何ならずして支那官憲の交迭に依り市内運搬不可能の狀態に陷り挫折的運命に逢着したるに付已を得ず之

No.

を安東支店に移し主として附属地内運搬に使用したるも業績見るべきものなく次で昭和六年三月朝鮮運送株式会社平壌支店へ譲渡したり、

へ、哈尔賓支店

呼海線と中東線との連絡輸送及市内運搬に充當すべくトラクター三臺及トレーラー三台を準備し運行したるも成績良好ならざりしが其後貨物自動車の需要相當に喚起されたるを以て随時露西亜人の自動車所有者と契約を締結し貨物運搬に充當し居たるも手持自動車の皆無は業務上支障不尠ざるに付昭和五年十二月フオード一臺を購入し小口雑貨補助運搬用としたり然るに昭

ヨー0022　B列5　28字×10　南満洲鉄道株式會社　(15. 7. 8.400冊 [illegible])

No.

和六年九月の満洲事変後軍隊の移動駐屯等に因り貨物自動車の需要愈々激増し一日平均三十臺乃至四十臺を賃借し辛ふじて其の需要に應じたるも斯くては業務上の不安定は勿論統制を欠き諸事不便不利尠からざるに鑑み昭和七年十二月新フォード十台を常備し當社としての陣容充実と輸送の完璧を期しつゝあり。

ト．齊々哈爾支店

昭和六年十二月齊々哈爾に出張所開設せられたるが其の後軍隊の移動、駐屯等に伴ひ之れに對する運搬業務繁劇を来たし到底貨物自動車の賃借等にては完全なる業務遂行は期し難きに付昭和七年十二月支店に昇格と同時に新フォード五台を増備し合計

No.

八臺を以て專ら軍部方面の用命に應じつゝあり。

チ．大連支店（陸運課）

大正十五年十月大連郵便局の市内小包郵便配達及大阪商船會社船積小包郵便遞送を請負ひ居たる中野正一氏の業務を吾社に於て継承すると同時に貨物自動車三台（レパブリック二瓲積二台、ステアード一瓲積一台）の譲渡を受け該郵便物及一般荷物市内運搬用に供したるも中古品にて故障多く業務遂行上支障多きを以て之れに代ふるに軍用保護自動車を購入したるが其の成績芳しからざると部分品の補充に不便なるを以て其の後インターナショナル、フォード、スチュードベーカー等を漸次購入し現在合計十五臺を擁

ヨー0022　B列5　28字×10　南滿洲鐵道株式會社　（15.7.8.400部）

No.

して満洲事変後激増せる輸入貨物及郵便物其の他市内一般貨物の運搬に充當し其活動は断然同業者をリードしつゝある。

大連油房聯合會に於て大豆　豆粕及豆油の運搬費輕減に關する研究は其後昭和二年九月大連油房聯合會・満鉄會社及當社主體となりて關係官憲と連絡の下に成立したる油房小運送改善研究會は幾多の有益なる試驗研究を經へて昭和四年六月解散後は當社に於て其の使用せしトラクター四台・キヤタピラー一台及トレーラー十五台計二十臺を引受けたるも何分運行費多額を要し收支不償甚だしき為唯特に臨時必要の場合之を使用するに止め現在に至れり。

No.

り、其の他の店所と装甲自動車運行附帯業務

満洲事変後営口支店にては軍需品の輸送及時局後援会の用に供する為めフォード一台を短時日使用せると洮南に於て軍需品及石炭運搬に貨物自動車を使用したるも特筆すべき程のことなし。

只吾社の営業に属せざる昭和六年十二月末より翌七年三月に至る間満洲自治指導部の事業として長春開原間背後地特産物出廻を促進援護する為め装甲自動車十台を運行せるが自治指導部の要望に依りこれが附属として吾社貨物自動車を范家屯四平街、鉄嶺、開原、長春等へ配置し右事業を達成せしめ地方農民及関

No.

係方面より絶大なる感謝を受けたるは特筆大書に値するものと云ふべし。

其の他満洲事変中及以後我軍部の要望に應じて満洲各地に於て臨時貨物自動車の運用運行を為したること枚挙に遑あらず。

三、営業成績の概観と将来の企画

吾社現在に於ける貨物自動車並トラクター・トレーラーは合計九十八台に達するものなるが此の内トラクター及トレーラーは曩に北満政策実施の目的に依り購入せる三十五台及前記大連油房小運送改善研究會より引継を受けたるもの十七臺普通業務関係に属するもの十七台合計四十九台を手持ちし居るも現在

No.

に於ては道路及貨物関係等に因り大連開原・新京・吉林及哈爾濱に於て単に貨物自動車の補助として臨時に使用又は試用するに過ぎざる状態なるが将来之れが利用策に付関心研究中なり。

貨物自動車営業は一部都市を除いては在来の低廉なる支那牛馬車及手車等に牽制せられて所期の成績を挙げ得ざるも軍需品の運搬一般貨物の長距離運搬及鮮貨類郵便物引越荷物等特殊荷物の輸送に就ては貨物自動車独自の機能を遺憾なく発揮して相等の成績を挙げつゝあり。

殊に這般の満洲事変に際して自動車の軍事行動に貢献した

No.

る功績の如何なりしかは茲に喋々するの要なきがこれが因となりて満洲の貨物自動車の発達は躍進的進歩を示し将来満洲國内道路の完備統一に伴ひ其の延展の著しき蓋し想察に余りあり吾社は此の大勢に順應して益々業務の改善擴充を期し鐵道の補助機関として將又小運送機関の先駆又は動力として其の機能の発揮に努め以て一朝有事の際に貢献を期するは勿論満洲地方産業の開発に資すると共に貨物自動車網の完成に寄與せんと企図しつつあり。

No.

「國際運輸株式会社十年史」

B 13 17

馬車輸送

ヨー0022　B列5　28字×10　南滿洲鐵道株式會社　(15. 7. 8. 400冊 ...)

No.

馬車輸送

俗に南船北馬と稱せらるゝ如く滿洲は馬匹多く馬車が唯一の運搬具として使用せられ農耕も馬を使用する大農式に發達し、收穫物の集散市場及鐵道への搬出は總て皆馬車に依るものなるが之は農夫が耕耘の余暇に自ら為すものにして運送を專業と為す者は主要都市に僅かに存するのみなり、故に農家の收穫終り冬に入り道路氷結時期に至れば穀産の移輸出及一箇年分の所要雜貨類運搬の為め奥地との間に縱横に馬車輸送行はれ農戸の閑散期とて馬夫及馬匹の食料實費を辨すれば足るを以て運賃頗る低廉なり、曾て大正六、七年前後西比利亜動亂時代現在の中

ヨ—0022　B列5　28字×10　南滿洲鐵道株式會社　(15.7.5.400冊)

No.

東鐵道線運行不良なりし際の如き哈爾賓地方・西部線以遠地方より新京及以南各驛まで年約四〇萬瓲の輸送を見「鉄道を凌駕する馬車輸送」なる全盛時代さへありしが、鉄道輸送順調となるにつれ次第にその範囲を狭めらるゝに至れり。

中東鐵道の運賃は一般に高く特に輸入品に甚しきに依り例年冬期新京哈爾賓間に馬車輸送企図せられしが、大規模に実行せしは常に吾社にして一方より見て奥地馬車輸送は吾社の冬期に於ける独特の事業として社外一般に認められたる處にして、吾社創業の翌大正十三年末には新京奥地産特産物の出廻りを促進する目的を以て開始し、其後吸貨地に吉長線及中東線を加へ中

No.

東南部線背後地産特産物の出廻を大々的に促進せしが、時勢の変遷は遂に右輸送を昭和三年度（昭和四年三月を以て終る）限り一時中止するに至らしめたり。

其の後状勢の変化は再び馬車輸送の必要を生み昭和五年冬季新京開原間東部背後地其の他に之を実施し、更に昭和六年に至りては曩に中止せる中東南部線背後地に於ける馬車輸送を復活せしが、何れも一冬限りにて再び中止するに至れり。

前記の如く馬車輸送は大正十三年開始以来断續的乍ら七箇年に亘り実施せられたるものなるが、其の輸送せる特産物の数量は

No.

大正十三年度	一〇、四四四瓲	昭和三年度	二〇一、九〇七瓲
同　十四年度	六八、三八五瓲	同　五年度	一三七、三一六瓲
昭和元年度	七八、四三七瓲	同　六年度	一八二、一六二瓲
同　二年度	一三八、七六五瓲	計	八〇七、四〇八瓲

即ち八〇七、四〇八瓲一箇年平均約十二萬瓲にして其の出廻に及ぼしたる影響亦大なるものありと思惟せらる。

馬車輸送の実績は左に掲ぐる通りなるが、輸送の実施に當りては危険且不便なる地方を舞台とする関係上派遣社員は殆んど決死的覺悟を以て臨み、酷寒を凌ぎ、兵匪馬賊と鬪ひつゝ克く其の本分を盡し以て出廻促進、延いては地方開発の任務を全うしたるは吾社の最も誇とする處なり。

馬車輸送実績

一、大正十三年度

(イ) 期間 大正十三年十二月三十日開始

同十四年三月三十一日終了

(ロ) 地域 中東南部線背後地

(ハ) 輸送数量 (新京吸貨 単位瓲)

発地	数量
伯都納	五、五八六
楡樹	二、一八〇
五棵樹	四三九
合計	一〇、四四四

発地	数量
山河屯	一三五
五常	一四〇
上橋子	三四七

発地	数量
雙城堡	二五六
大賚	五三六
三岔河	八三五

二、大正十四年度

(イ) 期間　大正十四年十二月一日開始　大正十五年四月十五日終了

(ロ) 地域　中東南部線背後地

(ハ) 輸送数量（單位 噸）

發送／受貨	新京	下九臺	樺皮廠	計
農安	二五、〇六一	—	—	二五、〇六一
伯都納	四、八七八	—	—	四、八七八
大賚	二、七五四	—	—	二、七五四
窰門	一、九八二	—	—	一、九八二
陶賴昭	一九	—	—	一九
石頭城子	二九	—	—	二九
雙城堡	一、五九二	—	—	一、五九二
五棵樹	八一五	—	—	八一五
楡樹	八〇六	七、九二一	—	八、七二七
舒蘭	一〇四	二、一三四	三、三一三	五、六五一
山河屯	七六六	三九八	—	一、一六四
大新山屯	八三	二、〇〇九	—	二、〇九二
黒林子	二七九	一、七一〇	—	一、九八九
秀水甸子	四五二	—	—	四五二
土橋子	三九七	—	—	三九七
五常	一、〇八三	—	—	一、〇八三
計	四一、一〇〇	二四、二七二	三、三一三	六八、六八五

三、昭和元年度

イ、期間 昭和元年十月二十一日開始 同二年四月二十日終了

ロ、地域 中東南部線背後地

ハ、輸送數量（單位 噸）

到貨地＼發地	新京	下九臺	樺皮廠	三岔堡	雙城堡	計
農安	一九,九三一	—	—	—	—	一九,九三一
伯都訥	九,六七七	—	—	—	—	九,六七七
大賚	三,三八三	—	—	—	—	三,三八三
窯門	二,一一四	—	—	—	—	二,一一四
達家溝	四五	—	—	—	—	四五
肇州	二七	—	—	—	—	二七
雙城堡	六〇二	—	—	—	—	六〇二
八郎屯	一七一	—	—	—	—	一七一
仲河	一七	—	—	八三	—	一〇〇
三岔河	一四九	—	—	—	—	一四九
五常	[illegible]	—	—	九三	八三	一,四〇五
五棵樹	六九六	—	—	—	—	七八九
馬家屯	—	五,〇三六	—	—	—	五,〇三六
土橋子	三四〇	二〇	—	—	—	三六〇
山河屯	一,〇三六	一六五	—	三,八三五	—	五,〇三六
榆樹	五五四	一,九八三	—	—	—	二,五三七
大新立屯	四五	二,七八一	—	—	—	二,八二六
向陽山	[illegible]	—	一,〇七九	三三	—	[illegible]
涼水泉	—	六六一	—	—	—	六六一
黑林子	四	七,七五八	八八	—	—	七,八五〇
秀水甸子	三四一	三,一〇〇	一九〇	—	—	三,六三一
水曲柳崗	—	二三	二,八七七	—	—	二,九〇〇
大德盆	—	一,五八〇	七二三	—	—	二,三〇三
舒蘭	—	二二五	七七三	—	—	九九八
向陽泡	—	—	—	三六〇	—	三六〇
四河城	—	—	—	二一	—	二一
五常堡	—	—	—	—	八四一	八四一
拉林	—	—	—	—	二,三九一	二,三九一
小山子	—	—	—	—	六〇五	六〇五
計	三九,六九〇	二三,五八二	五,七二〇	四,七八五	[illegible]	七八,四三七

四 昭和二年度

イ 期間 昭和二年十一月二十二日開始 昭和三年四月十九日終了

ロ 地域 中東南部線背後地

ハ 輸送数量 （単位 瓲）

発地＼着駅	新京	下九臺	樺皮廠	二盃河	雙城堡	計
伯都納	五、〇七七	—	—	—	—	五、〇七七
大賚	三、〇三一	—	—	—	—	三、〇三一
肇州	一四二	—	—	—	—	一四二
農安	二一、六四七	—	—	—	—	二一、六四七
窯門	二、四一九	—	—	—	—	二、四一九
三岔河	一五〇	—	—	—	—	一五〇
雙城堡	一、五九〇	—	—	—	—	一、五九〇
五棵樹	三二九	—	—	—	—	三二九
仲河	一二	—	—	一、九八〇	—	一、九九二
蒲[illegible]	六〇八	三、〇九六	—	—	—	三、七〇四
黒林子	二九	四、二〇一	九六	—	—	四、三二六
山河屯	一、一八三	二、六五四	二九九	六六七	—	四、八〇三
何陽山	六一	一五〇	一九	三、四〇四	—	三、六三四
水曲柳崗	—	二〇〇	三、六一七	—	—	三、八一七
秀水甸子	二八六	二、六一九	—	—	—	二、九〇五
大新立屯	四二	三、九二八	一、〇八七	—	—	五、〇五七
大[illegible]臺	八	一、九〇八	一、三九七	—	—	三、三一三
馬家屯	—	一〇〇	—	—	—	一〇〇
土橋子	—	二、七六四	—	—	—	二、七六四
舒蘭	一一七	—	五、八四六	—	—	五、九六三
何陽泡	七六九	四一二	一三	二、三五〇	—	三、六三五
四河城	一八四	一八	一三八	六、八六二	三三	七、二三五
五常	七八四	三四三	三二一	九、八二〇	二、〇一〇	一三、二七八
大夜	—	二、八一五	—	—	—	二、八一五
老林	—	—	—	—	七、〇七二	七、〇七二
五常堡	—	—	—	三、二二八	一、〇七〇	四、二九八
藍彰營	—	—	—	一、六六六	四三三	二、〇八九
二道河子	—	—	—	—	一七七	一七七
青山堡	—	—	—	一、四四三	三六〇	一、七〇三
計	三八、三七八	三五、二〇八	一三、七四四	四一、四〇〇	一〇、九三五	一三八、七六五

五、昭和三年度

イ、期間　昭和三年十二月一日開始　昭和四年三月三十一日終了

ロ、區域　中東南部線背後地

ハ、輸送數量（單位　瓲）

発送＼到着	新京					蔡家溝	陶頼昭	計
農安	一六、三四七	—	—	—	—	—	—	一六、三四七
伯都納	二、九九一	—	—	—	—	—	—	二、九九一
大賚	二、四〇三	—	—	—	—	—	—	二、四〇三
長春嶺	五三	—	—	六、五三二	—	—	八五三	七、四三八
五家站	九八	—	—	一〇六	—	—	二一	二二五
窯門	一、七九一	—	—	—	—	—	—	一、七九一
雙城堡	六、六六九	—	—	—	—	—	—	六、六六九
榆樹	二一六	一、〇三六	六九	三、一二三	—	—	—	四、六五四
大新立屯	—	一、八七三	七四	—	—	—	—	二、六〇七
五棵樹	五三三	—	—	六〇	—	—	一、四三六	二、〇八九
秀水甸子	二一六	四、九三七	七三	—	—	—	—	五、二二五
山河屯	三四七	九七四	—	一六、〇二二	一〇	—	—	一七、三五三
黒林子	—	四、五六五	一、六七七	—	—	—	—	六、二四二
向陽泡	—	一二〇	二九	八、八四四	—	—	—	八、九九三
水曲柳崗	—	一五六	一、〇〇六	—	—	—	—	一、一六二
天德盛	—	二、一四八	四、〇九三	—	—	—	—	六、二四一
大城	—	二、五三二	一四〇	—	—	—	—	二、六七三
四河成	—	三三	二七一	六、九〇八	二九四	—	—	七、四九三
土橋子	—	二九六	三七	七、四七三	—	—	—	七、七九六
向陽山	—	一五八	—	五、三四五	—	—	—	五、五〇五
舒蘭	—	—	六、五三一	—	—	—	—	六、五三一
馬家屯	—	二、八三一	—	—	—	—	—	二、八三一
賓州	—	—	—	二、九四〇	—	—	—	二、九四〇
藍彩橋	—	—	—	一、〇〇九	—	—	—	一、〇〇九
五常	—	—	—	二五、六三三	七、八五八	—	—	三三、四九一
五常堡	—	—	—	四、五二二	二、三三一	—	—	六、八五三
青山堡	—	—	—	六、七六二	二九	二三六	—	七、〇二七
拉林	—	—	—	二、九四〇	九、二七五	—	—	一二、二一五
小山子	—	—	—	三、二三四	—	—	—	三、二三四
二道河子	—	—	—	二、九四〇	—	—	—	二、九四〇
仲河	—	—	—	二、九四〇	—	—	—	二、九四〇
計	三五、七〇四	二一、六五八	一四、八六九	一〇七、三三三	一九、七九七	二三六	二、三一〇	一三一、九一七

二

六　昭和五年度

イ　期間　昭和五年十二月十七日開始
　　　　　同　六年七月三十日終了

ロ　地域　新京開原及撫順東部背後地的鐵嶺、新台子西部背後地

ハ　輸送數量（單位　噸）

發送地＼到着地	新京	范家屯	公主嶺	郭家店	四平街	開原	鐵嶺	新台子	撫順	計
雙陽	二、八八一	一七三	—	—	—	—	—	—	—	三、〇五四
五家子	二、〇六一	一、一二九	—	—	—	—	—	—	—	三、一九〇
三家屯	二、六一四	一、九〇〇	—	—	—	—	—	—	—	四、五一四
土頂子	四六三	四、三二一	—	—	—	—	—	—	—	四、七八四
長嶺子	二、四一五	—	—	—	—	—	—	—	—	二、四一五
岔路河	二、三四九	—	—	—	—	—	—	—	—	二、三四九
哈蟆塘	一、〇七四	—	—	—	—	—	—	—	—	一、〇七四
煙筒山	二、九〇二	—	—	—	—	—	—	—	—	二、九〇二
大劉子	七四二	—	—	—	—	—	—	—	—	七四二
樺甸	八、三四九	—	—	—	—	—	—	—	—	八、三四九
沙河鎮	—	—	二、五九八	—	—	—	—	—	—	二、五九八
北信子	—	—	一七八	—	三、二四五	一、三三七	—	—	—	四、七六二
營城子	—	—	四、五八三	—	—	—	—	—	—	四、五八三
二道河子	—	—	一二四	八五六	三、一七八	—	—	—	—	四、一五八
天德山	—	—	—	—	一、四五七	—	—	—	—	一、四五七
鹿山黃	—	—	—	—	七二一	—	—	—	—	七二一
東釜台	—	—	—	—	—	二、三三六	—	—	—	二、三三六
西安	—	—	—	—	—	九、七四四	—	—	—	九、七四四
平崗	—	—	—	—	—	七四三	—	—	—	七四三
孤家子	—	—	—	—	—	一、〇七六	—	—	—	一、〇七六
野鶴背	—	—	—	—	—	二六三	—	—	—	二六三
十八道成子	—	—	—	—	—	一九	—	—	—	一九
沙河鎮	—	—	—	—	—	九六三	—	—	—	九六三
四平街	—	—	—	—	—	五、五三三	—	—	—	五、五三三
楊木林	—	—	—	—	—	五、五六五	—	—	—	五、五六五
東豐	—	—	—	—	—	三、一〇二	—	—	—	三、一〇二
抱手堆子	—	—	—	—	—	一、一三〇	—	—	—	一、一三〇
大梨樹	—	—	—	—	—	一〇四	—	—	—	一〇四
一榆樹	—	—	—	—	—	六、七三一	—	—	—	六、七三一
遼河源	—	—	—	—	—	九、三四八	—	—	—	九、三四八
卓郊	—	—	—	—	—	二、三三四	—	—	—	二、三三四
劉山城子	—	—	—	—	—	二、三三三	—	—	—	二、三三三
法庫門	—	—	—	—	—	—	一六	—	—	一六
三面船	—	—	—	—	—	—	—	一七九	—	一七九
永陵街	—	—	—	—	—	—	—	—	二、三三四	二、三三四
興京	—	—	—	—	—	—	—	—	八二一	八二一
計	二五、七七〇	七、五二三	八、四七三	八五六	七、五二一	[illegible]	一六	一七九	三、一五五	一三三、三一六

七、昭和六年度

イ、期間　昭和六年十二月二十一日開始
　　　　　同　七年四月十五日終了

ロ、地域　中東南部線背後地

ハ、輸送数量（単位　吨）

發駅＼到着駅	新京	下九台	樺皮廠	狐店子	陶頼昭	窯門	計
農安	二、四三六	—	—	—	—	—	二、四三六
土橋子	二三六	二、六六三	四、〇一〇	八八一	—	—	七、七七〇
鄭家屯	三八五	二四	—	—	—	—	四〇九
五棵樹	五六三	七、三二八	—	—	二、二三五	—	一〇、四二六
張家湾	四、三〇七	七一三	—	—	—	—	五、〇二〇
達家溝	一、〇四三	一、六三三	—	—	—	—	二、六六六
榆樹	五、六五八	九、二二〇	四三	一、六三一	—	—	一九、一二三
陶頼昭	四三八	二、四三七	—	—	—	—	二、八七五
三岔河	一、四九三	六六	—	—	—	—	一、三五九
五家站	八〇四	二六	—	—	三、三三五	七〇九	二、一八二
伯都訥	五、六二二	—	—	—	—	—	五、六二二
靠山屯	一八	一四二	—	—	—	一、一五三	一、三一三
大賚	二、八八九	—	—	—	—	—	二、八八九
雙城堡	七、七六六	—	—	—	—	—	七、七六六
賓州	二、八四四	—	—	—	—	—	二、八四四
[illegible]	二、〇〇九	—	—	—	—	—	二、〇〇九
[illegible]	—	一、三三九	四、七三三	三九〇	—	—	五、三七一
黒林子	—	三、七七一	五七六	二、八六九	—	—	七、二一六
大新立屯	—	七、〇七九	二、六九八	三、二八〇	—	—	一三、〇五七
老少溝	—	一、九〇二	—	—	—	—	一、九〇二
水曲柳	—	三〇	四、六六四	二、四四五	—	—	七、一三九
岔路河	—	二、六四五	—	—	—	—	二、六四五
弓棚子	—	四、九九七	—	—	—	—	四、九九七
山河屯	—	七、〇〇五	一、八一三	九〇四	—	—	九、七二二
青山堡	—	六一	—	—	—	—	六一
四河城	—	二、〇九二	一、八七二	—	—	—	三、九六四
大嶺	—	一八	—	—	—	—	一八
五常	—	三、八七三	五、〇三六	二八	—	—	八、九三七
長春嶺	二、二四三	三〇	—	—	—	—	二、二七三
向陽泡	—	二、二二七	一、七六八	—	—	—	三、九九五
五常堡	—	一、三五一	二、〇〇五	—	—	—	三、三五六
向陽山	—	一四三	—	一六	—	—	一五九
沖河	—	—	三三一	—	—	—	三三一
計	六二、六七一	五三、五四四	四三、九〇八	一三、八三六	五、五七〇	一、八六二	一八一、三六二

No.　　タイプライター原稿用紙

国際運輸株式会社ノ自動車事業

大正十二年株式会社創立ト同時ニ大連、奉天、鉄嶺及長春ノ各支店ニ於テ貨物自動車ニヨル運搬業務ヲ開始スルト共ニ長春支店ニ於テハ冬季長春、農安間ノ旅客バスノ業務ヲ開始ス

大正十三年　貨物自動車事業益々発展ス　大連支店ニテハ郵便物運搬部関係及大連博覧会ノ指定運搬ヲナシ

十四年　貨物自動車ニヨル市内運搬並ニ其業務勢ヲ加フ

十五年一月十六日東支鉄道南部線列車運行停止ノ件突発スルヤ会社ハ急遽長哈間馬車輸送ヲ一月十六日ヨリ同月二十一日迄実施シ之ニ使用セシ馬車約三十台、貨物自動車又数十台ヲ動員シ護路軍ハ特ニ本輸送ニ対シ護衛ヲ附シ以テ北満通商貿易上極メテ多大ノ貢献ヲナシタ

廠

No.　　タイプライター原稿用紙

満洲国ノ発展ニ伴ヒ鉄道建設工事ノ材料輸送等厖倒的激増ト共ニ会社ノ貨物自動車乃至ハ荷馬ニ依ル輸送状態ハ活躍ニ真ニ目覚マシキモノカアリ　而シテ之等輸送ニ当リテハ辺境奥地或ハ山渓森林ノ僻地ニハ共匪兵匪ノ跳梁裡ニ或ハ危険ニ曝露シ或ハ画策遂行裡ノ隠レタル犠牲者ヲ出シ（満洲事変以来殉職者ヲ出スコト多数ニシテ）其ノ従業員ノ献身的努力ト必死的耐難（以テ斯業ノ発展ヲ期シ能ク業績ヲ収メ）〇〇ノ完成ニ貢献シタルコトハ特筆スヘキ功績ト謂フベキデアル

貨物自動車ニヨル運搬業務ニ精進シ能ク辺陲ノ交通運搬ニ任セリ

ヨ－0024　B列5　32×15　●分割打字ヲ要スル原稿ハ五、六頁乃至一〇頁ニテ區切ルコト

No.

長春哈尓浜間ノ馬車輸送（大正九年十一月哈尓浜商品陳列館調）

一、長春哈尓浜間ノ貨物馬車輸送日数ハ普通七日乃至十二、三日ヲ要ス

二、一日ノ行程八十二哩乃至二十哩ヲ限度トスル

三、長春哈尓浜間ノ宿泊地及其ノ附近ノ状况

A、米沙子（長春カラ二十一露里）人口千餘、大豆、高粱ノ出貨千餘噸

B、馬家溝（米沙子カラ二十七露里）人口千餘、大豆、高粱ノ出貨六千餘噸、附近カラ石炭二千餘噸ヲ出ス

C、窰門（馬家溝カラ十七露里）人口三千五百餘、大豆、高

No.

梁ノ出貨少クナイ

D 老燒鍋（窯門カラ二十五露里）人口千餘、大豆、高粱ニ千噸ヲ出ス、背後ニ第二松花江ヲ控ヘ汽船ノ便カアル、又小山丘起伏シ軍事上ノ要地テアル

E 陶賴昭（老燒鍋カラ十二露里）人口二千、穀類ノ集散地ニ有ツテ出貨ニ万餘噸、第二松花江ノ北岸五哩ノ地点ニ在ル、第二松花江迄ハ軽便鉄道カアル。

F 石頭城子（陶賴昭カラ二十露里）人口三千五百餘、穀類ノ出貨五万餘噸

G 拉林河（石頭城子カラ十七露里）人口五百、穀類ノ出貨

ヨ－0022　B列5　28字×10　南滿洲鐵道株式會社　(15. 10. 7.500冊 一茗堂納)

No.

五十餘頃

H　雙城堡村（拉林河カラ三十一露里）人口四千餘、穀類出貨十万噸餘、東清鉄道雙城堡駅迄一哩半ノ軽鉄有ッテ駅ト聯絡スル

I　五家（雙城堡カラ十七露里）人口二百餘、穀類出貨二千噸餘

J　哈尓浜（五家カラ三十一露里）

四、行程ハ馬賊ノ害ヲ免レル為、普通午前六時頃出發シテ、午後ノ二時乃至六時ニ宿泊地ニ到着スル

五、各地ノ馬車宿ニハ相当ノ設備カアル、一時ニ百台乃至二百

ヨ－0022　B列5　28字×10　南満洲鐵道株式會社

汽车与公路编　一

No.

台ノ馬車ヲ其儘収容シ得ル馬車倉庫ヲ有シ、且ツ一ノ為武器ヲ備ヘテ居ル

六、輸送道路ハ大体ニ於テ良好テ有ルカ、雙城堡哈尔浜間テハ波状形ノ道路カ多ク輸送上稍困難ト見エル箇所カアル

七、一回ノ輸送馬車数ハ五十台乃至一百台

八、長春、哈尔浜間南行（長春行）ト北行（哈尔浜着）貨物ノ鉄道収入比較、（但例年ト本年ノ比較率）

イ、特産物南行（哈尔浜発長春着）三五％

ロ、同　北行（長春発哈尔浜着）六五％

ハ、同　南行　六五％

例年

ヨ—0022　B列5　28字×10　南滿洲鐵道株式會社　（15. 10. 7.500冊 一言堂）

No.

二、同　出行　三五%（本年）
右ノ表ノ如クニ、本年ト前年トノ運賃収入カ、甚シイ差ノ
有ルハ、
(1)東清鉄道ノ輸送力不足ノ為、馬車輸送ニ依ルモノカ多ク
ナカツタ事
(2)浦潮向特産物ノ輸出カ出来ナクナツタ為、長春経由テ輸
出スル貨物カ多クナツタ事
(3)露貨暴落ノ為、露人ノ購買力カ減少シ、随ツテ雑貨輸入
ノ数量減少シタ事
カ其ノ原因テ有ル

ヨ－0022　B列5　28字×10　南満洲鐵道株式會社　(15. 10. 7.500冊 一奚組織)

No.

今長春・哈尓浜間ノ馬車及鉄道輸送費用ヲ比較スルト、

九、長哈間馬車輸送運送運賃

南行特産物　百斤ニ付　日貨金四円内外

北行雑貨類　同　同二円五十銭内外

但特産物及雑貨共品物ニヨリ運賃率ニ少ナカラヌ差ヲ有ツテ一定セヌ

十、馬車輸送ニ依ル附帯税

（一）哈尓浜支那税関出境税

大豆一石ニ付　銀票十四銭（吉林大洋票）

（二）雙城堡地方税（銷場税トモ云フ）

特産物一石ニ付、官帖三百吊文（吉林官帖デナイ、一百吊文ハ金拾銭位ノ換算）

No.

鉄道輸送ニ依ルモノ

(1) 普通貨物便

目下ハ普通貨物便扱ノ輸送ハ困難デアル

(2) 急行貨物扱

イ 目下東鉄デ引受テ居ル急行便ニ依ル貨物貨率ハ舊貨率（金留建貨率）ノ三倍半デ有ッテ

ロ 急行便ニ依ル貨率ハ大約

特産物百斤ニ付　金票四圓内外

（上記ノ運賃ハ十分ニハ判明セヌ）

終リニ長春、哈尓浜間ノ馬車輸送ニ依ル貨物数量ヲ示スト左

No.

ノ通テアル

自大正七年十二月
至同八年三月　出行　三千台（馬車数）

同　帰行　三千三百台（同）

但シ馬車一台ニ附随スル馬匹ハ四頭乃至七頭テ、一台ノ積載量ハ貨物重量ノ如何ニ依リ二千斤乃至三千斤テアル

自大正八年十一月、
至同九年一月

日商大豆（帰行）一、三〇〇台

同　小麦（同）二四〇台

同　大麦（同）三〇台

No.

華商大豆（華方）五・六八〇台
同小麦（同）五六〇台
同粟（同）八〇台
計　七・八九〇台

北行貨物ハ調査未了デ有ルカ、露ノ政治上ノ混亂ト露貨暴落其他ノ影響ヲ受ケテ対露貿易殆ント杜絶ノ状態ニ在ルカラ其数量ハ僅少タラウト想像セラレル

20.

ヨ―0022　B列5　28字×10　南満洲鐵道株式會社　（15. 10. 7.500冊 一番編輯）

No.　タイプライター原稿用紙

関東廳経営自動車運輸事業　大正十四年

貔子窩、普蘭店間自動車運輸道路ハ両地間ノ幹線ニシテ里程十里余其ノ中間ニ大沙河アリ道路ヲ横断シ常ニ河水少ク人馬容易ニ徒渉シ得ルモ橋梁ナキヲ以テ降雨出水ニ遇ヘバ忽チ交通杜絶シ又両地間ニ於ケル旅客ノ運輸機関トシテ支那式ノ幌馬車アルモ構造不備ニシテ一車二人以上ノ乗客容易ナラズ而モ同馬車ヲ利用シ両地間ヲ旅行スレバ殆ンド一日ヲ費シ加之甚シキ疲労ニ憊ムル等交通上尠ナカラザル不便アリ是ヲ以テ貔子窩在住日支人ノ有志及大連在住ノ自動車運輸業ニ経験アル者相謀リテ組合ヲ組織シ大正六年九月自動車運輸業ヲ開始シ稍便利ヲ得ルニ至レリ、大正八年組織ヲ改メテ貔普自動車株式会社ヲ創立シ大ニ事業ノ改善ニ努メタルモ不幸同社ハ同年秋不慮ノ火災ニ罹リ尠カラザル打撃ヲ被リタリ、関東廳ニ於テハ災害復旧及事業ノ達成ヲ助勢スル為メ会社ニ補助金ヲ与ヘテ保護シタルモ大正十年頃ヨリ業務振ハズ大正十二年初季ニ至リ遂ニ解散ノ餘儀ナキニ至リ自動車運輸ハ殆ンド休止セリ

貔子窩ニ於ケル種々ノ事情ニ鑑ミ貔普間ノ交通施設ハ其ノ完備ヲ要スル時代ニ於テ斯ノ如キ状態ナルヲ以テ当廳ハ大正十二年十一月廳令第六十一號関東

南満洲鐵道株式會社

ヨ－0024　B列5　32×15　●分割打字ヲ要スル原稿ハ五、六頁乃至一〇頁ニテ區切ルコト　(15. 5. 3.000冊 東京精版)

廳自動車営業規則ヲ公布シ貔普間ノ自動車営業事業ヲ官営スルコトヽシ営業区域ヲ管轄スル普蘭店、貔子窩ノ両民政支署長ヲシテ之ヲ管理セシメ同年十一月一日ヨリ事業ヲ開始シタリ

大沙河ニハ橋梁ナキ為メ渡川頗ル困難ヲ極メ中間乗換ノ不便アルヲ以テ本廳ハ裏ニ大沙河橋梁架設ノ計画ヲ樹テ大正十三年五月漸ク其工ヲ竣ヘ六月一日ヨリ開通セリ、爾来毎日三回宛定期ニ直通運轉ヲ開始シ従前ニ比シ発着時刻ノ正確、運轉時間ノ短縮及回数ノ増加等専心旅客ノ本位トシ以テ事業ヲ経営セル結果非常ナル好成績ヲ収メタリ、従来支那人ノ多クハ貔、普両地区ヲ一日ノ行程ヲ以テ僅ニ幌馬車若クハ荷馬車ニ依ル情勢ナリシモ漸次自動車利用ノ利益ナルコトヲ自覚シ日ヲ追フテ之ヲ利用スル者増加ノ趨勢ニ向ヘリ

本事業ノ営業区域ハ前記ノ如ク貔子窩、普蘭店間ニ限定サルヽモ普蘭店、姜家堡子間（六里）及貔子窩、城子疃間（五里）ニ於ケル一般部民ハ地方ノ開発並ニ安寧保持上交通機関ノ設備ヲ要望シ道路ノ補修ニ対シテモ相当労力援助ノ意図ヲ表示シタルヲ以テ大正十四年四月廳令第二十三號ヲ以テ自動車営業規則中営業区域ハ「貔子窩、普蘭店間

No.　タイプライター原稿用紙

トアルヲ「貔子窩、普蘭店管内」ニ改メ五月一日ヨリ普蘭店、姜家堡子間及貔子窩、城子疃間ニ毎日一回定期ニ運轉シ開始シタガ何レモ豫想以上ノ好成績ヲ挙ゲルニ至ツタ

現在普蘭店、貔子窩両民政支署ニハフォード（十二人乗）四台（五人乗）一台計五台宛ノ自動車ヲ配置シアリ定期運轉ヲ為スノ外、多数乗客アル場合ハ臨時運轉シ為ス等努ラ乗客ノ便益ヲ図リツヽアリト雖モ近時貸切希望ノ者増加シ甚多クハ小型自動車ヲ希望スルヲ以テ近ク小型車輛二輛ヲ購入シ両支署ヘ各一輛宛配置シ一層乗客ノ便益ヲ図ルト共ニ交通機関ノ完備ヲ期セントス今本事業開始当時ヨリ大正十三年末ニ至ル乗客及収入金ヲ示セバ左ノ如シ

南滿洲鐵道株式會社

ヨ—0024　B列5　32×15　●分割打字ヲ要スル原稿ハ五、六頁乃至一〇頁ニテ區切ルコト　（15. 5. 5,000部　矢和護謄）

No.　タイプライター原稿用紙

年月別	普蘭店 台数	普蘭店 乗客	普蘭店 賃金	貔子窩 台数	貔子窩 乗客	貔子窩 賃金	計 台数	計 乗客	計 賃金
大正十一年十二月	八九	五二七	一、〇八八、六〇円	八五	五二九	一、二〇三、一九円	一七四	一、〇五六	二、二九一、七九円
〃十二年一月	八一	四六五	一、二〇三、九一	七五	四五〇	九九四、五〇	一五六	九一五	二、一九八、四一
二	七二	四五五	一、〇五八、六五	八六	五六三	一、二四一、六〇	一五八	一、〇一八	二、三〇〇、二五
三	八三	五六五	一、四〇三、四三	七七	四五四	一、〇七二、五二	一六〇	一、〇一九	二、四七五、九五
四	六八	三八二	八一〇、一五	五四	三六三	八三四、一〇	一二二	七四五	一、六四四、二五
五	八六	四八五	一、〇六四、六〇	八三	五二一	一、一二一、五五	一六九	一、〇〇六	二、一九六、一五
六	一一九	五二六	一、〇九七、五〇	一一九	四七四	一、一二二、八〇	二三八	九九〇	二、二三〇、三〇
七	一二二	五四四	一、二一三、三〇	一二二	四六八	一、〇五三、七〇	二四四	一、〇一二	二、二六六、九〇
八	一二四	五〇八	一、〇九一、九〇	一二五	五三〇	一、二一四、二〇	二四九	一、〇三八	二、三〇六、一〇
九	一二一	五四六	一、二二六、四五	一二〇	五二二	一、二七七、六八	二四一	一、〇六八	二、五〇四、一三
十	一二八	七〇〇	一、五九四、八五	一三〇	六〇三	一、四二三、九〇	二五八	一、三〇三	三、〇一八、七五
十一	一〇五	六一一	一、四一二、四五	一〇七	五七六	一、二九七、六四	二一二	一、一八七	二、七一〇、〇九
十二	一二九	七四八	一、六七〇、七五	一三〇	七二四	一、六九七、五五	二五九	一、四七二	三、三六八、三〇

ヨ－0024　B列5　32×15　●分割打字ヲ要スル原稿ハ五、六頁乃至一〇頁ニテ區切ルコト　(13. 5. 3.000冊)

No.　タイプライター原稿用紙

十四年一月	一二四	八三五	一六九、七五〇	一〇八	七一〇	一六〇、〇九〇	二二二	一、五四五	三四九、八四〇
二月	一二〇	六六九	一四八、六六〇	一一七	七〇八	一六七、九一五	二三七	一、三七七	三一六、五七五
三月	一二七	七二〇	一五九、七三〇	一二四	六三四	一四九、八一五	二五一	一、三五四	三〇九、五四五
合計	三六八	八九、六八六	二〇、九一七、四[illegible]	一、六七二	八、八五九	二〇、三五三、九七	三、三六〇	一八、一一五	四三、二七〇、九七

備考

一、本表ノ外郵便物運送料一、九九七円及手荷物賃金一、〇五二円二六銭アリ

二、運轉回数ハ往復ヲ以テ一回ニ計算ス

No.

株式會社金福鐵路公司

一、設立要旨並沿革

満蒙の地に立脚し日満（當時日支）共栄の実を挙げむとせば、運輸交通の便を計り産業の開発に資すること其の第一策にして就中鐵道運輸の最たるものなるは言を俟たざる所茲に日満共同經営の許に金州、城子疃間六〇哩余の鐵道を敷設せむとするものなり。且つ本線は將来遼東半島東海岸線として有望なる一大幹線となるべき運命を有するのみならず本鉄道の四方は峨々たる山脈に遮られ又東方海岸は一面遠浅にして舟運の便なく從て本鐵道沿線は殆んど開拓せられざるのみならず屢々匪賊の横行

No.

を見る状態なるを以て本鐵道の開通は地方富源の開發と共に統治上にも亦裨益する所甚大なるべしと關東廳及滿鐵の慫慂に基き大正十四年十一月創立したるものなり。

尚昭和七年四月民政署經營に係る貔子窩、普蘭店間乘合自動車營業を継承し爾來逐次州境、杏樹屯方面に路線を擴張し現在路線延長二三一粁四分に及ぶ。

二、會社の内容

1、設立年月日

大正十四年十一月十日

2、公稱資本金　四百万圓

ヨー0022　B列5　28字×10　南滿洲鐵道株式會社　(15.7.8.400部)

3. 總株数　八万株（額面五〇圓）
4. 営業種目
(1) 一般鐵道運輸業（金州—城子疃）
(2) 自動車運輸業
(3) 倉庫業
(4) 前各号ニ附帶関聯スル一切ノ業務
五. 本社所在地
大連市山縣通八十八番地
六. 取締役社長
間野重九郎
三. 自動車営業概要
一. 自動車営業路線表（昭和十四年三月末現在）

ヨ—0022　B列5　28字×10　南滿洲鐵道株式會社　（15. 7. 8.400册 船川納）

No.

(1) バス

路線名	区間	粁程	営業開始年月日	営業許可年月日
朝陽寺東線	普蘭店－農区前－朝陽寺	一九・五	昭和十二、十二、十五	昭和十二、十、十五
〃 西線	普蘭店－快馬廠－朝陽寺	三三・〇	〃 十二、一、十八	〃 十二、十二、二
八家子線	貔子窩－八家子	一四・八	〃 十二、九、二十	〃 十二、八、四
夾河廟線	貔子窩－巴家屯	一九・〇	〃 十一、十二、五	〃 十一、十二、十三
州境線	城子疃－巴家屯	三五・三	〃 十一、六、十	〃 十、四、十五
杏樹屯線	普蘭店－杏樹屯	四九・三	〃 十一、三、三	〃 十、十二、十四
貔城線	貔子窩－城子疃	三〇・七	〃 七、四、一	〃 七、三、三十
貔普線	貔子窩－普蘭店	三九・八	〃 七、四、一	〃 七、三、三十

(2) トラック

区間	営業開始年月日	営業許可年月日
大連－貔子窩	昭和九、六、一	昭和九、六、一

二、自動車営業概況

	昭和十三年度	昭和十二年度	昭和十一年度	昭和十年度	昭和九年度
営業日数	三六五日	三六四日	三六六	三六五日	三六五日
自動車乗車人員	一八〇、二二〇人	一四三、五七四	八二、九七三	五二、五八七	三〇、〇一七
年度末営業粁	三三一・四粁	三三一・四	一九七・一	一一九・八	七〇・五

No.

三、自動車営業収支明細

	昭和十三年度	昭和十二年度	昭和十一年度	昭和十年度	昭和九年度
収入	一〇二、三六六・三四	九〇、九一四・〇五	五七、七四一・〇六	四〇、六七〇・九七	三六、五四四・五五
一日平均	二八〇・四四	二四九・六三	一四二・一五	一一一・一二	七二・七二
支出	七一、五〇一・八一	七一、〇四六・一八	四五、一四三・五五	四〇、〇五二・〇六	三四、六八八・八四
一日平均	一九五・八九	一九四・六五	一三四・〇二	一〇九・四三	六七・六三
営業利益金	三〇、八六〇・四三	一九、八六八・八七	六、五九七・五一	六一八・九一	—
一日平均	八四・五五	五四・四五	一八・一三	一・六九	—

四、自動車営業所

自動車営業所……貔子窩（昭和七年四月一日開設）

乗合待合所　　普蘭店

自動車車庫　　貔子窩、城子疃、杏樹屯

整備項目			
索引番號		文書番號	

備考

件名

貔子窩・普蘭店間自動車運輸

関東庁経営自動車運輸事業

（金福鉄路公司自動車運輸事業）

B列5　（12. 7. 5,000枚 松浦屋納）

No.　タイプライター原稿用紙

貔子窩、普蘭店間自動車運輸

大正十三年十一月二十九日新聞

普蘭店、貔子窩間の交通機関としては従来個人経営の乗合自動車があつて関東庁より年々約五千圓の補助金を支給して居るが個人経営事業として置いては関東庁に於て急を要する場合に徴發上支障を生ずる虞あるのみならず一般乗客も天候不良の日などは思はしく交通機関の利用が出来ないと言ふ様な事をこれ迄屢々経験したので今回右両所間の自動車運轉を全然関東庁で直営する事に決定し来る十二月一日開業する豫定である。……云々

大正十二年十二月一日新聞

貔普自動車は大正七年十一月千春義開設し其後株式会社となし継続して今日に及びたるも右営業擔当者手腕乏しかりしが昨年十月頃よりは殊に不成績にて運轉意の如くならず治安も悪く馬賊の跳梁甚だしく爲に交通上の不便を感じたるを以て今回断然関東庁の直営となし十二

ヲー0024　B列5　32×15　●分割打字ヲ要スル原稿ハ五、六頁乃至一〇頁ニテ区切ルコト　(15. 5. 8,000部 共和謄写)

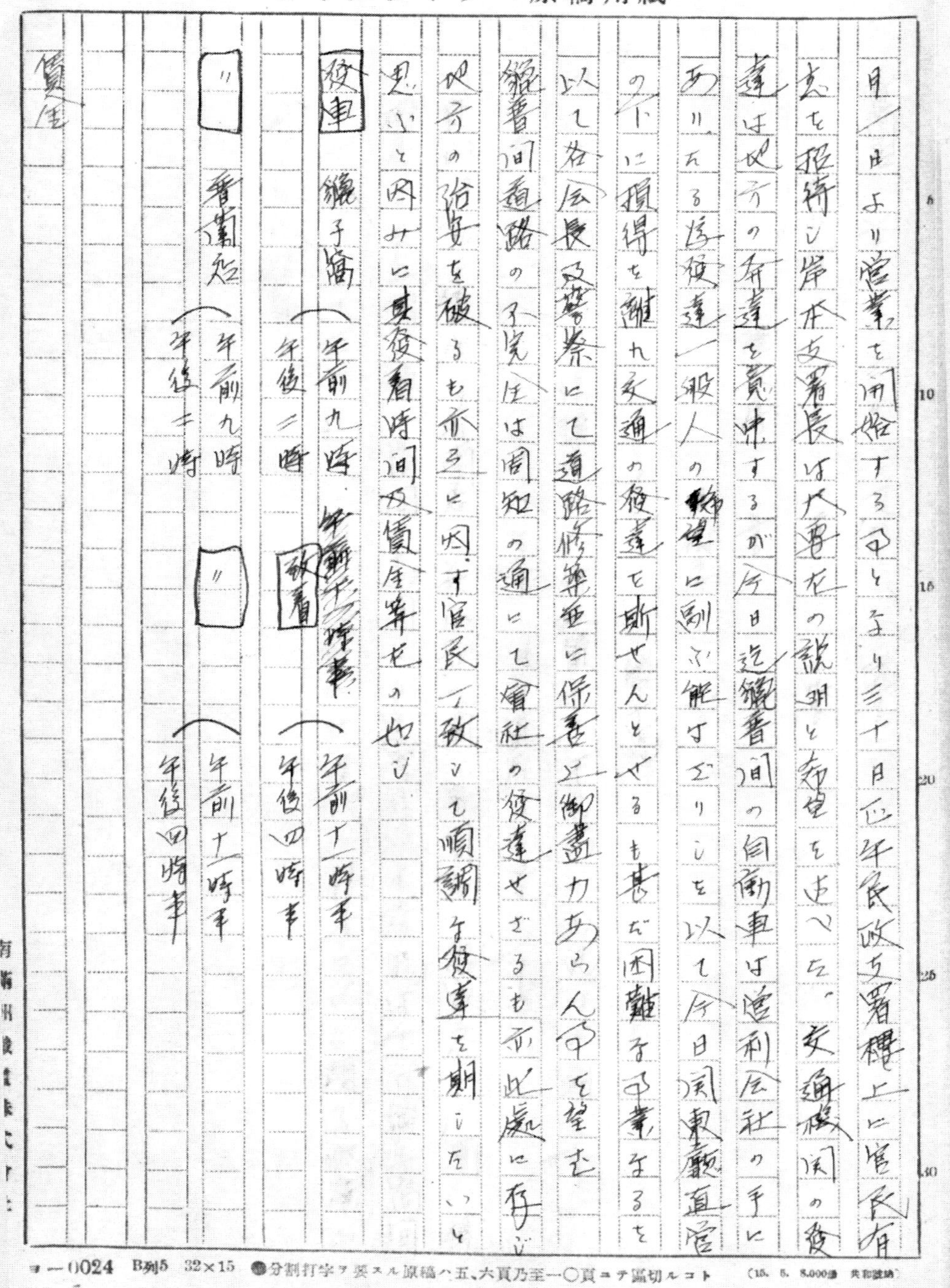

No.　タイプライター原稿用紙

月一日より営業を開始する事と予り三十日正午民政支署樓上に官民有志を招待し岸本支署長は大要左の説明と希望を述べた、交通機関の発達は地方の発達を意味するが今日迄貔普間の自動車は営利会社の手にありたる爲発達一般人の希望に副ふ能はざりしを以て今日関東廳直営の下に損得を離れ交通の発達を期せんとせるも甚だ困難なる事業なるを以て各会長及警察にて道路修築に保甲に御盡力あらん事を望む貔普間道路の完全は周知の通にて会社の発達せざるも亦此處に存し地方の治安を破るも亦之に因す官民一致して順調なる発達を期したいと思ふと因みに其発着時間及賃金等左の如し

発車　貔子窩（午前九時　午後二時）　到着（午前十一時半　午後四時半）

〃　普蘭店（午前九時　午後二時）　〃（午前十一時半　午後四時半）

賃金

ヨ—0024　B列5　32×15　●分割打字ヲ要スル原稿ハ五、六頁乃至一〇頁ニテ區切ルコト　（15. 5. 8.000冊 共和諜納）

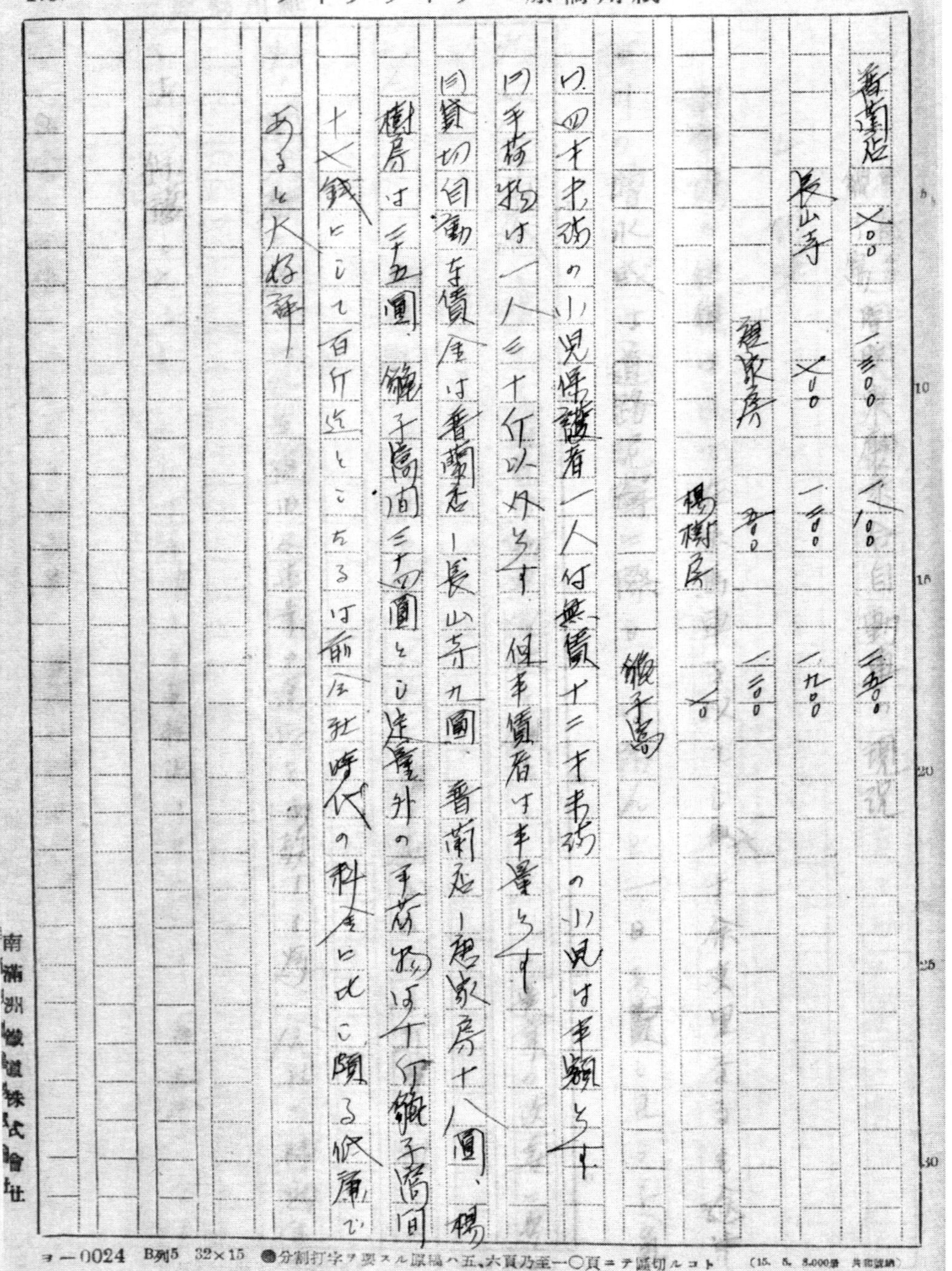

No.　タイプライター原稿用紙

香蘭店　八〇〇　一、三〇〇　一、八〇〇　二、五〇〇
長山寺　八〇〇　一、三〇〇　一、九〇〇
趙家房　五〇〇　一、三〇〇
楊樹房　八〇〇
貔子窩

以上四才未満ノ小児保護者一人付無賃十二才未満ノ小児ハ半額トス
同手荷物ハ一人三十斤以外トス　但半賃者ハ半量トス
同貸切自動車賃金ハ香蘭店－長山寺九圓、香蘭店－趙家房十八圓、楊樹房ハ三十五圓、貔子窩間三十四圓トシ途量外ノ手荷物ハ十斤貔子窩間十七錢ニシテ百斤近トコトナルハ前会社時代ノ料金ニ比シ頗ル低廉デアルト大好評

ヨー0024　B列5　32×15　●分割打字ヲ要スル原稿ハ五、六頁乃至一〇頁ニテ區切ルコト　(15. 5. 5.000冊 共益謄納)

南満洲鐵道株式會社

プライター原稿用紙

大正八年組織を設けて錦普自動車會社を創立し、大いに事業の改善に努めたるも、不幸同社は同年秋不慮の大火に罹り尠からざる打撃を被りたり。関東震災に於ては災害復旧及事業の達成を勤務する為同社に補助金を與へ保護したるも大正十年頃より業務振はず大正十二年初季に至り遂に解散の余儀なきに至り自動車の運轉は停止せり。

要スル原稿ハ五、六頁乃至一〇頁ニテ區切ルコト　（15. 5. 8,000冊　共和謄納）

No.

普蘭店貔子窩間関東廳乗合自動車の現況

一、沿革

両市場の往復は凡て在来馬車を以てし六十余支里なるも途中河川の増水或は道路泥濘に際しては殆んど一日を費し且つ交通量は漸次増加するの趨勢であつたので大連在住邦人自動車運輸業に経験を有する者と貔子窩在住邦人及支那人等相謀り組合を組織して大正六年九月中旬両地間に乗合自動車運輸営業を開始したるを嚆矢とし爾来其の経営思はしからず同八年株式会社に改組し関東廳は之に補助金を交付して大に事業を保護助成したるも経営振はず遂に大正十二年初めに至り會社を解散して運

ロ―0022　B列5　28字×10　南滿洲鐵道株式會社

No.

轉を休止したるを以て一般行旅者は再び昔日の不便を託つに至り茲に於て関東廳は自ら運轉事業を經営すべく廳令第六十号を以て自動車運輸事業規則を公布し大正十二年十二月一日より官営として之が運轉を開始して今日に及んで居る。

（運轉は或は普蘭店貔子窩の両民政署長をして管理せしめ）

9—0022　B列5　28字×10　南滿洲鐵道株式會社　(15.10.7,500張　一等級明)

No.

二、道路橋梁

普蘭店、貔子窩の道路は延長十邦里余即ち州内幹線道路の一であって沿途袁家屯に於て丘陵地を過ぐるも概ね勾配緩にして許家屯附近丘陵地は殆んど一帯の波状地として車行に差閊へなく道床堅固にして一般車馬の往復容易である。

橋梁は中間に大沙河横はり當初自動車運轉は中間に於て同河は乘替を要したが大正十三年五月一日架橋開通し以来各種交通機関は容易に通過し得るの便を得たのである。

No.

三、運轉概況

大正十二年十二月一日饒子嶺・晋蘭店間の運轉を開始して以来沿道地方住民は治安維持上且つ地方開發に資する處多く道路補修に対して應分の努力援助を表示したるを以て同十四年五月一日より更に晋蘭店の東南方六邦里華家屯子間の運轉を開始し車輛は五台（フォード十二人乗四台、九人乗一台）を設備して定期運轉の外乘客緩和の為臨時運轉をなし尚貸切運轉をなしたれば漸次乘客を増加したるを以て小型車輛を増加し依て昭和二年五月に於て車輛合計八輛に達した其の内譯は

十二人乗　一輛

No.

十人乘　五輛
五人乘　一輛
（内定期運轉用五、豫備用三、）

本自動車運轉事業は其の收支に於て決して採算に到らざりしが地方開發と治安維持の爲關東廳は相當の犧牲を拂つて事業を繼續したるに逐次好況を呈し昭和元年度を以て其の最上とするものとし昭和二年十月一日金福鐵道開通以來漸く乘客の減少を來し車輛の老朽と共に收支相償はず同三年度に於ては數千圓の缺損を生じ遂に同四年度には一部運轉を休止或は短縮して以て現今に及んで居る。

昭和七年四月　金福鐵路公司に買收せらる

ヲ－0022　B列5　28字×10　南滿洲鐵道株式會社　(15. 10. 7,500冊 一番選別)